孔子研究院国学课堂/中国孔子基金会·文库

儒家文化普及读本

儒家文化与社区(乡村)文明

孔祥安 主编

武宁 李翠 著

青岛出版社
QINGDAO PUBLISHING HOUSE

图书在版编目（CIP）数据

儒家文化与社区（乡村）文明 / 武宁，李翠著；孔祥安主编.
—青岛：青岛出版社，2016.12
ISBN 978-7-5552-4876-7

Ⅰ. ①儒… Ⅱ. ①武… ②李… ③孔… Ⅲ. ①儒家－传统文化－关系－社区－精神文明建设－研究－中国 Ⅳ. ① B222.05 ② D648

中国版本图书馆 CIP 数据核字（2016）第 287532 号

书　　名	儒家文化与社区（乡村）文明
著　　者	武　宁　李　翠
丛 书 名	儒家文化普及读本
主　　编	孔祥安
出版发行	青岛出版社
社　　址	青岛市海尔路182号（266061）
本社网址	http：//www.qdpub.com
邮购电话	13335059110　（0532）85814750（兼传真）　（0532）68068026
责任编辑	吴清波　张吉路
装帧设计	梁　娜
特约编辑	王立国
封面题字	孔祥胜
照　　排	山东鲁润文化传播有限公司
印　　刷	青岛新华印刷有限公司
出版日期	2016年12月第1版　2018年12月第4次印刷
开　　本	16开（700mm × 1000mm）
印　　张	15.5
字　　数	220千字
印　　数	15801－21800册
书　　号	ISBN 978-7-5552-4876-7
定　　价	36.00元

编校印装质量、盗版监督服务电话　4006532017　0532-68068638

序

文化是民族的血脉和灵魂，积淀着一个民族最深沉的精神追求和行为准则。在五千多年的文明发展进程中，中华民族创造了博大精深的中华传统文化。坚持古为今用、推陈出新，始终是弘扬中华传统文化面临的时代课题。济宁自古文脉兴盛、先贤圣哲辈出。在这方文化沃土上诞生了孔子、孟子、颜子、曾子、子思子“五大圣人”。由孔子创立、孟子等后世儒家发扬光大的儒家文化，是中华传统文化的主干和基础，对中国社会的发展和中华文化的成长产生了重大而深远的影响。譬如：儒家思想倡导的“仁者爱人”的仁爱观、“见利思义”的义利观、“履中致和”的中和观、“民胞物与”的自然观，推崇的“己所不欲，勿施于人”的忠恕之道、“约之以礼”的道德情怀、“敬信修睦”的伦理要求、“德”“智”“勇”统一的君子人格，追求的“吾日三省吾身”“见贤思齐焉，见不贤而内自省”“言必信，行必果”的修身之道，等等。这些积极向上的道德追求，在今天对培育和弘扬社会主义核心价值观依然具有重要价值。

2013 年 11 月，习近平总书记视察济宁并在孔子研究院发表重要讲话，深刻阐述了中华优秀传统文化、孔子及儒家思想的重要价值、重大影响和时代意义，提出了“四个讲清楚”的重大时代命题，对济宁弘扬中华优秀传统文化、传统美德寄予殷切期望。近三年来，我们深入学习贯彻习近平总书记视察济宁重要讲话精神，确立了建设弘扬中华优秀传统文化首善之区的目标，以曲阜优秀传统文化传承发展示范区为牵动，全力打造道德建设模范区、文明和谐示范区、儒家文化传承区，努力在传承和弘扬中华优秀传统文化上实现更大作为。坚持把弘扬中华优秀传统文化融入社会主义核心价值体系建设实践，充分发挥传统美德资源丰富的优势，按照习近平总书记提出的“落细、落小、落实”的要求，突出抓好普及工作。在机关开展中华优秀传统文化学习教育活动，编写弘扬中华民族传统美德的学习教材；在学校开设中华优秀传统文化教育课程，组织开展“中华经典诵读大赛”“传统文化知识竞赛”等主题活动；在企业开展“诚信企业”“诚信商户”等评选活动；通过开展示范社区创建活动，弘扬孝贤文化和感恩文化，弘扬优良家风，推进社区、农村和家庭建设，努力推动儒学时代化、大众化，培育和善向上、友爱诚信、谦和尚礼的儒韵民风，努力把济宁打造成全省乃至全国道德建设高地。

济宁是孔子的故乡、儒家文化的发源地，在孔子及儒家思想的研究和传播方面，肩负着更大责任。孔子研究院作为国务院批准建设的全国唯一一处专门从事孔子及儒家思想研究的文化机构，牢记习近平总书记关于弘扬中华优秀传统文化的殷切期望，充分发挥地处孔子故里的地理和资源优势，围绕打造“建设世界儒学研究中心，组织引领国际儒学研究”的发展目标，在弘扬中华优秀传统文化尤其是儒家文化、培育社会主义核心价值观、服务社会政治经济文化发展等方面，取得了许多基础理论和普及应用研究的新成果；启动了“孔子学院总部体验基地”“世界儒学文献资料收藏中心”建设，打造了国际儒学研究和交流的高端平台。为了更好地实现儒家文化的创造性转化、创新性发展，助推儒学“六进普及工程”建设，孔子研究院组织部分学者编写了“儒家文化普及读本”丛书，共分四册，分别针对机关事业人员、中小学师生、企业员工、社会大众等阅读群体，以通俗简洁的语言，重点阐述和诠释了儒家思想的精神实质、内在意蕴和核心价值。通过古为今用的具体论述和例证引导，既让人们对儒家文化的核心理念有了较为清楚的认识和把握，又解决了现实生活中的思想困惑，从而实现学与思的结合、知与行的统一。希望孔子研究院积极适应儒家文化传播的时代化、大众化要求，全面提升儒学研究水平，在弘扬中华优秀传统文化、打造儒学研究传播高地上担当更大责任、实现更大作为，为加快推动培育社会主义核心价值观做出新的更大贡献。

中共济宁市委书记
市人大常委会主任
2016 年 10 月

序二

2013年11月26日，习近平总书记视察孔子研究院并发表了重要讲话。习近平总书记的重要讲话是中共中央对弘扬中华传统文化的重要宣示，表明了中共中央高度重视中华传统文化的信心和决心，体现了中共中央对弘扬中华传统文化的高度自觉和自信，在中国特色社会主义文化建设的历史进程中具有里程碑意义。此后，习总书记在不同场合，围绕如何对待、传承、弘扬、发展中华传统文化的问题做了一系列重要讲话，从各个侧面展开了一系列精辟论述，为实施文化强国建设提供了理论指导和行动指南。

文化是一个民族的血脉，是一个民族凝聚力、生命力、创造力的源泉。自从美国哈佛大学教授约瑟夫·奈提出文化“软实力”的概念以来，软实力成为国际社会广为流行的关键词，文化软实力成为世界大国综合竞争力的重要因素和标志。一定意义上说，谁拥有了强大的文化软实力，谁就能在激烈的国际竞争中拥有主动权，所以世界大国对本国、本民族的文化建设格外重视和关注。中华文化是世界上唯一没有中断的人类文化，中华民族是一个非常重视文化传承与发展的民族。中华民族每一次的文明与进步，无不伴随着中华文化的发展与繁荣。党和国家历来十分重视文化建设，特别是党的十八大明确提出了建设社会主义文化强国的宏伟目标。

“核心价值观是文化软实力的灵魂，是文化软实力建设的重点。”社会主义核心价值观是社会主义文化的内在精神和灵魂，它决定着中国特色社会主义文化建设的性质和方向；如果离开了社会主义核心价值观，中国特色社会主义文化建设就失去了精神支撑，文化强国建设也就无从谈起。可见，社会主义核心价值观也是当代中国文化建设的灵魂。习近平总书记指出，培育和弘扬社会主义核心价值观必须立足中华优秀传统文化。牢固的核心价值观都有其固有的根本。社会主义核心价值观如果离开了中华优秀传统文化，也就等于失去了汲取营养的源头活水；如果不立足中华优秀传统文化，也就“等于割断了自己的精神命脉”。“不忘本才能开辟未来，善于继承才能更好创新。”培育和弘扬社会主义核心价值观，必须从中华优秀传统文化中汲取丰厚滋养，因为中华优秀传统文化已成为中华民族的基因，根植于中国人的内心并潜移默化地影响着中国人的思维方式和行为方式。

中华传统美德是中华文化的精髓，也是培育和践行社会主义核心价值观的源头活水。习近平总书记指出，道德之于个人、之于社会都具有基础性意义，做人做事首先是崇德修身。核心价值观其实就是一种德，是一种大德。它既是个人的德，也是国家的德、社会的德。“国无德不兴，人无德不立。”崇德修身无论是对于个人，还是对于一个民族、一个国家来说，都具有极其重要的作用。当前，就社会主义核心价值观建设来说，不仅要继承和弘扬中华民族在长期实践中培育和形成的传统美德，而且要实现中华传统美德的创造性转化和创新性发展，引导人们向往和追求讲道德、尊道德、守道德的生活，使每个社会成员真正成为传播中华美德、中华文化的主人。

孔子研究院是国务院批准建设的全国唯一一处专门从事孔子及儒家思想研究的文化机构。作为一名在孔子研究院工作且从事孔子儒学研究的科研人员，对照习近平总书记视察孔子研究院时给予的指示，以及关于弘扬传统文化系列讲话的精神要求，深感责任重大，使命光荣，理应在“四个讲清楚”及孔子儒家文化的传承与弘扬方面下大力气、多做文章，使儒家文化成为涵养社会主义核心价值观的重要思想源泉，汇聚全面改革开放的正能量，为实现中华民族伟大复兴的“中国梦”做出积极贡献。

因此，我们考虑到应从知与行这一基础着手诠释与弘扬儒家文化，提升人们的道德修养，促进社会主义核心价值观建设。其中关键是要突出抓住两个群体、两个载体。两个群体：一是公务员。公务员是社会公共事务的管理者，在社会上有很大的感召力和影响力，可以起到率先垂范、引领风尚的作用。二是青少年。青少年是祖国的未来和希望，他们的思想观念以及价值取向直接决定着未来社会的价值取向。青少年正处于世界观、人生观、价值观形成的关键时期，所以抓好青少年的教育引导尤为重要。两个载体：一是企业。企业作为物质生产和创造人类财富的重要阵地，不仅生产物美价廉的物质产品，也创造人们所需要的精神产品。物质产品的生产，不仅要靠企业员工的共同合作来完成，还需要有共同的职业操守和个体素养做保障。否则，没有一个企业家和一个员工所应具有的良知，是生产不出合格产品的，更不能传递其间的敬业、诚信、友善等道德情感。二是社区（乡村）。社区（乡村）是人们日常生活的必然环境，环境的好坏直接影响着人们的思想观念和道德素养。中国人大多有从众心理，这就更有必要共同营造和维护好社区（乡村）崇德向善的文化氛围，推动和谐文明社区（乡村）建设。可见，培育和践行社会主义核心价值观必须从小事抓起，从公务员抓起，从机关干部抓起，从学校抓起，充分利用企业、社区（乡村）这两个载体，共同营造良好的道德氛围，切实形成机关、学校、企业、社区、乡村、家庭六位一体携手育人的强大合力。

基于以上思考，我们针对公务员、青少年两个群体，企业、社区（乡村）两个载体，编写了一套集介绍、诠释、传播、普及、推广儒家文化于一体的读物——“儒家文化普及读本”。读本分《儒家文化与公务员修养》《儒家文化与青少年成长》《儒家文化与企业管理》《儒家文化与社区（乡村）文明》四册，阅读对象为机关事业人员、中小学师生、企业员工以及社会大众等群体。每册根据不同群体的特点设有十章内容，每章集中阐明儒家的一个核心观念。每章分为核心观念阐述、古为今用、故事链接、经典名句四部分。观念阐述，主要是从儒家文化核心观念的产生发展、基本内涵、历史作用、现代价值等方面展开论述，讲清楚是什么、怎么样、为什么、怎样做，力求观点明确、脉络清楚、通俗易懂、针对性强，既从学术角度解读概念、阐释理念，又本着服务当今社会的原则，讲清楚儒家思想的历史价值和作用，为当前社会主义核心价值观建设提供丰厚滋养；古为今用，从人们的现实需求出发，有针对性地阐述儒家思想在不同群体中的价值作用及其借鉴意义；故事链接，一般选取古今五个故事，对阐述部分提及的相应观点予以佐证和延伸，让人们读后有一定的思想启发和行为借鉴；经典名句，选取与本章相关的十条经典名句，以原文、译文的形式附后，句子短小精悍、言简意赅、哲理性强，易读易记，终生受用。

本套读本注重理论性、思想性、通俗性、知识性、趣味性、可读性的有机结合，强调语言的文学性、通俗性、叙述性，力求形式活泼、语言生动、富有哲理，力争使读者易读、愿读、想读、可读。不同群体通过阅读本套读本，不仅可以较全面地了解儒家文化的核心要义、基本内涵和现代价值，还可以通过古今故事引导自觉行动，从而取得知行合一的效果；同时，通过对经典名句的阅读或熟记，可以促进对儒家理念、观点的思考和感悟，在生活、学习、工作中不断受到潜移默化的熏陶和感染，进而将传统儒家道德要求内化于心、外化于行。

四册读本尽管在核心理念和观点上力求一致，并注意各册章节之间相互照应，但因参与编写人员较多且每册针对的对象不同，有些内容没再硬性统一，学术观点不尽相同，语言风格不尽一致，衷心地希望各位读者提出宝贵的意见。

孔祥安

2016 年 10 月

目录

导　言

2013 年 11 月，党的十八届三中全会明确提出要紧紧围绕社会主义核心价值体系建设，推动社会主义文化大发展大繁荣。11 月 26 日，习近平总书记视察山东，并在孔子研究院就中华优秀传统文化的传承召开座谈会。此后，习近平总书记对弘扬中华优秀传统文化、培育和践行社会主义核心价值体系，以及当今中国的思想道德文化建设做出了一系列重要论述。这是中共中央向全国发出大力弘扬中华优秀传统文化的重要信息，也是中共中央高度重视中华优秀传统文化的重要宣示。

改革开放三十多年来，与经济的迅猛发展相比较，中国在思想、道德、文化等精神建设层面上表现相对滞后；在物质文明的高速发展过程中，精神文明建设一直处于相对被动和弱化的地位。实践证明，社会文明应该主要表现在人们的素养尤其是道德素质的提高方面，因此，我们要“深入挖掘和阐发中华优秀传统文化讲仁爱、重民本、守诚信、崇正义、尚和合、求大同的时代价值，使中华优秀传统文化成为涵养社会主义核心价值观的重要源泉”。

二十世纪三十年代，“社区”一词由著名社会学家费孝通先生在其译作中首次提出，随后应用于国内。作为中国社会的基层组织和基本单位，社区一直被视为社会文明建设的重要载体。尤其是近些年，随着我国城乡一体化的快速推进，社区作为一种区域生活共同体，所占比重日益增加，越来越受到重视。家庭是社区的基本组成单位。中国传统社会对以家庭为主的伦理秩序、行为规范格外重视，先秦诸子尤其是儒家对此已形成完备的理论体系。孔子重视仁和礼这两个德目，同时把智、仁、勇视为“三达德”，并以此为基础提出孝、悌、忠、恕、宽、信、敏、惠、温、良、恭、俭、让、诚、敬、慈、刚、毅等一系列伦理德目。孟子倡导仁、义、礼、智“四德”，将人际关系归纳为君臣、父子、夫妇、兄弟、朋友“五伦”。汉儒董仲舒对“五伦”做了进一步发挥，提出君为臣纲、父为子纲、夫为妻纲“三纲”和仁、义、礼、智、信“五常”。宋末开始出现“五常”与春秋时期管仲提出的礼、义、廉、耻“四维”相互融合的现象，初步形成了“八德”之说，并一直延续到清末。除了家庭内部关系，社区建设还包括邻里以及社区整体人文环境等问题。关于邻里相处的规范与原则，最早可追溯到《周礼》中出现的诸如乡里敬老、睦邻等约定性习俗。及至后来第一个有文字记载的民间行为规范《吕氏乡约》成为对乡民具有内在约束力的一系列行为规范，可看作传统文化对邻里行为规范的一种影响与引导。

如何从中华优秀传统文化尤其是儒家文化中汲取精华，古为今用，以古鉴今，从而推进社区（乡村）文明建设，是社区（乡村）发展所面临的重要课题。为了讲清楚中华民族生生不息、发展壮大的丰厚滋养，深入挖掘儒家文化的当代价值，培育和弘扬社会主义核心价值观，使社会主义核心价值观内化为人们的精神追求、外化为人们的自觉行动，从而推动社区（乡村）文明建设，本书以儒家文化与社区（乡村）文明中的家庭美德和社会公德为切入点和核心，力求实现普及性、知识性、趣味性、理论性、专业性的有机结合。针对社区（乡村）文明建设中家庭、邻里以及所处的共同生活环境问题，以夫妻、父子、兄弟、朋友四种伦理关系为导引，以诚信无欺、以和为贵、崇德尚义、立人达人的家庭、邻里之间的相处原则为主线，以构建礼乐并举、里仁为美的和谐人文氛围为目标，对与社区（乡村）文明息息相关的儒家文化理念进行综合阐述，将其核心理念进行整体性展现与诠释。

家庭是社区的基本单位。家庭成员之间的关系能否和谐融洽，关键在于是否有一个处理家庭关系的合理原则，也就是家庭伦理。在现代社会，以婚姻与血缘组成的家庭关系中，随着家庭横向关系的突出，夫妻关系无疑处于核心地位。《周易·序卦》里说：“夫妇之道，不可以不久也，故受之以恒。恒者，久也。”虽然从古代阶级社会到现代社会，社会制度发生了很大的变化，但家庭是社会的细胞，夫妻之道是人伦之始，这是人类社会所恒久不变的。

诸多的儒家典籍告诉我们，夫妻关系是家庭乃至社会关系的基础。有了夫妻之间的相互尊敬与和谐，才能有父母与子女之亲、兄弟姐妹之爱。由于先天生理的因素，从原始社会的劳作分工到先秦时期的“夫妻有别”，承认“男女有别”既是夫妻关系产生的前提条件，也是巩固夫妻关系的必要因素。先秦儒家所倡导的“夫妻有别”是指在夫妻双方各自作为一个独立体的基础上依礼而行，尊重“男女有别”的客观规律，从而在家庭中扮演不同的角色，分担不同的责任，互敬互重是“别”的前提。夫妻双方以爱情为媒介走到一起，夫待妻以敬，妻与夫相齐；夫妻举案齐眉，相敬如宾。这就要求夫妻双方相互尊重对方的人格尊严，实现人格平等。夫妻双方不依赖于对方，是具有独立人格的个体。受阶级社会“男尊女卑”思想的影响，传统儒家所构建的夫妻伦理规范，有许多方面已不再适应现代社会的要求。但是，其所倡导的“夫敬妻齐”“琴瑟和鸣”等积极内容，则为当今夫妻的相处之道提供了有益的启示与借鉴，对家庭和睦以及和谐社区的文明建设具有重要的指导意义。

“父慈”和“子孝”是中国传统家庭伦理的基本要求。两者是长辈与晚辈之间的一种平等的双向义务，其精神实质体现了“父子有亲”。这一以血缘关系为基础的父子亲情是中国传统家庭伦理的核心，也是当今家庭美德的一个重要组成部分。“父慈”表现在生养劬（qú）劳、精诚养育、教以义方、以身作则、一视同仁等方面；“子孝”表现在奉养双亲、事亲以礼、葬亲祭亲、继志述事等方面。作为父辈，要有平等之心，努力克服家长作风，做到以理服人、慈中有严，要帮助孩子从小树立正确的世界观、人生观、价值观，使他们以健全的人格和良好的意志品质去面对复杂的现实问题；作为子女，要尽到赡养父母的义务。物质赡养只是最基本的要求，真正的孝顺还要做到敬。要在物质奉养父母的同时，事亲以礼，以心悦恭敬的态度去侍奉双亲，使父母精神上也感到愉悦与满足。这样才能称之为真正的孝。

在市场经济日益发达的今天，无论人们的思想观念、价值取向以及家庭结构发生怎样的变化，中华民族传统的伦理美德依然是维系人们正常生活的基本准则。继承和弘扬中华优秀传统文化中的亲子观，将有利于家庭关系的和谐、社会的稳定发展、民族精神的培育。“老吾老，以及人之老；幼吾幼，以及人之幼”这一儒家慈孝文化，是仁者爱人思想在父子关系上的推延。它所诠释的不单单是一个家庭的责任，同时也是整个社会、整个国家都应遵循的行为准则，对促进家庭和谐、营造文明有序的社区文化、提高社会道德水准具有十分重要的现实指导意义。

与孝一样，兄弟之间的悌也是一种长幼上下之分的伦理范畴，因此古人常将孝、悌并举。颜之推在《颜氏家训》中说：“夫有人民而后有夫妇，有夫妇而后有父子，有父子而后有兄弟。一家之亲，此三而已矣。”人们常以“手足情深”形容兄弟之间的血脉相连。家庭之中，除了夫妻关系与父母子女关系，就是兄弟姐妹关系了。兄弟姐妹是家庭中横向的重要关系，是自幼就生活在同一个共同体的亲密的家庭成员。兄弟姐妹之间，因为平辈的关系而有着更多的情感交流。手足亲情是其他友情所不能替代的。兄弟姐妹在共同成长的过程中，相互扶持、相互依赖、相互信任。哥哥姐姐在生存能力、社会阅历等方面明显优于弟弟妹妹，因此他们有责任也会自觉地对幼者给予照顾和指导。在生活中，作为哥哥姐姐，是幼者效仿的榜样，要维护自身的威信，就需要注重自己的言行与品德修养，为弟弟妹妹做出表率；作为弟弟妹妹，从幼时便受到哥哥姐姐的诸多宠爱与照顾，在他们的关爱中成长，对他们充满了感激与敬重之情。兄弟齐心、姐妹友爱是家庭幸福的重要内容，是增强凝聚力，促进家庭和谐、社会稳定的重要因素。

悌是中华民族优秀传统道德之一，是儒家伦理思想的重要组成部分。剔除阶级社会所赋予的尊卑理念，悌的观念在今天仍有十分积极的意义。孝悌思想是仁之根本，直接关系到家庭的和谐乃至社会的稳定，因此被儒家奉为修身齐家的重要内容。尤其随着国家对生育政策的调整，兄弟姐妹相处的问题也将随之日益凸显。如何妥善处理同辈之间的关系，“兄友弟恭”“手足情深”的伦理思想精髓无疑是儒家给予我们的重要指导与宝贵财富。

俗话说：“在家靠父母，出门靠朋友。”在孟子所言的“五伦”之中，朋友相对处于辅助性地位。朋友关系可以看作家族中平辈关系也就是兄弟关系的外延。志同道合是指彼此有共同的爱好，共同的价值取向，共同的道德标准。它是朋友结交的首要前提。在古人看来，朋友是家庭成员关系之外，与人生联系极为密切、影响非常大的一种社交关系，是对人们行为引导、德行树立极为重要的人际关系的一伦。不同于其他几种血缘维系或是权位束缚的伦理关系，志同道合、自主平等朋友关系的确立，在儒家看来，是完善自身学识、提升道德品质的重要途径。儒家所倡导的“以友辅仁，取友必端”的朋友观，为现代社会确立正确的人际交往观，提升个人道德修养，进而推动和谐社会建设提供了很好的借鉴。

在社交日益频繁的今天，人们的社交范围愈来愈广，相互之间接触愈来愈频繁，朋友之交成为人际交往的主要体现。儒家的交友之道强调选择朋友关乎品德的修行，因此要慎重对待。首先是与自己志同道合的人交往，其次是与能帮助自己完善德行的人交往。与这些人相处，可以完善自己的德行，提升自身的素养，这些人才是真正的朋友。由此可见，即便是在当今社会，儒家所倡导的朋友有信、取友必端、以友辅仁等友道思想，仍然具有极大的实践价值与指导意义。

儒家诚信思想作为中国传统伦理道德的一个重要组成部分，具有十分丰富的道德内涵与普遍价值。诚信的基本含义是指诚实无妄、恪守信用。诞生于原始社会后期的诚信萌芽进入文明社会以后，经过历代思想家尤其是儒家提炼、升华而形成系统的诚信思想，对于中华民族诚信不欺、讲求信用文化传统的形成，对于理想人格的养成，都产生了十分重要的影响。千百年来，中华民族以诚信无欺为行为规范，使其成为每个人的立身之本。在人与人相处的社会关系中，诚信是维系交往的重要环节。诚信无欺、言而有信是人际交往的重要法则，也是社会和谐稳定的基础。家人之间诚信缺失，将会激发家庭矛盾；邻里之间诚信缺失，将会激发社区矛盾；推而广之，将会激发社会矛盾，影响社会的稳定与发展。

儒家认为人人真诚无妄、恪守信用，是一个社会健康的标志。以惟义所在为道德前提，遵循诚信无欺的立世准则，诚意修身，以止于至善的至高境界为终身追求，才能建立一个相互信任、相互信赖的良性人际关系。诚信的坚持与恪守，也是一个民族立足世界的精神资本。一个诚信缺失的民族，对内将会欺诈横行、经济无序、社会紊乱，对外将会面临其他国家的孤立与排斥。随着时代的发展与进步，诚信的社会内涵与外在要求也在随之发生一些变化。但无论社会如何发展变化，作为人际交往的基本要求与社会稳定的前提条件，作为中华民族宝贵的优秀传统与精神财富，诚信思想将被人们所认可与遵循。在广泛的社会生活领域中，倡导和遵从诚信原则有助于人与人之间、人与社会之间的沟通与协调，有助于合作、信赖关系的建立，有助于融洽和谐人际关系的形成，也有助于家庭、社区、社会、国家的和谐稳定发展。

和是中华传统文化的核心理念之一。以和为贵是中国传统哲学在处理人际关系时，将和作为最高价值追求的具体展现，是化解人际矛盾、平衡社会关系的积极倡导。中国人常讲“家和万事兴”，以血缘亲情连接起来的中国传统家庭对和格外重视。以和为贵是人们对和谐世界的美好向往，是家庭和睦、社区和顺、社会和谐的必要条件。反求诸己则是修身齐家、达成社会和谐的必由途径。这是提升公民道德修养、培育社会主义核心价值观的必然方式。

班固在《汉书》中说：“福善之门莫美于和睦，患咎之首莫大于内离。”在日益全球化的今天，多元文化的融入为人们带来物质条件的全面提升，也对人们传统的价值观产生了很大冲击。里仁为美、礼尚往来等中华优秀传统美德正在经受重重考验。以相互尊重为前提，家庭最美莫过于家人之间的和睦相亲，而离心离德则是家庭最大的祸患。邻里之间也是如此。人们共同生活在一个区域之内，朝夕相处，抬头不见低头见。每个人、每个家庭的个人爱好、生活习惯不尽相同，生活中出现摩擦、产生分歧在所难免。这种情况下，人们需要增强彼此之间的理解与宽容，求同存异，相互谦让。每个家庭都是一个平等的个体。生活在同一社区的人们，只有相互帮助、相互扶持，才能有自身家庭的和美，才能有社区环境的和顺，推及社会也是如此。我们只有从先贤先哲的思想中汲取生活智慧，充分领悟并在生活中予以切实践行，才能共同构建出一个快乐祥和的和睦家庭，共同创建出一个富足安宁的和谐社区（乡村）。

中华民族是一个崇尚道德、追求正义的民族，注重个体道德修养、提倡伦理道德教化也就成了中华民族的文化传统。黑格尔曾说过："在中国人那里，道德义务本身就是法律、规律、命令和规定。"在这位西方哲学泰斗的视野里，世界上还没有哪个民族能像中华民族一样，将社会道德的作用发挥得如此充分。这既是对中华民族文化特质的高度概括，也是对中华民族崇德尚义传统的充分肯定。

古人常说身教重于言教，要向贤者靠拢和学习，"择其善者而从之，其不善者而改之"。作为一种传统的价值观与道德观，崇德尚义与见贤思齐的传统观念深深地融入了中华民族的道德体系之中。德就是德行、品德、道德；义就是一种观念形式的规范，指思想和行为符合一定的标准。崇德尚义是中华人文精神的主要内容之一，在中国传统文化中有着非常重要的地位。"见贤思齐"出自《论语·里仁》："见贤思齐焉，见不贤而内自省也。"从一般为人处世来讲，见贤思齐是人们学习、修身、进学的方式之一。在两千多年的历史发展长河中，中华民族积淀了崇德尚义文化的丰厚资源，保存了崇德尚义文化的火种，积累了弘扬崇德尚义文化的丰富经验。

张岱年先生曾经指出："孔子对中国思想之贡献，即在阐明仁的观念。"仁是孔子儒家思想体系的核心概念，也是一般人很难达到的人生境界。为此，孔子儒家提出了"忠恕之道"和"能近取譬"的"为仁之方"，指出一个人只要能把对父母兄弟的血缘之爱推己及人，进而爱天下所有的人，那么就是一个有爱心的人，就可以亲近仁德了。

"立人达人""能近取譬"的为仁之道，包含了"己欲立而立人，己欲达而达人"的积极处理人际关系的忠道，以及"己所不欲，勿施于人"的消极处理人际关系的恕道。孔子在与学生子贡的对话中，将仁解释为：自己想有所成就，也帮助别人有所成就；自己想通达，也帮助别人通达。

一个人如果能联系身边的人、事、物等做以比喻，以己之心推己及人，将心比心，这就是实现仁德的方法。“立人达人”倡导“己欲立”与“立人”以及“己欲达”与“达人”的价值一致性，倡导与人为善，将利他与利己统一起来，为人际交往提供了合作共赢的整体观念和义利结合的价值指导。“己所不欲，勿施于人”要求人们按照仁的道德标准来制约个人欲望，约束自己的行为。同时，在为人处世时能以己度人，推己及人，以对待自己的态度对待他人，不把自己不想要的东西强加给别人。它体现了换位思考、将心比心的思维方式要求，有利于形成体谅、包容的良好心态，有利于促进人际关系的和谐。“立人达人”“能近取譬”的为仁之道将个人道德的自我完善与促进人际关系和谐、实现社会秩序的稳定有机统一起来，注重寻求人与人、人与社会的和谐发展，体现了儒家社会道德教化和国家治理方面的高超智慧。

中国自古就被称为礼仪之邦。礼乐文化是中国传统文化的重要组成部分，是中华民族特有的文化符号。孔子在周公引德入礼的基础上，赋予礼乐文化以仁的内涵与本义，使得中国的礼乐文化由虚幻的鬼神世界回归人文关怀。在儒家看来，礼用来区别人伦差异，从而达到人与人之间的相互尊敬；乐用来和合情感，使人与人之间更加亲近。虽然礼、乐有别，但两者同时又是相辅相成，可以相互促进、相互转化的。只有礼、乐并举，才能维系社会秩序的和谐。“移风易俗，莫善于乐；安上治民，莫善于礼。”礼乐文化是中华民族宝贵的精神财富。

“中国礼文化所蕴含的丰富的人文精神，浸润和滋养了中华五千年文明之树的根基，使中华民族成为世界上一个情感丰富、人格独立、善良博爱、崇尚人道、追求和谐、向往和平的伟大民族。”礼乐文化是中国传统文化的主体内容，也是中华文化区别于西方文化的文化特质。它不单单是古代社会的行为准则，也是当今社会不可或缺的精神指引。时代发展到今天，礼乐文化随着社会的发展而经历着一些变化。古时人们交往中经常用到的跪拜、作揖等方式早已不见，转而改用鞠躬、握手等相对简单的交际方式。方式虽然变了，但其中所蕴含的礼的精神实质并没有改变，所要表达的敬意仍在其中。在时代的变革中，一部分礼俗在近代社会的发展中已然丢失，作为一笔宝贵的文化财富，我们有义务、有责任予以恢复与留存。当然，这种恢复绝不是照搬的复旧，而应是恢复中有改革、有发展。我们应积极挖掘传统礼乐文化中的合理因素，并切实予以继承和弘扬，以优秀的礼乐文化为指导，共同构建起具有中国特色的社会主义和谐社会。

在儒家思想体系中，仁处于核心的位置。孔子对仁非常看重，强调“君子无终食之间违仁”。就是说，君子不会在哪怕一顿饭那么短的时间里远离仁德，时时刻刻遵循爱人这一基本原则。“远亲不如近邻”说的是邻里关系在人们日常生活中有着非常重要的作用。孔子儒家对此非常重视，如《论语·里仁》首章就说：“里仁为美，择不处仁，焉得知？”这里的“仁”并不是通常意义上说的人的品质，也不是传统意义上说的儒家德行伦理中的一种，而是说人们在群居时所选择的生活方式。孟子曾直接把仁诠释为“天之尊爵”“人之安宅”（《孟子·公孙丑上》）。当然，“里仁”之所以“为美”，是因为它为在此地居住的百姓提供安居的可能性，也就是荀子所说的“故君子居必择乡，游必就士，所以防邪僻而近中正也”（《荀子·劝学》）。

要处理好邻里之间的关系，重要的是要将儒家以仁修德的思想落实到实处。首先，增强自身的仁爱修养，纯化内心世界，净化心灵，用一颗爱心去体味世界，做到心性和谐。其次，要以爱心对待世界、对待众人、对待万物，做到心物和谐，营造一个良好的自我环境。再次，落实儒家“里仁为美”的思想，选择、创造良好的生活环境。这样的生活环境可以改善人的心境，提升人的品位，提高人的生活质量。里仁之美，美在人文。人处其间亦如种子之处土壤，温润肥沃，方能茁壮成长。社区建设的目的就是为人们提供一个美好的居住环境。这个美好的居住环境要符合人民的根本利益，要实现人们的普遍愿望，那就应该是一个有着人文素养的、仁义有序的和谐环境。这是社区建设的道德总原则。

本书针对社区（乡村）文明建设的基本特征，把儒家文化的精髓与社区（乡村）文明的需求紧密相连，将家庭作为社区（乡村）文明的关键和核心，由家庭向外延伸，从家庭内部到邻里，再扩展至整个社区（乡村），以点带面，全面展现家庭成员身上体现的孝、悌、敬、诚、信、友、和、礼、仁等儒家核心理念，经过人与人之间的交往得以体现和践履，从而形成和谐安定的社会氛围。本书力求以简洁平实的语言，将儒家的核心理念叙述清楚；放“低”视角，让儒家文化不再只是高校与学术机构研讨的高高在上、不可企及的神秘理论，而是让其回归应有的普遍社会价值。传统文化在民众中衍生，理应返回民众之中。只有这样，传统文化的研究才不会流于表面，沦为泛泛之谈的空言；也只有这样，传统文化才能得以真正的传承、弘扬和发展。

第一章

夫敬妇齐　琴瑟和鸣

家庭是社区的基本单位，家庭成员之间的关系能否和谐融洽，关键在于是否有一个处理家庭关系的合理原则，也就是家庭伦理。在现代社会，以婚姻与血缘组成的家庭关系中，随着家庭横向关系的突出，夫妻关系无异处于核心地位。夫妻和睦、家庭和谐是当今社会重要的家庭追求，并逐步受到人们的重视。受阶级社会“男尊女卑”思想的影响，传统儒家所构建的夫妻伦理规范已然有许多方面不再适应现代社会的要求。但是，其倡导的“夫敬妇齐”“琴瑟和鸣”等积极的思想内容，则为当今夫妻的相处之道提供了有益的启示与借鉴，对和睦家庭的营造以及和谐社区的建设具有重要的指导意义。

一、人伦之始

一个人从降生开始就与其他人产生了关系，如父子关系、兄弟关系等。由此看来，就社会关系而言，人是社会的人，无法脱离社会而独立存在。从家庭内部的夫妻、父子、兄弟等血缘亲情关系，到随着社会发展以及交际的扩展而外扩形成的朋友等社会关系，这种人与人之间的社会关系称之为“人伦”。冯友兰先生说：“人与人的社会关系，谓之人伦。旧说，君臣、父子、夫妇、兄弟、朋友，谓之‘五伦’……在任何种类的社会，人与人必有社会的关系。此种关系，即是其中的人伦。在任何种类的社会中，任何人都必在人伦中占一地位。此即是说，任何人都必与某些人有某种社会的关系。”冯先生提及的“五伦”之说，是人类社会发展到一定历史阶段的产物。人类社会各种关系出现以后，适者生存的自然法则使人与人之间将会寻求一种长久和谐相处的方式方法。在经历一段时期的磨合与探索后，人们会自觉地形成某种相处的默契与规范，作为人伦关系的相处准则被共同认可与遵循。

社会发展到宗法等级社会，人们根据尊卑等级将人伦关系大致分成五

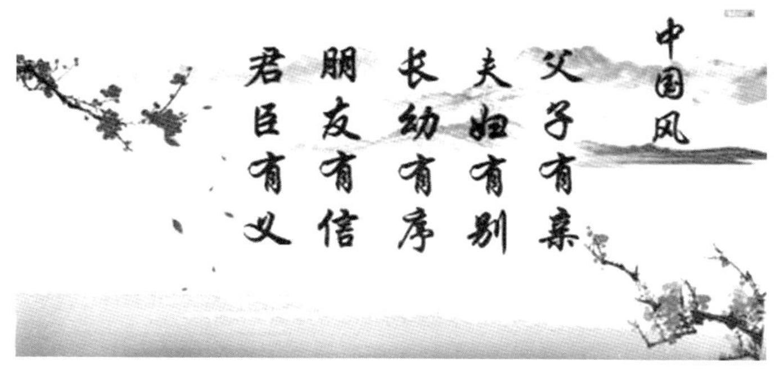

五　伦

个方面，也就是孟子提出的“五伦”说，即君臣、父子、兄弟、夫妇、朋友五种人际关系。孟子说：“人之有道也，饱食、暖衣、逸居而无教，则近于禽兽。圣人有忧之，使契为司徒，教以人伦：父子有亲，君臣有义，夫妇有别，长幼有叙，朋友有信。”（《孟子·滕文公上》）上古时期的人们，首要任务就是解决生存所需的衣、食、住的基本问题。孟子认为，人吃饱了、穿暖了、住安逸了却不接受教育，就会和禽兽差不多。所以，他制定了“五伦”来规范人们的行为。“五伦”是社会发展过程中逐步总结形成的人伦规范。孟子将其归功于圣人所制的说法虽然不妥，但“五伦”说却由此而明确提出。

“五伦”关系是随着社会发展而陆续衍生的。夫妻关系是五伦关系产生的始端，其他人伦关系都是由此衍生而成的。“男女之交，人伦之始，莫若夫妇。”（《白虎通义·嫁娶》）夫妻关系在各种人伦关系中处于基础性地位。夫妻之间的伦理规范是其他各种人伦关系之间伦理规范的基础。夫妻关系是人伦之始。《易传·序卦》中就世间万物以及人伦关系的依次产生有这样一段描述：“有天地然后有万物，有万物然后有男女，有男女然后有夫妇，有夫妇然后有父子，有父子然后有君臣，有君臣然后有上下，有上下然后礼义有所措。”先有天地万物，然后有了男人女人之人类，而后夫妻、父子、君臣依次出现，再之后才有了上下、礼义这些社会伦理规范。古代父权社会，夫妻关系虽然不是传统家庭的核心关系，但仍被儒家视为家庭乃至社会关系的基础。因此，荀子说：“夫妇之道，不可不正也，君臣父子之本也。”（《荀子·大略》）夫妻关系既是家道之始，又是社会人伦产生以及规范的根本。夫妻关系不单单是人伦之始，而且被视为王化之基。人类社会从最初的男女之间自然平等的关系过渡到社会关系，是由男女结合成夫妻关系来完成的。而后又依次衍生出父子、君臣等各种复杂多样的社会关系，由此组成了一个完整的社会结构。这一社会结构形成的过程证明了夫妻之间的关系既是各种各样社会关系的核心，同时又是各种关系的根本内容。“夫妇有义而后父子有亲，父子有亲而后君臣有正。”（《礼记·昏义》）在儒家看来，夫妻之间的道义建立了，父子、君臣等其他人伦关系之间的伦理规范才会建立与规范。

先秦儒家对作为人伦之始的夫妻关系非常重视。《周易》中“咸”“恒”“家人”“渐”“归妹”等几个卦象，分别从不同的角度阐述了家庭婚姻的观念，为传统夫妻伦理观念奠定了基调。从孔子的“君子之道，造端乎夫妇”（《礼记·中庸》）到孟子的“男女有别”，再到荀子的夫妇相“别”，在承认男女有先天之别的基础上，先秦儒家提出了“夫妇同尊卑”以及“夫义妇顺”等积极思想，倡导女子在家庭中享有和男子同样高的地位。女性作为妻子，承担的伦理义务责任与丈夫虽然有差异，却是相互的、等值的。丈夫和妻子是组成家庭的基本因素，夫妻之间和谐相处，对于一个完整的家庭有着非常重要的意义。社会又是建立在以家庭为核心的基础之上的，归根结底，处理好夫妻关系就是处理好整个社会关系的根本。

二、以义而合

夫妻关系的社会展现形式是婚姻。虽然从人类诞生之后，男女之交就已存在，但婚姻这种社会形式却并非生而有之。《白虎通义·号》中记载：“古之时，未有三纲六纪，民人但知其母，不知其父，能覆前而不能覆后……于是伏羲仰观象于天，附察法于地，因夫妇，正五行，始定人道，画八卦以治天下。”上古之始，人类男女之间出于繁衍后代的本能需要结合生子。但此时，这种结合与动物之间的结合并无二致，没有相互约束，更没有婚姻这种固定的社会形式存在。及至母系氏族社会前后，才出现了最早的婚姻形式，即群婚和对偶婚。但是这两类形式就男女关系而言都不够牢靠。母系氏族社会时期，按照当时的劳作分工，通常是女性负责采集果实，男性负责外出狩猎。相比而言，女子的采集比男子的狩猎对于生活更有保障，因此女子在社会生活中占有很高的地位，所生的孩子跟随母亲，血亲的系统也按母系计算。这个时期也就是《白虎通义》中所说的“古之时，未有三纲六纪，民人但知其母，不知其父”的时代。与孟子作人伦规范的说法相似，《白虎通义》中说伏羲为改变人类茹毛饮血、知母不知父这种近于禽兽的状况，画八卦而定人道，夫妇关系开始确立，区别于禽兽的人道才真正开始。进入父系氏族社会，原始公社逐渐为家庭私有制所代替，一夫一妻制的固定婚姻关系确立下来，真正意义上的夫妻关系由此才得以形成。

伏 羲

继承宗庙、繁衍后代是婚姻的主要目的之一。因此，儒家对于男女的婚姻大事非常重视。“昏礼者，将合二姓之好，上以事宗庙，而下以继后世也。故君子重之。”（《礼记·昏义》）既然婚姻关乎继承祖先事业以及繁衍子孙后代，如此的重要，那么君子在选择配偶时就必然会慎重对待。民间常说：“娶妻娶德不娶色，嫁人嫁心不嫁财。”在择偶标准上，儒家首先看重的就是对方的才德，至于相貌美丑、富贵贫贱都在其次，才情德行是主要的衡量标准。如孔子为女儿择婿：“子谓公冶长：‘可妻也。虽在缧绁（léi xiè）之中，非其罪也。’以其子妻之。”（《论语·公冶长》）公冶长是孔子的学生，当时身处牢狱中。在孔子看来，公冶长是受冤入狱，罪不在他。孔子不但没有因为公冶长的落魄遭遇而厌弃他，反而将自己的女儿许配给他，足见孔子坚持才德为先，不为世俗标准所限的择偶观。朱用纯在《治家格言》中说："嫁女择佳婿，毋索重聘；娶媳求淑女，勿计厚奁（lián）。"古人在嫁女娶媳方面不以聘礼、嫁妆为重的做法，也给现代人颇多教益。

一个家庭的家风如何，对孩子性情的培养有着举足轻重的作用。因此，要选择才情德行上佳的对象，自然"娶妻嫁女，必择孝悌世世有行义者"（《大戴礼记·礼察》），因为孝悌仁义之家"其子孙慈孝，不敢淫暴，党无不善，三族辅之"（《大戴礼记·礼察》）。一个有着良好家风的子孙，多是德行一流的人才。《白虎通义·嫁娶》篇中有"五不娶"，即"乱家之子不娶，逆家之子，世有刑人，恶疾，丧妇长子，此不娶也"。这五类人家在儒家眼中都算不上孝悌仁义之家，儒家认为这种家庭的孩子不可作为婚娶配偶的选择。

传统婚姻讲求父母之命、媒妁之言。儒家认为："男不自专娶，女不自专嫁，必由父母、须媒妁何。"（《白虎通义·嫁娶》）但这与后世所理解的包办婚姻并不是一回事，而是儒家强调婚姻要符合礼义的表现。儒家重礼。既然人伦关系始于夫妻，那么规范人伦关系的礼，当然也开始于夫妻间的伦理规范。婚姻是夫妻关系达成的起始，自然从婚姻促成以及仪式上就应该遵循礼制。在中国传统社会，"顺，事亲之本也"（《近思录》）。儒家认为，顺从父母意愿是合于事亲之礼的表现。媒人相牵是男女结合有中间人作证，是合于礼义之举。至于孟子所说的"不待父母之命，媒妁之言，钻穴隙相窥，逾墙相从，则父母国人皆贱之"（《孟子·滕文公下》）中"钻穴隙相窥，逾墙相从"，实际上是指男女之间一种钻洞扒缝、不可见人的偷摸行径，是一种不合礼义的非正当结合，与今

亲 迎

天人们所说的自由恋爱是两码事。在儒家尤其是先秦儒家看来，循于礼的男女相悦要先于父母之命、媒妁之言，是婚姻双方结合的先决条件。此外，在具体的婚礼过程中，还有纳采、问名、纳吉、纳徵、请期、亲迎等一系列具体礼节，也就是儒家所说的“聘娶婚”。儒家认为男女之间，只有通过这种方式结合，才能真正产生夫妻之间的道义。

男女选择配偶，相互结合，首先看重的是对方的才情德行。但男女最终能否结为夫妻，夫妻关系能否维持下去，归根结底在于男女双方自身能否以义而合。也就是说，男女之间、夫妻之间应该有一定的伦理规范。如果超出了这些伦理规范，男女就无法结为夫妻，即使已经结为夫妻，也可能会分离，或者说离婚。例如：“夫有恶行，妻不得去者，地无去天之义也……悖逆人伦，杀妻父母，废绝纲纪，乱之大者也。义绝，乃得去也。”（《白虎通义·嫁娶》）在古代社会，传统儒家认为妻子不能随随便便与丈夫离婚。但是，如果丈夫做了“杀妻父母”这样违背纲纪的事情，那就是夫妻之间一点义都没有了，也就是义绝了，妻子就可与丈夫离婚了。

三、夫敬妇齐

《礼记·效特性》说：“男女有别然后父子亲，父子亲然后义生，义生然后万物安。无别无义，禽兽之道也。”有“别”有“义”是人区别于禽兽的基本特征。“别”就是“男女有别”。男女之间存在着天然的生理差异，这就决定了分工有别，担当的责任各不相同。如前所述，原始社会时期，男女劳作时有明确分工，男性负责狩猎，女性负责采集。进入文明社会，在一夫一妻制的家庭中，男女的分工则表现在所担当的家庭责任不同。蔡元培在《对于教育之意见·夫妇》一文中说：“为夫者，必勤业于外，以赡其家族；为妻者，务整理内事，以辅其夫之所不及，是各因其性质所近分任之者。”中国传统家庭中，丈夫是一家之主，需要立业养家，按照家庭内外分工为主外；妻子主要负责整理家庭内部的工作，辅助丈夫治理好家庭，分工为主内。夫唱妇随，家政始有条理。虽然在封建等级社会，这种内外分工被演化成一种“男尊女卑”的角色差异定位，但究其本源，却是男女有别的自然法则使然。即使在文明高度发达的今天，日常生活、职业活动等各个方面，男女的分工不同仍然是存在的。男女、夫妻之间的伦理之别在任何文明社会都是需要的。

男女有别发展为夫妇有别，孟子又将夫妇有别提升到夫妻伦理的原则规范，并在社会和家庭生活中予以确认、实践。在先秦儒家的思想中，夫妻虽然有别，但却没有绝对的上下尊卑关系。如《周易》的下经始于咸卦，其卦象为“艮（gèn）下兑上”，“艮”表示少男，“兑”表示少女。《彖（tuàn）传》里说：“柔上而刚下，二气感应以相与。止而说（悦），男下女，是以‘亨利贞，取（娶）女吉’也。”这里的“止而说，男下女”如同泰卦的乾下坤上“天地交泰”一样，只有如此才能天地感，万物生，夫妇和，人伦始。在重礼的儒家看来，礼的功用就是“别”，“礼别异”（《荀子·乐论》）；反过来看，“别”就是要依礼而行。夫妻和睦是家庭兴旺发达的前提条件之一。孔子说：“父子笃，兄弟睦，夫妇和，家之肥也。”（《礼记·礼运》）要实现和，夫妻之间就要遵循礼制。孔子在回答哀公问时说：“昔三代明王之政，必敬其妻子也，有道。妻子也，家之主也，敢不敬与？”（《礼记·哀公问》）孔子认为，古代明君对自己的妻子格外尊敬，因为妻子是侍奉宗庙的主体，丈夫必须对妻子给予足够的尊敬。孔子说：“是故君子兴敬为亲，舍敬是遗亲也。弗爱不亲，弗敬不正。”（《礼记·哀公问》）就是说，结婚时丈夫行亲迎之礼，以示对妻子的尊敬；结婚后，丈夫也要敬、爱妻子。只有先尊敬妻子，才是真正的亲近；丢掉了尊敬，也就没有了亲近的诚意。经过恭敬、庄重的一系列礼节之后，才去亲近妻子，这是礼的重要原则。只有如此，才能真正建立起男女有别的夫妻之义。

同时，夫妻双方都要明了并遵循夫妇一体的原则。夫妻之间有各自的伦理义务，身为丈夫要守义而坚定，肩负起一家之主的职责并待妻以敬；身为妻子要勤勉而忠贞，做丈夫的贤内助。夫妻两人共同生活，就应该共同承担生活的重负，共同创造幸福和享受幸福。清初大儒李顺说：“夫妻相敬如宾，则夫妻尽道，处夫妻而能尽道，则处父子兄弟君臣上下，斯能尽道。”（《四书反身录》）夫妻关系是人伦之始，夫妻首先尽道，推而广之，父子、兄弟、君臣、上下也就能尽道了。尽道就是指夫妻的行为符合礼义，各守本分，各尽其职。中国历史上，有许多夫妻相敬如宾的故事，他们相互尊重，始终忠于自己的道德责任。东汉时期的宋弘坚持“贫贱之知不可忘，糟糠之妻不下堂”（《后汉书·宋弘传》），以富不易妻的忠贞爱情垂青千古。梁鸿夫妇深山为佣，仍相亲相爱，举案齐眉，成为万世佳话。

举案齐眉

传统伦理虽然侧重“男尊女卑”，但仍主张丈夫需要在礼义的范围内给妻子应有的尊重。清初唐甄说：“人若无妻，子孙何以出？家何以成？每则孰寄？居则孰辅？出则孰守？”（《潜书》）没有妻子，家不成之为家，妻子在家庭生活中的作用可想而知。以妻子在家庭中抚育子女、相夫教子的地位与作用而言，丈夫应该依礼尊敬妻子，而不应该持夫之尊慢待甚至欺辱妻子。“今人多暴其妻，屈于外而威于内，忍于仆而逞于内，以妻为迁怒之地。不祥如是，何以为家？”（《潜书》）现实生活中，确实有这样的男人，在外面胆小怕事，不仅对上级，甚至在下属面前也能隐忍，唯独在家里对妻子大耍威风，把她当作出气筒。这样势必导致夫妻关系的紧张，家庭生活的不和睦。因此，相敬如宾不是片面强调妻子对丈夫的尊重与顺应，同时也要求丈夫对妻子应该有基本的尊重，虚心接受妻子合理的批评和意见。“夫妇乃人道之始，万化之基也。相敬如宾，岂容反目。虽夫为妻纲，因当从夫之命；然妻言而有理，亦当从其劝谏。”（《李氏家法》）因而片面强调妇顺是错误的。当真理和正义在妻子这一方时，应当尊重妻子的意见，听从妻子的劝告，夫顺于妻。妻顺是礼，夫顺则是义。妻尊夫是礼法，以礼而尊，以顺为尊；夫尊妻是道德自觉，是以义而尊，以义为尊。即使是妻子对丈夫的尊重，也并不是一味顺从，还包括对丈夫的过失和错误提出善意的批评和规劝，决不姑息迁就。传统的夫妻伦理中就包含了这一重要内容。春秋时期，齐国有个为晏婴赶车的御夫，认为自己替国相赶车脸上光彩，“意气扬之，甚自得也”。他的妻子不以为然，对丈夫说，晏子“长不满六尺，身相齐国，名显诸侯”，但他却十分谦虚，常以为自己有不足之处，“今子长八尺，乃为人仆御，然子之意自以为足”。御夫听了妻子的劝诫，十分愧疚，随即改正了自己的缺点。晏婴了解了这一情况，推荐御夫做了齐国大夫。可见，夫妻以诚相待，合理的批评和意见确实很有必要。这样能在更高层次上促进双方人格的完善，实现相互尊重，深化夫妻感情。否则，妻子一味讲究顺应，对丈夫的缺点和错误包庇、纵容，则会影响夫妻关系，甚至导致悲剧。

不可回避的是，在古代等级社会，尤其是秦汉以后，夫妻双方要做到真正的地位平等几乎是不可能的。夫妻一体以礼为原则。礼的精神实质包含了等级秩序，包含了尊卑伦次。这就使得丈夫对妻子的敬、妻子对丈夫的顺，都是建立在“男尊女卑”基础上的。《荀子·君道》篇中说：“请问为人夫？曰：致功而不流，致临而有辨。请问为人妻？曰：夫有礼，则柔从听侍；夫无礼，则恐惧而自竦也。”意思是说，在家庭中，作为丈夫应该尽力取得功业而不是放荡不羁，亲近妻子而又有一定的界限。作为妻子，如果丈夫遵行礼义，就温柔顺从地侍奉丈夫；如果丈夫不遵行礼义，就诚惶诚恐地独自保持肃静。从这段话可以看出，此时的夫妻地位已有了明显的倾斜。随着封建等级观念的加深，尤其是秦汉以后，董仲舒用天地、阴阳、尊卑附会人类男女，派衍出“三纲”说，强调妇女依附于丈夫的义务。“未嫁从父，即嫁从夫，夫死从子。”（《白虎通义·爵》）“三纲”说强化了君臣、父子、夫妇之间的上下尊卑关系，使女性在家庭中彻底处于从属地位，丧失了独立人格，儒家思想的时代局限性已然凸显。汉代至宋代，随着宗法制度的巩固和加强，“三纲”说的权威也更加确立。“男尊女卑之序，夫妇有倡随之礼，此常礼也。”（《二程集·周易程氏传·归妹》）二程主张妇女守节，饿死事极小，失节事极大。到了明清时期，夫权得到了高度发展，夫妻关系已经完全背离了先秦儒家“夫义妇顺”的本意，贞节牌坊日渐增多。夫为妻纲、夫主妻从的封建礼教，集中体现了封建等级社会中夫妻之间人格的极端不平等。需要注意的是，这是先秦之后等级社会为加强统治而歪曲的夫妻观念。这种观念彻底背离了儒家的原始本义，应该坚决予以摒弃。

四、琴瑟和鸣

儒家倡导两情相悦、互敬互重是男女结合的前提与基础。在早期儒家经典中，常见关于择偶尊重男女自主权的言论。“彖曰：归妹，天地之大义也……说以动，所归妹也。”（《易·归妹》）“归妹”意思就是男女相配。“归妹，天地之大义也”意为男女相配是天地的大义。“说以动，所归妹也”意为男女相配必须男女相悦而行动。男悦女而娶之，女悦男而嫁之，然后才有归妹、结婚之礼。男女相悦是男女结婚的重要条件之一。《诗·小雅·常棣》篇中说：“妻子好合，如鼓瑟琴。兄弟既翕（xī），和乐且耽。宜尔室家，乐尔妻帑（nú）。”夫妻之间如果相互恩爱，和谐相处，就能像琴瑟那样共同弹奏出生活的美好乐章。

夫妻之间不存在血缘关系，而是一种相互爱慕的关系，需要相互调节才能保持长久恩爱。因而夫妻伦理中，情与理的关系乃是一个关键。传统的夫妻人伦并不否认夫妻之情，但相比之下比较重理，尽管这理主要是“三从四德”“夫为妻纲”的宗法伦理。但无论如何，夫妻作为家庭人际关系中一种亲密的关系，两人在长期的耳鬓厮磨，相依、相伴、相助的生活中，总会产生深切的依恋、亲密的感情。汉代张敞喜欢为妻子画眉。宣帝听说后，指责他行为不检点。张敞回答说：“臣闻闺房之内，夫妇之私，有过于画眉者。”其实，对爱情的渴求是任何礼教都压抑不了的。中国历史上有许多爱情诗、爱情小说至今脍炙人口，如《牡丹亭》《西厢记》《红楼梦》等等。人们常把夫妻比作鸳鸯鸟、连理枝、比翼鸟、并蒂莲，用来赞

梁山伯与祝英台

美夫妻恩爱、白头偕老的和谐关系。我国传统社会强调夫主妇从是为了维护社会的人伦秩序，然而在夫妻关系上却非常重视感情因素。夫妻恩爱、白头偕老在传统爱情佳话中被人们传为美谈。传统家庭承认夫妻有爱。“夫妻者，非有骨肉之恩也。爱则亲，不爱则疏。”（《韩非子·备内》）爱情把男女双方联结起来，使他们结成人际交往中最亲密的关系。明李贽说：“夫妇之际，恩情尤甚。”（《焚书·与庄纯夫》）夫妻在长期的相濡以沫、同甘共苦的岁月中，产生了深切的依恋、爱恋之情。《诗经》中的爱情诗和《孔雀东南飞》《梁山伯与祝英台》等爱情故事，体现了夫妻之间美好的恩爱之情、爱恋之情。夫妻恩爱要做到长久，“夫妇之道，不可不久也，故受之以恒。恒者，久也”（《周易·序封传》）。夫妇之伦关系到两性之好和先祖后代，所以不可以不保持恒久。要实现夫妻间恒常的和睦，夫妻两人需要做到相敬如宾。《后汉书·逸民传》载庞公“居岘山之南，未尝入城府，夫妻相敬如宾”。相敬如宾的核心精神就是相互尊重。

传统伦理不否认夫妻之情的重要性，但反对溺于情，而坚持以义理制情，把义理放在首位，夫妻双方都应该使自己的行为符合义理。夫妻关系既是一种自然关系，也是一种社会关系；它是人道之始，也是王化之基。夫妻关系除了恩爱情感，还有许多义务和责任，包括对配偶的责任，对孩子的责任，以及对家族乃至社会的责任。因而，儒家反对把夫妻之情作为夫妻关系的较高要求，而认为应当是义理。这无疑是对夫妻关系社会性的正确认识。它作为调适夫妻关系的一条重要规范，在今天仍然具有合理性。当然，儒家传统伦理所论的义理是封建的义理，要求夫妻之情服从家庭利益，妻子服从丈夫，这是应当抛弃的糟粕。

《周易·序卦》里说：“夫妇之道，不可以不久也，故受之以恒。恒者，久也。”虽然从古代阶级社会到现代，社会制度发生了很大的变化，但家庭是社会的细胞，夫妇之道是人伦之始，这是人类社会所恒久不变的。尤其到了现代社会，家庭关系的重心由纵向父子关系转为横向夫妻关系。夫妻关系在现代家庭中起着举足轻重的作用。

由于先天生理的因素，从原始社会的劳作分工，到先秦时期的“夫妇有别”，承认“男女有别”既是夫妻关系产生的前提条件，也是巩固夫妻关系的必要因素。先秦儒家所倡导的夫妇有别是指在夫妻双方各自作为一个独立体的基础上依礼而行，尊重男女有别的客观规律，从而在家庭中扮演不同的角色，分担不同的责任，互敬互重是“别”的前提。到了封建统治社会，出于统治的需要，“夫妇有别”逐渐演化成“男尊女卑”的思想，已经完全违背了原始儒家的本义，也是我们所应坚决摒弃的。在现代社会中，夫妻双方以爱情为媒介走到一起，各自承担起了夫与妻的角色，共同组成了一个家庭。在家庭关系中，夫是妻的丈夫，妻是夫的妻子，只有明确了各自的角色定位，才能真正承担起各自的伦理职责。这种伦理关系中的责任是相互的、双方共有的，夫待妻以敬，妻与夫相齐，夫妻举案齐眉，相敬如宾。这就要求夫妻双方相互尊重对方的人格尊严，实现人格平等。夫妻双方是不依赖于对方，具有独立人格的个体。家庭纠纷通常都是源于一方对另外一方缺乏足够的尊重，有的是丈夫搞大男子主义，以家长权威自居，独断专行；有的是妻子在家中搞大女子主义，独揽大权，蛮不讲理。夫妻双方不允许对方有不同于自己的意见出现，不允许忤逆自己的意愿。这些不尊重对方人格的做法淡漠了夫妻感情，埋下了夫妻矛盾、纠纷的种子。

夫妻两人以爱情为媒介走到一起，共同组成了一个家庭，互相尊重与相同的价值追求是夫妻关系组建的前提，更是两人白头偕老、恩爱一生的关键条件。在经历轰轰烈烈的热恋之后，生活终会在现实中归于平淡。要维持一个美满的婚姻就需要夫妻双方相互关心、相互爱护，共同付出，不但在生活上给予对方帮助，而且让对方得到精神上的满足和安慰。只有这样，才能真正做到“妻子好合，如鼓琴瑟”。丈夫与妻子是家庭的基本组成部分，夫妻关系是家庭乃至社会关系的基础。有了夫妻之间的相互尊敬与和谐，才能有父母与子女之亲、兄弟姐妹之爱。夫妻关系不和谐上会烦扰父母，下会影响孩子。只有夫妻关系和睦，家庭才会和睦，社会才能和谐稳定。

一、举案齐眉

东汉有位书生叫梁鸿（生卒年不详），字伯鸾，是扶风平陵（今陕西省咸阳市西北）人。梁鸿品德高尚，很多人想把自己的女儿嫁给他。梁鸿谢绝了他们的好意，就是不娶。与他同县的一位孟氏有一个女儿，长得又黑又胖，力气极大，能把石臼轻易地举起来。家人多次为她选择婆家，可她就是不嫁。父母问她为何不嫁，她说要嫁像梁伯鸾一样贤德的人。梁鸿听说后，便下了娉礼，准备娶她。

孟家女高高兴兴地准备着嫁妆。等到过门那天，她打扮得漂漂亮亮的。哪承想婚后一连七日，梁鸿都一言不发。孟家女走到梁鸿面前，说：“早闻夫君贤名，立誓非您不嫁；夫君也拒绝了多家提亲，最后选我为妻。可婚后，你却一直默默无语，不知我有什么过失？”梁鸿答道：“我一直希望自己的妻子是位能穿麻葛衣，并能与我一起隐居深山老林的人。现在，你却穿着华丽的衣服，涂脂抹粉、梳妆打扮，这哪里是我理想中的妻子啊。”孟家女听了，对梁鸿说：“这些日子，我穿着打扮，只是想验证一下夫君是否真是我理想中的贤士。其实，我早就备好了劳作用的衣服、物品。”说完，她将头发梳成髻，穿上粗布衣，架起织机，动手织布。梁鸿见状大喜，连忙走过去，对妻子说：“这才是我梁鸿的妻子！”他为妻子取名为孟光，字德曜，意思是她的仁德如光芒般闪耀。

后来，夫妻二人一同去了霸陵（今陕西省西安市东北）山中，过起了隐居生活。在霸陵山深处，他们以耕织为业，或咏诗书，或弹琴自娱，其乐融融。

不久，为了躲避征召梁鸿入京的官吏，夫妻二人离开了齐鲁，到了吴地（今江苏省无锡市境内）。梁鸿一家住在大族皋伯通家宅的廊下小屋中，靠给人舂米过活。后人多用“举案齐眉”形容夫妻互相尊敬、十分恩爱。

二、如宾乡

郤（xì）缺（？—前 597）是晋国历史上少有的以稳健著称的政治家。他从政多年，很少出过差错。郤缺的父亲郤芮是晋惠公时期的重臣。郤芮一直反对和阻挠晋文公重耳回国，并设计纵火欲烧死重耳。没料到重耳事先得到了消息，躲过此劫。事情败露后，郤芮等人自知不妙，便想渡河逃亡，结果被秦穆公设计诱杀。此后，重耳顺利即位。作为罪臣之子的郤缺失去了入仕从政的机会，成为平民百姓，躬耕于冀野。

郤缺在冀野过着平淡的日子。日子虽然平淡，但是郤缺并不怨天尤人，没有因为贫困放弃自身的道德修养与提升。有一天，晋文公的重臣臼季出使经过此地，看到郤缺正在田里耕作，郤缺的妻子给他送饭到地头上。妻子非常恭敬地将饭端给郤缺，郤缺连忙接过妻子递过来的饭，频致谢意。用过饭后，郤缺用诚尊的目光送妻子远去。臼季目睹了整个过程，不禁连连感叹：田间地头之上，粗茶淡饭的生活，竟也能过出礼仪之家的味道！

从郤缺夫妻二人相敬如宾的画面，臼季认定郤缺是个有德君子，必能成为治国能臣，他缺少的只是一个机会。因此，臼季在完成出使任务回国之后，向晋文公郑重推荐郤缺，说：“臣看到郤缺和他的妻子相敬如宾。臣以为互相尊重是德的集中表现，有德的人就能治理好国家。请大王将郤缺召回来重用。”

晋文公采纳了臼季的意见，很快召回了郤缺，封他为下军大夫。郤缺果然不负众望。晋襄公执政时，在一场晋狄战争中，他深谋远虑，身先士卒，打败了狄国，俘虏了夷狄首领白狄子。晋襄公把冀地封给了他。后人把他们夫妇种田的地方称作“聚德田”，把他的家乡称作“如宾乡”。

春秋时代是强调礼仪的时代。敬是一种德行的体现，是人与人交往的基础。这种敬不是外在的客套，而是发自内心的自然之举。或许郤缺与妻子的相敬如宾在现代人看来过于做作，但是郤缺之举是源自本心，郤缺妻子之举亦是出自本愿。在他们看来，夫妻相互尊敬才是爱的最高境界。臼季由郤缺之敬推断出郤缺之德便是对此问题的最好回应。

三、许允丑妻

许允（？—254），字士宗，魏明帝时高阳（今河北省高阳县）人。他官至吏部郎，才华过人，而且相貌出众。许允娶了卫尉卿阮共的女儿，即阮德如的妹妹阮氏为妻。阮家女貌丑容陋，新婚行完交拜礼后，许允跑出新房不肯再进去。后来，许允的朋友来看他。新娘叫婢女去看看谁来了，婢女回报说：“是桓郎。”桓郎即桓范。新娘说：“不用担心，桓郎一定会劝他进屋来的。”桓范果然劝许允说：“阮家既然嫁丑女于你，必有一定想法的，你应该考察考察她。”许允听了桓范的话，果真跨进了新房。但他一见妻子的容貌，拔腿又要往外溜，新娘一把拽住他。许允对新娘说：“妇有四德，你符合几条？”新娘说：“我所缺的，仅仅是美貌。读书人有百行，你又符合几条呢？”许允说：“我百行具备。”新娘说：“百行德为首，你好色不好德，怎能说百行俱备呢？”许允哑口无言，对妻子再无嫌意。

许允做吏部郎，因为朝政纷争，有人在魏明帝那儿诬告他，说他任用的多是同乡或同学，也就是结党营私。实际上是因为司马氏专权，许允有自己的看法，由此引起司马氏的不满，让人对许允造谣中伤，并向魏明帝施加压力。魏明帝派人将许允逮捕，由朝廷审问。

临出门，阮氏在许允的耳边说，许郎，你在朝廷上，审问你时，切不可莽撞行事，只可据理力争，切不可低头求情，做人要有骨气。你是个男人，不能做历史罪人，让后人唾骂。许允出门后，全家老小都惶恐不安，哭哭啼啼。阮氏安慰大家说不要担心，许郎很快就会回来的。说完，她就下厨为丈夫煮粥。果然，如阮氏所说，粥煮好，许允就被释放回来了。

司马氏专权越来越厉害，许允却不屈从。不久，许允被司马氏找了个借口杀害了。阮氏得知消息时，正坐在织机旁织布。听到丈夫被害，她泪如雨下。

司马氏派大将军钟会到许允家察看，看许家有什么动静，以确定是否来一个斩草除根。这时，许家人都觉得凶多吉少，主张把许允的两个小儿子藏匿起来。阮氏正色说道，没有必要。她对儿子说，大将军若问话，只可以说些生活和玩耍的事，不要谈学习，不要谈政事，更不要谈朝廷。对爹爹的死要显得不悲伤，不在意。

钟会内心也有些同情许允，表面上却不能显露出来。他见了许夫人，故作狠脸。回去后说，许允妻子阮氏是个丑妇人，憨直愚钝；家也不像个家，父亲过世了，两个孩子嘻嘻哈哈还在捉迷藏。那一家人真的完了，没有一点担心的必要。就这样，许家免除了一场灭顶之灾。

阮氏把两个儿子送回老家，自己独居在许允坟旁。一年后，阮氏因思念过度，长哭而亡。

四、糟糠之妻不下堂

宋弘（？—40），字仲子，汉长安（今陕西省西安市）人。他跟随光武帝刘秀南征北战，屡立战功。有一次，他作战受伤，在一郑姓人家养伤。这户人家非常善良，待宋弘亲如家人，端茶送水，好吃好喝，照顾得很是周到。特别是郑家女儿，长得虽不很漂亮，但为人正派，聪慧大方。她为宋弘煎汤熬药，知寒问暖，关怀备至。宋弘非常感动。日子一长，两人建立了深厚的感情。宋弘伤好后，娶了郑家女儿为妻。

光武帝即位，授予宋弘太中大夫的职务。建武二年（26），宋弘担任大司空，并被封为旬邑侯。后来，他又被封为宣平侯。宋弘把所得到的租俸都分送给了远亲近邻，家中却没有一点积蓄。这种清廉的为官之风受到世人的好评。

有一次，光武帝设宴会集群臣。席间，宋弘见光武帝御座旁边有副新屏风，上面画着许多美女，光武帝几次回头去看。宋弘便严肃地说："没有见过好德像好色一样深的人。"光武帝听后，令人撤去了屏风，并笑着对宋弘说："闻义则服，还可以吧？"宋弘答道："陛下进德，臣高兴得不得了。"

那时，光武帝的姐姐湖阳公主刚刚死了丈夫。光武帝就和湖阳公主谈论朝里的臣子，试探她的想法。湖阳公主说："宋公（宋弘）有威严的容貌，有道德的器识。在一班臣子里，没有一个能赶上他的。"光武帝听了，就去对宋弘说："俗语说，做了官，好把贫贱时候的朋友换过了；有了钱，好把穷苦时候的妻子换过了。人情世事不都是这个样子吗？"宋弘说："臣常闻：'贫贱之交不可忘，糟糠之妻不下堂。'"就是说，贫贱时候交的朋友是不可以遗忘的；同过甘苦、同吃过糟糠的妻子是不可以遗弃的。光武帝听后，对宋弘很是赞赏。

宋弘的做法千古流传。他真正做到了"勿谄富，勿骄贫，勿厌故，勿喜新"，对朝夕相处的妻子念念不忘，不去讨好巴结富有的人。当今社会有些人富有了，当官了，就忘记了夫妻间同患难的艰难岁月，喜新厌旧。这种做法是让自己的祖宗蒙羞。我们应该向宋弘学习，夫妻既能共苦，更能同甘，共同营造一个美满幸福的家庭，相依相伴，白头偕老。

五、张敞画眉

西汉年间，宣帝刘询（前 91—前 49）即位不久，社会上经常有偷盗案件发生，弄得人心惶惶。汉宣帝对此很不满意，但又苦于一时没有禁绝的良策。这时，有人向他推荐了平阳人张敞。

张敞一到长安，便决定微服私访。经过几天的暗访，他终于查出了数名盗贼头领。张敞不动声色，按照线索组织人马出击，很快逮捕了数百名盗贼。这次行动使京城的黑社会势力遭到毁灭性打击，社会治安很快好转，长安市警鼓稀鸣，市无偷盗。

汉朝时期，按照规定，凡是在朝中为官的每人都要填写一张登记表。内容和现在的简历差不多，除了登记姓名、性别、民族、出生年月、文化程度、政治面貌，还有一个栏目是爱好特长。在这一栏中，一般人填写的是擅长交际、长于写作、爱好书法等。张敞拿到登记表后，想也没想，随即在这一栏里写上了“爱好画眉”。张敞填好登记表交了上去。

张敞处治了小偷、强盗后，开始惩办那些胡作非为的公子王孙。据史书记载，张敞行事果断，雷厉风行，而且赏罚分明，碰到恶人难得通融，决不姑息。每当上朝时，张敞总是侃侃而谈，在皇帝和大臣眼里，他属于那种有能力、有魄力的人。他的做法招致一些人的妒忌，又由于得罪了皇亲国戚、高官显贵，所以他们上书皇帝，诬告张敞风流轻浮，说他描的眉妩媚得很，每日热衷于和夫人打情骂俏，实在有失朝廷威重。

在汉代，失朝廷威重是一项比较重的罪名。汉宣帝听了很是生气。他找了个机会问张敞：“听人说你热衷在家中给夫人画眉，这是真的吗？”

张敞回答道：“臣闻闺房之内，夫妇之私，有过于画眉者。”意思是说，在闺房中，夫妇之间还有比画眉更过头的玩乐事情。你只要问我国家大事做好没有，我替太太画不画眉你管它干什么呢？汉宣帝听后，觉得张敞说得确有道理，所以只好一笑了之。但他还是不明白，张敞怎么会有这样的爱好。

原来，张敞与妻同村。他儿时顽皮，一次投掷石块误伤了一位女孩。为此事，他逃逸在外很长时间。后来做官后，他听家人说起那女孩因眉间留下伤疤，一直未能出嫁，便上门提亲。为了弥补昔日之过，他立誓终生为妻画眉。自此，张敞每天都帮夫人画眉，散朝回家后，第一件事情就是看一看给夫人画的眉色彩淡了没有；如果色彩淡了，他便拿起眉笔给夫人重画，其他事情再重要也会暂时放在一边。

夫妻两人就这样终生恩爱，相敬如宾，生活得幸福美满。后来，这个故事传到民间，作为夫妻恩爱的典故流传至今。

经典名句

1. 男女之交，人情之始，莫若夫妇。

——《白虎通义·嫁娶》

【译文】男女的交往，人性伦理的开始，莫过于夫妻关系的确立。

2. 夫妇之道，不可不正也，君臣父子之本也。

——《荀子·大略》

【译文】夫妻之间的道义，是不能不端正的，它是处理君臣、父子之间关系的根本。

3. 男女有别，然后父子亲；父子亲，然后义生；义生，然后礼作；礼作，然后万物安。无别无义，禽兽之道也。

——《礼记·效特性》

【译文】男与女分别清楚，然后父子才有亲恩可言；父子有亲恩可言，然后才见得人伦的意义；有人伦的意义，然后才有维系人伦的礼节；有了礼节，然后社会始得安定。如果不然，男女无别，人义不明，那是禽兽的生活方式。

4. 君子之道，造端乎夫妇。

——《礼记·中庸》

【译文】一切的大道理，要从夫妻之间开始。

5. 故男女无媒不交，无币不相见，恐男女之无别也。

——《礼记·坊记》

【译文】所以男女之间不经过媒人沟通，不知道彼此的名字；没有经过订婚的程序，双方不能私自见面，这就是怕男女的分限不清。

6. 不待父母之命，媒妁之言，钻穴隙相窥，逾墙相从，则父母国人皆贱之。

——《孟子·滕文公下》

【译文】没有父母的安排、媒人的言语，就钻门洞、扒门缝互相窥视，爬墙相会，那么父母和其他人就都会看不起他。

7. 昏礼者，将合二姓之好，上以事宗庙，而下以继后世也。故君子重之。

——《礼记·昏义》

【译文】婚礼这件事，是用以结合两姓家族的欢好。对上而言是要继承祖业以侍奉宗庙；对下而言是要生儿育女以继承后世。所以君子格外看重它。

8. 父子笃，兄弟睦，夫妇和，家之肥也。

——《礼记·礼运》

【译文】父母子女情深，兄弟姐妹和睦，夫妇和合相处，这就是一个美满的家庭。

9. 昔三代明王之政，必敬其妻子也，有道。妻也者，家之主也，敢不敬与？

——《礼记·哀公问》

【译文】从前，夏、商、周三代的贤明君主执政时必定敬重自己的妻子，这是有道理的。因为妻子是侍奉宗庙的主体，怎能不敬重？

10. 是故君子兴敬为亲，舍敬是遗亲也。弗爱不亲，弗敬不正。

——《礼记·哀公问》

【译文】所以君子应用敬慕之心与妻子相处，如果抛开敬意，那就失去爱慕的诚心了。没有爱慕就不可能亲近，没有敬意就不可能做到正。

第二章

父慈子孝　父子有亲

孝是中华民族的传统美德，也是中国产生较早、影响较深的一个家庭伦理范畴。“百善孝为先。”孝被儒家视为众德之本。儒家不仅强调晚辈赡养长辈的孝，也强调长辈爱护晚辈的慈。“父慈”与“子孝”是长辈与晚辈之间的一种平等的双向义务，其精神实质体现为“父子有亲”。这一以血缘关系为基础的父子亲情是中国传统家庭伦理的核心，也是当今家庭美德的一个重要组成部分。借鉴传统儒家父子观中的积极因素，对推动当今家庭伦理建设，促进家庭和睦、社会和谐有着非常积极的现实意义。

一、慈的意蕴

在家庭本位的中国传统社会中，亲子伦理是“五伦”的主轴，其他家庭关系都是在亲子伦理的基础上衍生、发展、延伸而成的。在儒家尤其是先秦儒家的亲子伦理关系中，核心的观念应该就是“父慈子孝”。“父慈”在前，“子孝”在后，无论在逻辑上，还是在事实上，这一点都是确定无疑的。关于慈的意思，《说文解字》解释为：“慈，爱也，从心，兹声。”孔颖达疏引服虔曰：“上爱下曰慈。”简单来说，慈就是父母对于子女的爱。

父慈思想最早见于《尚书·康诰》。周武王封他的弟弟康叔为卫侯。鉴于前朝殷商末年父子、兄弟亲情不在以致亡国的教训，周武王在康叔赴任之际，对他做了一番训诫。其中有一段话说：“于父不能字厥子，乃疾厥子……天惟与我民彝大泯乱。”意思是说，如果做父亲的不能爱护自己的儿子，反而厌弃他，那么就会招致上天的惩罚，也会导致社会的混乱。这里的“字”就通“慈”意。武王从反面说明了父慈思想的天道性质和重要意义。《春秋左传·隐公三年》中记载了卫国大夫石碏曾说：“君义、臣行、父慈、子孝、兄爱、弟敬，所谓六顺也。”这表明，早在春秋时期，人们就已经有了“父慈”的概念，并且把它和其他五种行为品德看成是社会生活的“六顺”，意为君臣、父子、兄弟之间关系理顺，按照这些要求行事，就能得到好的结果，国家就能长治久安。在后来出土的《郭店楚简·六德》中有“为父绝君，不为君绝父”一语，可见在当时人们的眼中，父子之间的这种血缘亲情要远远高于君臣之义。

父母之于儿女的爱天性使然，往往不计回报，是超越一般的对等之爱。“唐宋八大家”之一的苏辙在为孙敬修所著《古今家诫》的序言中写道：“父母则不然，子虽不肖，岂有弃子者哉？是以尽其有以告之，无憾而后止……故父母之于子，人伦之极也。”这段话描述了父母对于子女的爱，不因儿女的贤与不肖而有丝毫改变，其爱的伟大、爱的无私由此可见一斑。孔子说：“为人父，止于慈。”（《礼记·大学》）父母对于子女的慈，首先表现在基本生活的养育上。“子生三年，然后免于父母之怀。”（《论语·阳货》）孩子自呱呱坠地之时，父母就担负起了养育之责，直至子女能够独立生活。

苏 辙

西汉《盐铁论·忧边》中载：“衣食饥寒者，慈父之道也。”指出了慈是父母在物质生活上养育子女的义务。天性使然，父母在养育孩子方面总是希望做得更好。然而在子女的养育过程中，如果在物质上没有一个客观的标准，偏爱乃至溺爱，反而不利于子女的成长，甚至会给子女造成危害。“爱之适足以害之。”（《淮南子》）爱的过度反而会适得其反。俗话说：“慈母多败儿。”这里的“慈”其实就是指父母在子女养育问题上对孩子过于放纵与宠惯，以致造成子女成长的失败。司

司馬温公家範

《温公家范》书影

马光在《温公家范》中就指出：“为人母者，不患不慈，患于知爱而不知教也。”父母对于子女的爱是与生俱来的，所要担心警惕的是在抚养子女的过程中，父母只知道溺爱而不能给予子女正确的教导。

因此，父母对子女除了养育，还有更为重要的教育之责。慈的这一方面也是儒家格外强调的。养育主要是从物质上确保子女在生理方面的健康成长，而教育则是从道德、技能、智能等方面培养子女立身处世的能力。《郭店楚简·六德》中说：“既生畜之，或从而教诲之，谓之圣。圣也者，父德也。”“畜”就是养育。这里正是将养育与教诲两者并列，并指出这是“父德”的分内之事。父母养育子女是一种本能和天性，但是慈爱绝不仅仅在于养，更重要的是要教。养是慈的基本，教是慈的升华。相较养育，儒家对子女的教育则更为重视。“爱子，教子以义方，弗纳于邪。”（《左传·隐公三年》）儒家认为，真正疼爱子女的方式是以道义教之。只有这样，才能防止子女“骄、奢、淫、泆（yí）”，使他们“弗纳于邪”。如果以给予孩子无底线的宠爱与钱财的方式来体现慈，这样就很容易陷入溺爱的错误方式中。生活中常说的“富不过三代”，就是流于这种溺爱的弊端。父母在尽到养育之责的同时，又要“教子以义方”。只有这样，才能使子女的生理、心理、道德、智能健康发展，培养他们成为有用之才。这才是慈的真正含义。

北宋时期，司马光在其《涑水家仪》中指出：“凡为家长，必谨守礼法，以御群子弟及家众。”父母要正身率下、以身作则，这是传统亲子伦理对亲代的基本要求。同时期的李昌龄也曾说：“为父为师之道无他，惟严与正而已。”“为父而不能尽父之道，则家无孝友之子。”（《乐善录》）一家之长唯有自身先做到身正，真正尽到父之道，子女才会心甘情愿地遵从教诲，从而实现“不令而行”。由此，才可以保持融洽的亲子关系，进而达到家庭关系的和谐。

二、孝的意蕴

“孝”的概念产生比较早，其原始含义是指祭祀，即对祖先的崇拜。

杨荣国先生指出："在殷代有了孝的事实，当然也就说明那时确有了孝的思想的产生。""孝"字最早出现在甲骨卜辞和金文中，但早期并未形成系统的文字记载。与慈一样，孝的思想真正出现在典籍中，最早见于周武王告诫康叔的《尚书·康诰》："元恶大憝（duì），矧（shěn）惟不孝不友。"孝对父母，友对兄弟。武王将不孝不友看作恶之魁首。关于孝的含义，《说文解字》说："孝，善事父母者，从老省，从子，子承老也。"《尔雅·释训》说："善事父母为孝。"也就是说，孝的基本含义是敬老爱老、事亲善行，主要是指子女对父母在赡养、尊敬、送终等方面应尽的义务。在古代社会，其基本要求涵盖了对父母生时敬养，病则致忧，死时哀丧，以时祭祀。另外，娶妻生子、继嗣祀祖等等，也都属于孝的范畴。《礼记·祭义》中说："夫孝，置之而塞乎天地，溥之而横乎西海，施之后世而无朝夕，推而放诸东海而准，推而放诸西海而准，推而放诸南海而准，推而放诸北海而准。"孝被视为放之四海而皆准的道德规范，成为中国古代社会伦理体系中一个十分重要的德目。

儒家认为子女尽孝，首先要在物质层面赡养父母。"子生三年，然后免于父母之怀。"（《论语·阳货》）父母对子女有养育之恩，子女小时因幼小而不能自立，需要依靠父母的辛苦抚养才能成人。待到子女成年之后，父母渐老，会因年纪愈来愈大而逐渐丧失自理能力，这时便需要子女首先从物质上尽到赡养父母的基本义务。孟子认为现实中有五种不孝的行径，前三项均是因种种恶习而不赡养父母："惰其四支，不顾父母之养，一不孝也；博弈好饮酒，不顾父母之养，二不孝也；好货财，

仲由负米

私妻子，不顾父母之养，三不孝也。”（《孟子·离娄下》）古代社会中，人们对这种“不顾父母之养”的行径是非常鄙视的。在古代一些文学艺术作品中，常见对此类不孝行径的讽刺。

孔子的弟子曾子将孝分为三个层次：“大孝尊亲，其次弗辱，其下能养。”可见，单单对父母进行物质上的赡养，在儒家看来，还称不上真正的孝。《盐铁论·孝养》中就有关于这一观点的记载：“周襄王之母非无酒肉也，衣食非不如曾晳也，然而被不孝之名，以其不能事其父母也。君子重其礼，小人贪其养。夫嗟来而招之，投而与之，乞者由不取也。君子苟无其礼，虽美不食焉。”这里所说，就体现了敬与养的对比。身为一国之君，周襄王肯定可以对母亲尽到物质上的赡养义务，但仍被世人称为不孝。究其原因，在于周襄王对母亲只有养体之孝而没能事亲以礼；只有养，没有敬。真正的孝应该是以敬为基础的内在情感，即事亲以礼。此处的敬是指在血缘亲情基础上油然而发的一种敬爱之情。只有建立在衷心敬爱血缘情感上的孝亲，才是真正的孝。子游曾向孔子请教孝。孔子回答：“今之孝者，是谓能养。至于犬马，皆能有养；不敬，何以别乎？”（《论语·为政》）孔子说，现在人们认为能做到物质层面的赡养义务就是孝了，但这其实只是子女对父母最基本的义务。对喂养的狗和马这些动物，人也是在养。在养的基础上，对父母还能做到敬，才真正称得上是孝，否则，跟喂养动物有什么分别。“孝敬”一词由“孝”与“敬”两个字共同组成，这就说明子女在满足父母物质生活的基础上，还要使父母在精神上欢愉，这才称得上是真正的孝敬。“小人皆能养其亲，君子不敬，何以辨？”（《礼记·坊记》）在赡养父母一事上，敬是区分君子与小人的道德标准。

如何才能做到对父母的敬？就是要事亲以礼，要遵循礼义侍奉父母。古代传统亲子伦理的孝，要求子女对待父母要谨慎温恭。如果父母犯了错误，子女该如何去做才符合孝道呢？儒家提出要谏亲以理。“曾子曰：‘敢问子从父之令，可谓孝乎？’子曰：‘……父有争子，则身不陷于不义。故当不义，则子不可以不争于父；臣不可以不争于君；故当不义则争之。

从父之令，又焉得为孝乎！’”（《孝经》）曾子向孔子请教，是不是子女只要听从父母之命，就可称之为孝了？孔子说，孝并不是盲从。这就好比君王需要敢于直言的诤臣一样，父母行为不合于义时，子女也要直言相劝，否则就是陷父母于不义，如果那样的话怎么能称得上孝！因此，当父母有过错时，不盲目听从，而是直言相劝，这不仅合乎孝道，而且是孝子应尽的义务。曾子说：“父母之行，若中道则从，若不中道则谏，谏而不用，行之如由己。从而不谏，非孝也；谏而不从，亦非孝也。”（《大戴礼记》）“中道”就是符合道义，是正确的；“不中道”就是父母有了过错。父母有了过错，就需要做子女的谏言劝过。看到父母有过错却不劝谏，只是一味盲从，这是不孝。劝谏过后，如果因为父母没有听从谏言而不再顺从父母，这也是不孝。那么，劝谏之后父母仍然一意孤行，子女又当如何呢？孔子说：“事父母几谏。见志不从，又敬不违，劳而无怨。”（《论语·里仁》）“几”的意思是“微”。就是说，当父母有过错时，子女要和颜相劝，使父母认识到错误。若劝谏之后，父母仍然执意孤行，做子女的也不应该心生愤懑，而应该一如既往地敬而不违，恪尽孝道。曾子所言“谏而不逆”就是说，即使父母不听从子女的意见，子女也不可由婉言劝谏发展为拂逆父母之志。

曾　子

三、父慈子孝

亲子关系是以血缘为纽带的家族纵向关联，这其中不单包括父母与子女之间的关系，祖孙、叔侄等纵向血缘亲情关系也包含在内。这就决定了传统家庭乃至家族中，亲子伦理成为社会关系的主轴，其他诸如夫妇、兄弟包括朋友、君臣等社会伦理关系，都是以亲子伦理为准绳的。亲子伦理作为家庭伦理的核心，既有家庭伦理的共性，又有自身的特性。在儒家尤其是先秦儒家的眼中，亲子关系是建立在血缘基础上的人伦之本，其伦理道德准则是父慈子孝。诚如台湾学者林安梧所言："慈是对于自己生命的延展自然生出的一种情感，孝是回溯自己的生命根源，对于自己生命根源的崇敬；慈是一种自然的情感，孝靠的是自觉。"父慈子孝既体现了道德主体，也就是父辈与子辈之间责任和义务的对应，也反映了在血缘亲情上给予和回馈、权利与义务的统一关系。

父慈子孝作为传统亲子伦理的具体表现，它既是协调家庭内部关系的准则，也是人类情感的需要。人类社会进入父系氏族社会，一夫一妻制婚姻关系确立，相对稳定的家庭也由此出现。在这种传统家庭内部，父母与子女关系明确，朝夕的相处再加上血缘亲情的亲子天性，使得父母关爱子女、子女孝敬父母成为一种直觉的责任与义务。孝是儿女对父母的爱，慈是父母对儿女的爱。换句话说，孝与慈都是人类爱的情感所需。父慈的本质是父辈对子辈的爱心表达，子孝的本质是子辈对父辈的爱心表达，父慈子孝就是父子间爱的情感表达。"父子之道，天性也。"（《孝经·圣治章》）首先，人类抚养、庇护子女的自然而然的血缘亲情是无法解构的；其次，作为对亲代养育之恩的回报，尊亲、敬亲、养亲、爱亲不仅是子女应尽的义务，而且是人类美好情感的体现。父母抚养子女，子女侍奉父母，在本乎血缘的自然天性基础上，已成为一种自觉的义务与品德。子女从出生到成人前都需要父母亲人的抚育。在这个过程中，子女对父母的尊敬、爱戴之情自然形成。因此，亲子之间的爱是人类美好情感的自然展现。

在先秦典籍中，"慈"字的出现率并不高，但这并不代表先秦儒家对慈不重视。《论语·为政》篇中记载："孟武伯问孝。子曰：'父母唯其疾之忧。'"孟武伯是鲁国大夫，名叫仲孙彘（zhì）。他向孔子请教怎样做才是孝道。孔子回答说，体谅父母担忧自己患病的心情，努力养好自己的身体，不使父母为此而担忧，算是尽到了孝道。这段话虽然是孔子在解释孝道，但前提却是父母对孩子的关爱；虽然没有提及"慈"字，但父母对孩子的慈爱之心却已不言自明。类似的还有《孝经·开宗明义》篇："身体发肤，受之父母，不敢毁伤，孝之始也。"在古人的这些论述中，我们可以体会出慈与孝在父辈与子辈血缘亲情之间高度的统一，所以儒家典籍中往往虽只言孝，却更见慈。

父母养育爱护子女是一种不需外求的天性使然，是一种自然界共存的天性。包括动物在内产子之后自然而然的护犊之举，就是这种天性的明证。在盗墓“行当”里，有这样一种说法：古代盗墓时至少需要两个人配合。凿开洞穴以后，一个人要进到里面把财宝装袋，另外一个人则负责在外面将装好的财宝拉出。因为贪婪的本性，常常有人为独吞财宝，在拉出财宝之后，便不管不顾里面的人，甚至将其反埋在洞穴里。为了避免这一纠葛，盗墓逐渐演变成“父子档”，父子两人搭档去盗墓。最开始时，是父亲进到里面盗宝，儿子在外面等待。但宝贝得手之后，儿子将父亲弃之不顾的事情仍时有发生。后来变成儿子进到里面，父亲在外面等待。据说演变成这种“规矩”之后，贪婪的悲剧就再也没有发生过。在儒家看来，这种天性无须多言。相较而言，儒家更注重表述与引导的是父辈对子辈的文化尤其是道德方面的教育，以及子辈对父辈的孝敬。

简单地说，父慈子孝的传统内涵就是长辈应该关心爱护晚辈以尽慈道，晚辈应该孝敬赡养长辈以尽孝道。父慈子孝是一种双向义务模式。它以父母与子女之间的血缘关系为纽带，是一种双向的亲情关系。慈是父辈对子辈的养育责任；孝是子辈对父辈的赡养义务。它们是两个独立却又相互关联的概念。一个人年幼时，享有父辈养育他的权力，同时他对父辈以孝。及至壮年，成家立业以后，上有父母，下有子女。对下他有做到慈的责任，对上他又有做到孝的义务。慈父、孝子此时都是同一个人所扮演的角色。到了老年，他又享有子辈赡养他的权力，同时他对子辈要慈。人的一生就是慈与孝的统一体。

从先秦儒家典籍中可以看到，与君臣、夫妇一样，父子之间也是一种相互对应的关系。它建立在双方的义务基础上。在儒家伦理道德中，常见的“君义臣忠”“父慈子孝”“夫和妻柔”等概念，其实就是一种互为前提的并存关系。《左传·昭公二十六年》记载：“君令臣共，父慈子孝，兄爱弟敬，夫和妻柔，姑慈妇听。”《郭店楚简·六德》记载：“父圣子仁，夫智妇信，君义臣忠。”这些都强调了君臣、父子、夫妇之间这种相互的关系。先秦时期，孝道中的父慈子孝是一种双向的互动，在某些方面还更加强调父慈。彼时的“父慈”和“父权”两个概念并不矛盾，它们共同维护着宗法社会的等级秩序。到了战国末年，这种亲子伦理在演变过程中，逐渐弱化了父慈的功能，而只强调子孝的单向义务，此时父权思想开始凸显。及至秦汉，父权至上、父为子纲的思想在当时的社会中逐渐遮盖了父慈，父慈的观念被大大弱化。尤其是到了宋元之后，父子关系被统治阶级演化成与君臣一体的上下尊卑，“君要臣死，臣不得不死；父要子亡，子不得不亡”的愚忠、愚孝，已经完全背离了父慈子孝对等的道德规范，先秦儒家倡导的父子有亲被彻底抹杀。

四、父子有亲

先秦以前，人们因为对未知的天、地、鬼、神充满敬畏，所以希望通过祭祀天地、祖先得到庇佑。孝的产生，正是源于这种对原始宗教和祖先的崇拜观念。此时的孝多是出于对逝去祖先的敬畏，而少有孝养的观念在里面。孔子在恢复周礼、重建伦理道德的过程中，创建了以仁为核心的思想体系，用仁学重新解释孝，这就摆脱了周代以前把重点放在追孝祖先上的局限，而是把重点放在了入世的孝上面，在敬养方面给予了更多的关注和充分的发挥，并将孝提升到了百行之本的高度。孝敬父母不再是因为鬼神的约束和社会的外在压力，而是出自人们内心的情感需求和道德自觉。这一变化使得对孝的根据的研究由宗教转向哲学。这既是对以往思想文化的超越，也显示出对现世生活的关注，成为孔子对孝道思想的一大贡献。

在孔子的仁学思想体系中，孝既是人们道德情感的本源和起码的伦理要求，也是人自幼就有的一种朴素情感。它贯穿人们道德情感发展的全过程，影响着人们的道德行为。《孝经》记载了孔子的一段话：“事亲者，居上不骄，为下不乱，在丑不争。居上而骄则亡，为下而乱则刑，在丑而争则兵。三者不除，虽日用三牲之养，犹为不孝也。”这就说明，在孔子看来，孝并不是单纯的奉养父母，还与人的德行有关。只有具备不骄、不乱、不争等良好的德行，才有可能成为孝子。如果一个人居于君位就骄人凌世，居于臣位就扰上作乱，居于卑位就激愤争斗，即使每天都用美味佳肴供养父母，也不能算是孝子。因为这样的人一般都不会有好的下场，其结果必然会毁坏父母的名声，最终会违背孝的本意和内涵。由此看出，先秦儒家的孝道观已经蕴含了深刻的仁德内涵。

孔子的弟子有若说："君子务本，本立而道生。孝弟也者，其为仁之本与！"（《论语·学而》）"弟"通"悌"，指兄弟之间的亲情关系。在儒家看来，父子、兄弟之间的亲情是仁的根本，培养仁心，当从孝悌之心开始。与儒家"仁者，爱人"的仁爱学说相类似，墨家主张"兼爱"。但两者最大的区别在于墨家强调爱人不分内外，儒家则主张"爱有差等"。简单地说，两个学派面对战争不断的乱世，其学说都主张对社会大众以关爱。不同之处在于，儒家强调对待自己的亲人与对待陌生人的爱是会有差距的，应先从爱自己身边的人开始，推广开去；墨家则认为不管亲疏，爱都要是公平一致的。儒家认为，从人性而言，爱是有差序的，应该由近及远、由亲及疏推延开来。"老吾老，以及人之老；幼吾幼，以及人之幼。"（《孟子·梁惠王上》）由爱亲开始到爱人，再到泛爱众。如果一个人连有血缘关系的亲人都不爱，遑论爱他人，这不符合人的天性。孔子说："仁者人也，亲亲为大。"（《礼记·中庸》）这里的"亲"是指有血缘关系的父子亲情与兄弟亲情。儒家正是从这种人性的特点出发，使仁爱学说得以延扩。孟子将父子人伦定义为"父子有亲"。对忽略亲疏差异提倡爱无差等的墨家，孟子斥之为"墨氏兼爱，是无父也"（《孟子·滕文公下》）。儒家仁爱思想与墨家兼爱思想的另一个区别在于是否具有功利性。墨家虽然主张要兼爱天下，但这份爱是有一定社会功利性在里面的。

墨　子

正所谓“兼相爱，交相利”，爱要对等，我给予你爱，你也一样要给予我同等的爱，这样才能互惠互利。儒家的仁爱是从提升自身道德修养出发，没有社会功利性在其中，纯粹是一种个人的内在修身之道。两者相较可以看出，虽然都是以关爱社会为出发点，但由于忽略了人类亲情这种天性的存在，在物竞天择的历史长河中，墨家逐渐被社会所淘汰。

孟子继承了孔子仁的思想，将父子有亲列为“五伦”之首，提出“亲亲而仁民”。这儿的“仁民”虽是针对统治者而言，但却始于“亲亲”的人性本源。“尧、舜之道，孝悌而已矣。”（《孟子·告子下》）亲亲原则的建立使得孝悌成为“五伦”的核心。如果人人能行孝悌之道，那么天下自然就国泰民安、风调雨顺了，“人人亲其亲，长其长，天下平”（《孟子·离娄上》）。荀子从礼的角度明确提出了家庭中各成员的角色规范。有人问，作为一名父亲该如何？荀子回答：“宽惠而有礼。”（《荀子·君道》）虽然只有区区五个字，却包含着非常丰富的伦理内涵。这一方面要求父母对子女宽厚、慈爱，各方面给予子女一个良好的成长环境；另一方面，也要求父母在处理与子女的关系时持守礼节，给子女做出表率和榜样。除了持守礼节，荀子还将“诚”的概念引入亲子伦理中。他说：“父子为亲矣，不诚则疏。”（《荀子·不苟》）意思是说，父子之间的关系应该是甚为亲近的了，但也需要真诚相待。否则，父子之间就会变得疏远。

古为今用

父慈和子孝是中国传统家庭伦理的基本要求。父慈表现在生养劬劳、精诚养育、教以义方、以身作则、一视同仁等方面；子孝则表现在奉养双亲、事亲以礼、葬亲祭亲、继志述事等方面。传统亲子伦理在促进家庭和睦、稳定社会秩序的同时，因历史的变迁也为其注入了诸多消极因素。如汉代以后，为了加强统治，父子关系与君臣关系同列，发生倾斜，“父为子纲”

完全违背了传统亲子伦理的本义。这是我们在继承父慈子孝这一传统家庭美德时所要摒弃的。

那么，在与子辈相处中，如何才能做到慈呢？首先，作为父辈要有平等之心。努力克服家长作风，做到以理服人。其次，作为父辈要慈中有严。特别是随着物质生活的不断提升，独生子女家庭比例增大，溺爱孩子几乎成为一种普遍现象，如何教显得尤为重要。父母应该帮助孩子从小树立正确的世界观、人生观、价值观，使他们以健全的人格和良好的意志品质去面对复杂的现实问题。身教重于言传。在严格要求孩子的同时，父母要以身作则，耳濡目染，让孩子从小就明白做人的道理。培养优秀的人格是父母义不容辞的神圣职责。

赡养父母是每个子女应尽的义务。但儒家告诉我们，仅仅做到养父母是远远不够的。物质赡养只是最基本的要求，真正的孝敬还要做到“敬”字。要在物质奉养父母的同时，以心悦恭敬的态度去侍奉双亲，使父母精神上也感到愉悦与满足。这样才能称之为真正的孝。随着社会人口老龄化的到来，老人的奉养将成为全社会面临的问题。在尽到最基本的物质赡养义务之后，能够事亲以礼。儒家所倡导的孝道思想无疑是解决这一问题的极佳答案。

社会是不断发展进步的。与古代社会相比较，如今的社会结构发生了翻天覆地的变化，但作为家庭血缘亲情的父子关系却是不会改变的。在市场经济日益发达的今天，无论人们的思想观念、价值取向及家庭结构发生怎样的变化，中华民族传统的伦理美德依然是维系人们正常生活的基本准则。继承和弘扬中华优秀传统文化中的亲子观，将有利于家庭关系的和谐、社会的稳定发展、和谐社会的构建、民族精神的培育。“老吾老，以及人之老；幼吾幼，以及人之幼”这一儒家慈孝文化，是其“仁者爱人”思想在父子关系上的推延。它所诠释的不单单是一个家庭的责任，同时也是整个社会、整个国家都应遵循的行为准则，对促进家庭和谐、营造文明有序的社区文化、提高社会道德水准具有十分重要的现实指导意义。

故事链接

一、孟母三迁

孟子名轲（前 372—前 289），字子舆。孟轲幼时丧父，全靠母亲仉（zhǎng）氏一人纺纱织布，挑起生活重担。仉氏是个勤劳而有见识的妇女。她希望自己的儿子读书上进，早日成才。

孟轲年幼调皮，喜欢模仿。孟家最早处不远有一片坟地，时常会有送葬队伍从孟家附近经过。逝者亲人哭哭啼啼来到坟地，用锄头挖好墓穴，把棺材下葬。孟轲不时看到丧葬的情形，便与村中儿童追逐嬉戏，三五成群地模仿丧葬的礼仪，表演丧葬的过程。孟母认为这种环境不利于孟轲的成长，于是搬家了。

新家所处是一个“日中为市”的交易集市，买者与卖者讨价还价，喧嚣热闹。这场面对孩子来说是颇有吸引力的。耳濡目染，时间一长，孟子便和其他小伙伴以买卖为嬉，模仿商人交易吆喝的样子。孟母不希望孟轲沾染唯利是图的市侩气，于是第二次搬家了。

这次新家的旁边是一个屠宰牲畜的地方。不久以后，孟轲又开始与周围的小伙伴一起玩屠宰的游戏。孟母认为这地方也不适合孟轲成长，下定决心，一定要选择一个有利于孩子成长的环境，于是第三次搬家了。

这次新家在学宫附近。每月初一，学宫都会有官员入庙祭礼。这些官员高雅的气韵、从容的风范、优雅的举止，给附近居民不少潜移默化的影响。尤其是初解人事的孩子常常聚集在大树底下，演练学宫中揖让进退的礼仪，有模有样。看到这里，孟母感叹：“这才是孩子最佳的居住环境！”于是在此定居下来。

不久，孟母把孟轲送去学习。一天放学回家，孟母正在织布，问及孟轲学业。孟轲漫不经心地说：“跟过去一样。”孟母见他无所谓的样子，拿起剪刀，一下便剪断了快要织好的布。看到母亲这种举动，孟轲连忙问母亲原因。孟母说：“你荒废学业，如同我剪断这丝一样。有德行的人学习是为了树立名声，勤学多问才能增长知识。所以平时能安宁用心，做起事来就可以避免祸害。现在你懒惰懈怠，荒废了学业，今后不免要从事繁重的劳作，而且难于避免祸患。这和妇人依靠织布生存一样，假如中途放弃不做，如何能使丈夫、儿子有衣穿、有饭吃？如果妇人荒废了生产家里必需的生活用品，男人放松了自己的修养和德行，那么一家人如果不做强盗小偷，那就只能做奴隶、从事劳役了。”

这一次，孟轲心里真正受到了震动。他认真思考了很久，终于明白了母亲的良苦用心，从此专心读书，最终成为儒家学说的主要代表人物。

二、曾参养志

曾子（前505—前435）名参，字子舆，是春秋时期鲁国（今一说山东省费县，一说山东省嘉祥县）人。他与父亲曾点都是孔子的学生。曾子孝敬父母，尤其是他顺承亲意、养父母之志的孝行，成为后世赞颂和效仿的典范。

日常生活中，每到吃饭的时候，曾子一定会细心观察和体会父母的饮食口味与习惯，并将父母最喜欢吃的食物牢牢记在心里。因此，一日三餐，曾子总能做出父母爱吃而又丰盛的菜肴。

父亲曾点深受圣贤教诲的熏陶，经常接济贫困的邻里乡亲。对于父亲的乐善好施，曾子也同样铭记在心。所以，每次父母用过饭后，他都会毕恭毕敬地向父亲请示，这一次剩下的饭菜该送给哪家。

曾子心中时刻挂念的都是父母的需要。父母钟爱的一切，他都会记在心里，以便随时可以满足父母的心愿。父亲平时喜欢吃羊枣。曾子外出时，就会尽量给父亲多带回一些。父亲过世之后，曾子睹物思情，看到羊枣就想到父亲在世时的情景，心中不免勾起无限的伤痛。所以从那以后，他再也不吃羊枣了。

有一次，曾子到山中去砍柴，只有母亲一人在家。不巧家里突然来了客人。母亲唯恐因待客不周而失礼，情急之下用力咬了自己的指头，希望曾子心中能有所感应，赶快回家。果然，母子连心，正在山中砍柴的曾子忽然感觉一阵心痛，马上想到了母亲，于是赶紧背着木柴赶回家中。曾子对父母的身体非常关心。同时他在言语行为中也非常谨慎，唯恐有辱父母养育之恩，担心因为自己表现不好而使父母蒙羞。

孔子知道曾子是一个孝子，所以将“孝道”的学问传述给他。在《孝经》中，孔子与曾子以一问一答的形式把儒家的孝道思想展露无遗。孔子嘱托曾子要把孝道发扬光大。曾子也的确一生秉承孔子的教诲，专心致力于孝道，用自己一生的行持告诉人们如何顺承亲意，如何将孝道落实在日常生活中。他不但做到了“入则孝，出则弟”，还做到了“谨而信”，并将夫子所教的这些德行流传于后世。

三、仲由负米

仲由（前 542—前 480），字子路，又字季路，孔子的学生，春秋末年鲁国卞（今山东省泗水县）人。他孝敬父母。因为家境贫寒，为人节俭，他经常吃野菜度日。仲由觉得自己吃野菜没关系，唯恐父母营养不够，身体不好，很是担心。

为了让父母吃到米，仲由要走到百里之外才能买到米，再背着米赶回家里，奉养双亲。百里之外在当时是非常远的路程。为了让父母吃到米，一年四季，不论寒风烈日，他都不辞辛劳，往返百里，负米回家。尽管非常辛劳，仲由却甘之如饴。

冬天，冰天雪地，天气寒冷。仲由顶着鹅毛大雪，踏着河面上的冰，一步一滑地往前走。脚被冻僵了，抱着米袋的双手冻得失去了知觉。他停下来，双手放在嘴边呵口气，跺跺脚然后继续赶路。

夏天，烈日炎炎，汗流浃背，仲由从不停下来歇息一会，只为了能早点赶回家，给父母做好可口的饭菜；遇到大雨时，仲由就把米袋藏在自己的衣服下，宁愿淋湿自己也不让大雨淋到米袋。

后来，仲由的父母双双过世，他南下到了楚国。楚王聘他做官，对他礼遇有加，俸禄优厚。他每天吃的是山珍海味，一出门就有上百辆的马车跟随，过着富足优渥的生活。不过，仲由并未因此而感到欢喜，反而时常感叹，哀伤父母早早过世。他是多么希望父母仍然在世，和他一起过这样的好生活呀！可是现在，即使他想再负米往返百里，奉养双亲，都永远不可能了。

尽孝不是用物质来衡量的，而是要看对父母是不是发自内心地诚敬。孝无贵贱之分。只要有孝心，哪怕千辛万苦，你都会曲承亲意，尽力地去做。

我们能孝敬父母、孝养父母的时间一日一日地递减。如果不能及时行孝，就会徒留终生的遗憾。但愿每个人在父母健在的时候，及时孝养，不要等到追悔莫及的时候，才思亲、痛亲之不在。

四、蔡顺拾葚

西汉末年，河南有个叫蔡顺（生卒年不详）的人，小时就失去父亲，与母亲相依为命。后来，因躲避王莽兵祸战乱，母子俩逃难到了葚涧。谁知那里也因连年兵祸，土地荒芜，百姓流离失所，母子二人日子过得很艰难。为了能活下去，蔡顺留母亲在家，自己天天外出讨饭。讨到好一些的食物，便带回家让母亲先吃，自己只吃些野菜剩粥充饥。

后来，樊崇率领的赤眉军打到许昌。当时，老百姓害怕军队抢掠，逃的逃，躲的躲。本来就以讨饭为生的蔡顺生活更加艰难了，经常是跑了很远的路也讨不到一口吃的。太阳落山了，蔡顺还没有返家。母亲惦念儿子，就坐在村口等候。

又是一年青黄不接的时候。蔡顺饥肠辘辘地跑到下午，还是没能讨到一口吃的。忽然，他发现了一片桑林，看到地上落着不少桑葚。他如获至宝，赶忙去捡拾。他把黑紫色和青红色的桑葚分开放入篮中，欢欢喜喜地往家赶。不料在回家途中遇到一队赤眉军，见他篮内的桑葚按颜色分开放置，感到奇怪，问他缘故。蔡顺说："黑紫色的是成熟的果子，味道甜，带回家给母亲吃；青红色的发酸，留着自己吃。母亲年纪大了，眼睛不好使，分开放母亲拿起来方便。"

好人总有好报。赤眉军感动于蔡顺的人好心诚，没有伤害他，而且还要把抢来的米、谷、牛、羊送给他。但蔡顺不愿接受不义而来的财物。驻守在熊耳山上的赤眉军看到蔡顺如此孝敬母亲，不禁思念起家乡的亲人，也就不想再四处征战，都想回到家乡，回到父母身边，以尽孝道。于是，军士们就在营寨旁的小河边洗掉眉毛上涂的红颜料，回家了。

盗贼平定后，生活安定了，母亲却不幸去世。还没有来得及料理丧事，不幸的事情又发生了。邻居家发生火灾，眼见大火临近，蔡顺抚着母亲的灵柩号啕大哭起来。这时大火竟然绕过他家，火势也渐渐地小了。母亲活着时怕打雷。每到下雨天打雷，他就会跑到墓地，手抚墓碑哭着说：“儿子在这里，母亲不要害怕。”蔡顺在母亲活着的时候孝顺，母亲去世后，仍然侍奉母亲如活着一样，确实做到了“事死者，如事生”。

五、孟宗哭竹

三国时候，吴国有个孝子叫孟宗（218—271），字恭武。他很小的时候，父亲便去世了。从此，母子俩相依为命。孟宗孝顺母亲，对母亲侍奉有加。

母亲年纪渐渐大了。有一次，母亲病得厉害，想喝鲜笋做的汤。但这时都快冬至了，天寒地冻，哪里还会有笋长出来啊。孟宗实在没有办法，忍不住跑到竹林里。他双手抱着毛竹，想着卧床的老母。孟宗越想越难过，两行热泪不禁簌簌往下落，最后竟放声大哭了起来。或许是他的一番孝心感动了天地，突然间，眼泪滴落的地方裂开了，裂开处露出了几茎竹笋。孟宗看了破涕而笑，抹掉脸上的泪珠，把这些竹笋带回家去。他做竹笋汤给母亲喝。母亲喝了新鲜味美的汤后，病居然很快就好了。

孟宗的一片孝心感动了天地，让竹笋冬天破土，让老母很快康复。孟宗“哭竹生笋”在现实中是难以想象的，但他对母亲的孝敬却是发自内心的一种真挚的情感。善良的人们敬佩孝顺之人。这种至纯的孝行正是人们所向往和推崇的，因孝心而显现的奇迹正是人们共同的愿望。

孝敬父母不是只供给父母吃穿，还要让父母感到快乐，同时要善于体察父母的心思。父母想要的、想得到的、想听到的、想看到的，为人子女都要善加观察，尽量曲承亲意，让父母感受到温暖体贴的孝心，享受到人生的幸福美满。

当今社会，很多人工作很忙，不可能每天跟父母在一起；有些人甚至远离父母，一年之中很难有空闲时间与父母相聚。但可以通过电话问候，一句关怀的话语就可以让父母高兴半天。因此，孝不分贵贱，也不分时间有无。只要你能真诚地付出，任何的方式都足以让父母得到安心，都足以让父母感到欣慰。

六、黄香温席

东汉时，有个人叫黄香（68—122），字文强。黄香九岁的时候，母亲病故了。虽然只有九岁，但他已经深深懂得了孝的道理。

黄香思念去世的母亲，常常潸然泪下。乡邻们看到黄香思母的情景，都称赞他是个孝子。失去了母亲，黄香便把全部的孝心都倾注在父亲身上。家中大大小小的事情，他都亲自动手，一心一意服侍父亲。

三伏盛夏，酷热难当。每天吃过晚饭，邻居们便会搬出椅子，坐在屋外乘凉聊天。小孩子这时总会趁机央求大人讲故事，要不就是在夜幕中追逐玩耍。在这么多玩耍的孩子中，却总是找不到黄香的影子。原来，细心的小黄香担心劳累了一天的父亲因天太热，睡不好觉，正拿着扇子在父亲床边扇枕席。左手累了，换右手；右手酸了，再换左手。就这样，一下又一下地扇着，一直扇到席子暑气全消，黄香才会去请父亲上床睡觉。一夜，两夜……整整一个夏天都是这样。

过了秋天，隆冬来临。每到晚上，整个屋子就冷得像冰窖一般。要是碰上下雪天，屋里就更冷了。孝顺的黄香仍然有办法让父亲每天晚上睡得舒舒服服地。只要天一黑，黄香就会钻进父亲冰冷的被窝里，用自己的身体把被子焐得暖烘烘的，然后再去请父亲上床歇息。这样就可以为父亲免去寒冷之苦了。

日复一日，年复一年。黄香的孝行传遍了左邻右舍，传遍了全县，也传遍了全国。黄香的孝行感动了太守刘护，他上书朝廷，推举黄香为“孝廉”。时人对其亦有“江夏黄香，天下无双”的赞誉。

经典名句

1. 爱子，教子以义方，弗纳于邪。

——《左传·隐公三年》

【译文】爱护子女就应该以道义教导他们，防止他们走入歧途。

2. 今之孝者，是谓能养。至于犬马，皆能有养；不敬，何以别乎？

——《论语·为政》

【译文】现在所谓的孝，只是就能够养活父母而言。说到狗、马这些动物，都能被人养活；如果不以敬重之心孝顺父母，用什么来区别孝顺与饲养呢？

3. 小人皆能养其亲，君子不敬，何以辨？

——《礼记·坊记》

【译文】小人也能养活父母双亲，作为君子，如果只是养活双亲而不能给予他们足够的敬重，那跟小人又有什么分别？

4. 孝有三：大孝尊亲，其次弗辱，其下能养。

——《礼记·祭义》

【译文】孝敬父母有三个层次：最高层次是从内心深处尊敬父母，言行都能使父母从心里高兴；其次是为父母争光，不让自己的言行使父母受辱；养活父母，让他们吃饱穿暖是最低的层次，也是最基本的要求。

5. 事父母几谏。见志不从，又敬不违，劳而无怨。

——《论语·里仁》

【译文】做子女的侍奉父母时，如果父母有过错，就应该微言劝谏。把自己的意见委婉地表达后，如果父母不听从，子女仍旧应该恭敬侍奉，虽然为此而忧愁，却不会对父母有怨恨之心。

6. 父母之行若中道，则从；若不中道，则谏；谏而不用，行之如由己。从而不谏，非孝也；谏而不从，亦非孝也。

——《大戴礼记·曾子立孝》

【译文】父母的行为如果合乎道义，就直接听从他们的；不合乎道义，就要劝谏他们；劝谏的意见不被父母接受时，父母这种错误的行为就如同自己造成的一样忧愁。盲目听从而不劝谏，是不孝的行为；因为劝谏不被接受而不再听从父母，一样是不孝。

7. 身体发肤，受之父母，不敢毁伤，孝之始也。

——《孝经・开宗明义》

【译文】我们的身体是父母所给予的，爱护好自己的身体，不敢有一丝一毫损伤，这是行孝的开始。

8. 君子务本，本立而道生。孝弟也者，其为仁之本与！

——《论语・学而》

【译文】君子致力于根本的事情，根本确立了，正道就随之产生。孝敬父母、敬爱兄长这些内容，大概就是“仁”道的基础吧！

9. 仁者，人也，亲亲为大。

——《礼记・中庸》

【译文】所谓仁，是指人与人之间的关系，亲近自己的亲人是其首位。

10. 父子为亲矣，不诚则疏。

——《荀子・不苟》

【译文】父亲与儿子是甚为亲近的人，但如果不能以诚相待，父子间也会日渐疏远。

第三章

兄友弟恭　手足情深

在古代社会，与孝一样，兄弟之间的悌也是一种长幼上下之分的伦理范畴，因此古人常将孝、悌并举。人们常以“手足情深”形容兄弟之间的血脉相连。在强调长幼有序之外，儒家同样关注的是其他社会关系所不能替代的兄弟亲情。兄给弟以关爱，弟予兄以敬重，兄友弟恭，儒家的兄弟伦理观对当今社会仍有十分重要的指导意义。

一、悌的意蕴

在中国传统典籍中，常见“孝悌”两字并举。“悌”字在古代通常写作“弟”。从字面意思来看，“悌”字就是在“弟”字旁加一个“心”，意指兄弟之间的友爱与敬重。许慎在《说文解字》中释之为：“悌，善兄弟也。从心，弟声。”这里对兄弟双方都赋予了责任、义务和要求。与孝的社会功用相仿，基于先天血缘所带来的长幼之序，悌在传统家庭伦理中常演化为上下之序。在一定意义上，悌更侧重于幼对长、小对大、下对上的义务以及付出与服从。如果说“孝”是处理家庭中纵向也就是儿辈父辈

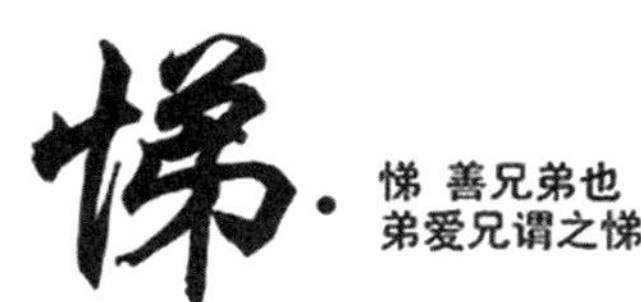

悌

之间关系的准则，那么悌就是处理家庭成员中横向关系的准则，也就是兄弟包括姐弟、姐妹、兄妹平辈之间的相处法则。

春秋末期，礼崩乐坏，西周宗法制度受到了很大的冲击。儒家从家庭伦理道德入手，力图对混乱的社会状况予以救赎。作为古代宗法社会家庭血缘关系的道德规范，孝悌被视为道德的根源。孔子的弟子有若曾说："孝弟也者，其为仁之本与！"（《论语·学而》）这里将对兄的悌与对父的孝同举，一并视为儒家核心仁的根本，指出了悌所具有的社会规范和社会教化功能。"其为人也孝弟，而好犯上者，鲜矣！不好犯上，而好作乱者，未之有也。"（《论语·学而》）儒家认为，人如果有孝悌之心，推而言之，就不会使社会造成混乱。只要人人都奉行孝悌，则国家可以安然有治。在一定程度上可以说，孝悌维系着国家的稳定和等级制度。儒家倡导"教民亲爱，莫善于孝。教民礼顺，莫善于悌"（《孝经·广要道章》），认为统治者教导百姓相亲相爱，没有比弘扬孝道更好的了，因为孝是仁爱的原点。教导百姓遵循礼节，顺从长上，没有比弘扬悌道更好的了。君主应当以身作则，以孝悌教化、引导民众，通过自己的孝道行为去感召、影响众人，从而达到社会的和谐和稳定。

"出则事公卿，入则事父兄。"（《论语·子罕》）在孔子看来，孝顺父母与敬重兄长有一致性。因此，他所谈的"孝"在一定程度上包含着"悌"。孔子把父子之道、兄弟之道——孝悌的道德修养放在了学业的首位，教弟子的第一件事就是"入则孝，出则弟"（《论语·学而》）。孔子一生致力的事业是造就一个仁爱的世界，认为最好的方法就是教人孝悌。到了战国时期，"争地以战，杀人盈野。争城以战，杀人盈城"（《孟子·离娄上》）。针对这一混乱的社会现状，孟子继承并发展了孔子的伦理思想，提出了"五伦"说以及解决互相之间关系的标准和规则。他指出在君臣、父子、夫妇、朋友、长幼这五种社会关系中，孝悌是仁义的根本体现。"仁之实，事亲是也；义之实，从兄是也。"（《孟子·离娄上》）"亲亲，仁也；敬长，义也。"（《孟子·尽心上》）孟子还认为孝悌是行王道、施仁政的一个先决条件。在他看来，行仁政的典型人物是圣王尧、舜，而

尧、舜的成功之道便是孝悌：“尧、舜之道，孝悌而已矣。”（《孟子·告子下》）

悌与孝虽然都有上下之分的含义在其中，但两者之间又有所不同。前者所规范的是家庭中的横向关系，虽有长幼之分，却是以同辈之间的平等性为前提的；后者所规范的是家庭中的纵向关系，亲情之外也有着不可逾越的上下之别。因此，孝被视为道德修养的起点，悌则是孝之后的道德修养次序：“孝，德之始也；悌，德之序也。”（《孔子家语·弟子行》）这也就意味着相较而言，孝具有更重要的家庭伦理地位。另外，从家庭关系的延续来看，悌也没有孝稳定。兄弟长大后，存在着利益分割以及各立门户而亲情淡化的可能，父子之间则不存在这种因素。

二、长幼有序

关于兄弟姊妹的称谓与排序很容易理解。《尔雅·释亲》中说：“男子：先生为兄，后生为弟；谓女子：先生为姊，后生为妹。”《说文解字》对“兄、姊、妹”的解释比较通俗易懂，分别为：“兄，长也。”“姊，女兄也。”“妹，女弟也。”对弟的解释则含有引申之意：“弟，韦束之次第也。”以牛皮绳束物而呈现次第之分。这里也就说明，弟的本义包含次第之意，反映在兄弟之间就是所谓的长幼有序。

在古代宗法社会，尤其是上层贵族社会中，嫡长子是家庭乃至整个家族的中心，是父辈爵位财富的唯一继承人。这种嫡长子继承制有利于巩固封建专治统治，因此，传统伦理十分推崇悌的观念。兄弟之间原本只是出生顺序不同，但是在宗法家族制度下却被赋予了不同的权力与地位。在宗法等级社会，兄弟之间不再是真正意义上的平等关系，而演变成了上下关系、尊卑关系。一个家庭在父亲去世后，兄长就是这个家庭的一家之长，甚至长兄如父，兄长的地位高于弟弟。台湾学者林安梧在《儒学与中国传统社会之哲学省察》一书中详细论证了兄弟“同阶不同位”的问题。他认为“兄弟之间，其阶应当是平等的，但其位却是不平等的。阶是就同出于父母而言，位是就其宗法次序不同而言”，较为准确地描述了儒家视野中兄弟关系同出却又尊卑不同的伦理秩序。

儒家家庭伦理思想中，悌道一般是作为从属于处理家庭血缘关系的核心伦理孝道而出现的。从这个层面来说，悌道是孝道的补充和延伸。孝是纵，悌是横。“兄，长也。”“男子后生为弟。”有先有后，有长有幼，进而就有了“长幼有序”（《孟子·滕文公上》）的说教。长兄在某种程度上可以扮演父亲的角色，拥有家长的威严和礼仪。《论语》中多次将“父”“兄”连用，而孔子本人对于自己幼孤和兄长早亡的人生经历常常发出叹息，表明兄长在家庭中具有较高的伦理地位。中国古代宗法制所坚持的嫡长子继承制更是肯定了长兄的地位。张怀承在他的《中国的家庭与伦理》一书中指出：“在家长制的统治下，传统家庭形成了辈际尊卑、长幼尊卑和男女尊卑的严格的等级制度。”长兄的较高地位是和家长制的权威一脉相承的。

儒家常常将兄弟关系与父子关系相列并举。从社会根源上看，主要源于从兄是由事父派生延伸而来的。在宗法制度下，宗子可代替父亲行使权力。《礼运》篇在提到处理兄弟关系时指出“兄良、弟悌”，这是人们需要遵守的准则之一，要求在家庭中弟弟要听从兄长的。尤其在父亲不在的情况下，兄长更应该行使一家之主的责任与义务。因而一般而言，在一个家庭之中，长兄是仅次于父亲的角色。这对于整个家庭伦理的维护也具有一定的稳定意义。在古代传统家庭中，通常的家庭模式是三世同堂，也就是以男性子嗣为基准的祖孙三代，包括其配偶以及尚未出嫁的女性后嗣。在这种家庭中，以父祖为中心的家庭成员都生活在一起，不得分居异财。男性最年长者是一家之主，对家庭事务具有最终的决定权，而下一代的长兄也在一定程度上具有家庭决策权，其次是弟弟，最后才是家庭的女性成员。

三、兄友弟恭

在儒家悌思想中，兄弟之间的伦理除了长幼有序，还有孔子在《论语·为政》里引于《尚书》的“友于兄弟”。长幼有序反应在具体的生活中，由于年龄的差距，相对年长的哥哥姐姐，年幼的弟弟妹妹各项生活能力相对较差，因此哥哥姐姐对幼小的弟弟妹妹有看护教导之责，弟弟妹妹对年长的哥哥姐姐则应恭敬听从。随着年龄的增长，生活能力差距不再存在，兄弟姐妹之间由于血缘亲情、朝夕相处，使得相敬相爱成为一种自觉的伦理准则，长幼有序之外，更多的是一种平辈的对等关系。基于这种长幼的差异，孔子提出了“兄友弟恭”（《礼记·礼运》）的兄弟伦理准则。

兄弟姐妹之间有着天生不可替代的血缘关联，是家庭中重要的横向亲缘关系。生长在同一个家庭中，长期的共同生活使他们养成了相互信赖、相互关心、相互帮助的骨肉之情，但兄弟之间因权力和利益分配不均时常发生矛盾和冲突，甚至达到兄弟相残、视同仇人的地步。因而，古人也十分重视兄弟关系对家庭和睦的影响。悌就是处理兄弟关系的行为规范。在儒家看来，它的具体内容就是兄友弟恭。友，《说文解字》中注为：“同志为友，从二又相交。”段玉裁对此解释为：“二又，二人也。善兄弟曰友，亦取二人而如左右手也。”“友”在这里指哥哥对弟弟的道德责任，要求哥哥对弟弟要疼爱、关心；“恭”就是指弟弟对哥哥的道德义务，要求弟弟对哥哥要敬从、恭顺、谦恭而有礼。

《左传·昭公二十六年》中说：“兄爱而友，弟敬而顺。”“兄友弟恭”是兄弟之间相互亲近、团结互助的精神，对于家庭是一种伦理观念，对于社会是一种道德力量。陈筱芳在《春秋婚姻礼俗与社会伦理》一书中说道：“以天赋的骨肉情感为基础，上升为一种高级的道德情感，因而在协调兄弟关系时，它具有浓厚的感情色彩，不像宗法制度那样生硬冷漠……对于兄弟关系来讲，宗法原则欲达到的主要目的是有序，而兄爱弟敬之德所欲达到的主要目的是有序，在高层次上建立一种充满友爱精神的美好的兄弟关系。”作为兄长，应以慈爱的态度对待弟弟，对其友善扶持；作为弟弟，则应以恭敬的态度对待兄长，对其敬从不违。兄弟之间要相互友爱，相互团结。“请问为人兄？曰：慈爱而见友。请问为人弟？曰：敬诎而不苟。”（《荀子·君道》）相反，如果不能将兄弟之义落到实处，也就无法唤起人伦之情。对于不合于兄弟之义的举动，孔子不留情面地给予训斥。他的旧交原壤举止不端时，孔子就说其“幼而不逊弟”（《论语·宪问》），责备他幼时狂傲，对年长者无礼的不适举动。

杖叩原壤

古人认为子事父，弟从兄，这是自然本末、先后伦次的人伦体现，由此为顺，反此为逆。年幼者应对年长者恭敬顺从；同样，年长者应对年幼者关爱友善，在儒家看来两者是互为前提的。如同父慈应是“子孝”的榜样一样，弟恭也是以兄友为对应的。这就要求父兄在生活中应起到表率作用。兄弟关系在传统家庭中，虽存在着长幼有序的区分，但相较其他社会关系，由于平辈的血缘关系而具有更多的平等因素，更应友爱和睦相处。因此，兄弟间要相互仁爱，主动地友善，不耿耿于仇怨。孟子的弟子万章曾问孟子，舜的弟弟象常常要寻机杀舜，可即便如此，舜在成为天子之后，不但没有杀掉象，反而给他封地，这是为何？孟子答：“仁人之于弟也，不藏怒焉，不宿怨焉，亲爱之而已矣。亲之，欲其贵也；爱之，欲其富也。封之有庳（bēi），富贵之也。”（《孟子·万章上》）孟子认为，兄弟之间难免会有摩擦，但仁爱的人对待自己的弟弟，有愤怒之心不会藏于心，有怨恨之情不会留于胸，没有其他原因，就是亲近爱护他而已。亲近他，就希望他显贵；爱护他，就希望他富有。因此，舜在成为天子之后，不但没有追究象的责任，反而把他封地于有庳，就是因为友于弟而希望他显贵而富有。

舜封象南疆

兄弟关系与父子关系一样，都有着生而有之的血缘亲情，这两种血缘关系组成了家庭的基本构成。因此，在古代宗法社会中，兄弟关系与父子关系一样受到人们的重视。如学者梅良勇所言：“在宗法制度下，宗族地位及其相应的政治权利的继承，使父子之伦的地位突出。实际上，这种地位和权利的继承，只不过是地位和权利在兄弟之间进行的分配，分配的结果也必然造成兄弟间地位和权利的悬殊。由此，兄弟间必然展开对继承权的争夺，从而引发兄弟间的种种矛盾，因而在当时，兄弟之伦也备受重视。”

关于兄弟相处之道，《大戴礼记》中有相关记载。当有人问“事兄有道乎”时，曾子十分肯定地说：“尊事之以为己望也，兄事之不遗其言。兄之行若中道，则兄事之；兄之行若不中道，则养之。”也就是说，待兄之道，首先是尊重兄长，以兄长为学习的榜样；其次是听从兄长的告诫；再次是当兄长行为“不中道”时，会为其担忧。养即是忧虑、担心的意思。在回答“使弟有道乎”的问题时，曾子说：“有。嘉事不失时也。弟之行若中道，则正以使之；弟之行若不中道，则兄事之。”“嘉事不失时”就是说，要帮助弟弟抓住适宜的时机，处理人生大事，不要耽误他们的发展。实际上，这是对兄长提出的要求，是兄长的责任和义务。当弟弟的行为符合社会伦理道德规范时，就使其继续按正道行之；当弟弟的行为不符合社会伦理道德规范时，则要尽到兄长的职责，矫正弟弟的行为，使他按社会伦理道德规范为人处世。

在孔子的眼中，兄弟之情不仅可以指向具有相同血脉的亲兄弟，也可以指向具有相同志趣的两个主体。孔子把周公之后的鲁国和康叔之后的卫国比喻成兄弟，旨在感叹两国之间亲密无间的联系和国家政治的相似性：“鲁、卫之政，兄弟也。”（《论语·子路》）在《论语》中，子夏曾把兄弟的范围扩大至四海：“四海之内，皆兄弟也。”（《论语·颜渊》）就是说好朋友之间也可以具有兄弟之间的亲密性，如俞伯牙与钟子期之间的知音美谈：“钟子期死，伯牙破琴绝弦，终身不复鼓琴，以为世无足为鼓琴者。”（《说苑译注·尊贤》）

伯牙 子期

四、手足情深

有着血缘亲情的兄弟相处，与朋友之间相处又不尽相同。孔子说："朋友切切偲（sī）偲，兄弟怡怡。"（《论语·子路》）在孔子看来，朋友之间为了共同进步，可以相互切磋乃至可以相互批评；兄弟之间则不能随意起争执，而是要注意相互之间的和睦融洽。孟子从人的本性出发，认为人对待自己的兄弟与对待他人时的心态肯定是不同的。他的弟子公孙丑有一次在论及《诗经》中一首名为《小弁（biàn）》的诗时，谈及一人认为这首诗有怨恨之情，是小人之诗。孟子则认为不然。他以面对他人与面对自己兄弟时不同的心态为例，说："有人于此，越人关弓而射之，则己谈笑而道之，无他，疏之也；其兄关弓而射之，则己垂涕泣而道之，无他，戚之也。"（《孟子·告子下》）有个人在这里，如果是越国人拿箭射他，事后他会谈笑自若地与别人谈及这事，没有别的原因，因为他跟越国人关系疏远；如果是自己的兄弟拿箭射他，事后他肯定会哭泣着讲述这件事，没有别的原因，因为这是自己的亲人。由此可以看出，普通的人际关系是无法与血脉相连的兄弟之情相提并论的。

儒家的家庭伦理以宗法血缘为基础，强调血缘认同，甚至认为在家庭关系中，兄弟关系比夫妻关系重要。兄弟关系是天然的血亲关系。儒家为了维护家族血缘关系，维持家庭、家族的稳定，而将兄弟关系放在夫妻关系之上。《隋书》中就有一则“牛弘笃学”的故事：隋朝名臣牛弘年轻时性情宽厚，好学博闻。他的弟弟牛弼喜好饮酒，有一次喝醉了将牛弘的驾车之牛给杀了。牛弘回家以后，妻子告诉他，弟弟杀了他的牛。牛弘只是淡淡地说了句：“那就做成脯肉吧。”妻子很奇怪，待牛弘坐下后，又说：“小叔子突然杀牛，这是件非常异常的事情。”牛弘仍旧平静地回了句：“知道了。”然后镇定自若地读书去了。即便是弟弟酒后做了如此出格的事情，妻子一再提及，牛弘仍旧对其弟杀牛的事一字不提，显示了他对兄弟关系的重视与珍惜。颜之推在《颜氏家训》中有一篇《兄弟》，就是专门论及兄弟关系的。其中一段写道：“娣姒（dì sì）之比兄弟，则疏薄矣……惟友悌深至，不为旁人之所移者，免夫！”兄妻为娣，弟妻为姒。这种妯娌关系相较亲兄弟关系而言，应该是相对疏远不够亲密的。颜之推告诫人们，兄弟之间只有敬爱兄长、仁爱兄弟，才能避免出现因为各有妻子而兄弟感情受到影响的情况。

在古代农业社会，劳动力是家庭经济的主要生产要素之一。劳动力的多少直接关系到生产规模的大小和收入的多少，反映着家庭实力的强弱。对于家庭经济中的生产资料而言，兄弟分家肯定要分割家庭的财产。这势必影响家庭的实力，甚至影响家庭的安定与和谐。因此，儒家遵循社会规律，主张一个家庭只要父亲尚在的时候，兄弟就不能分开居住，也不能有私财；家中的兄弟无论娶妻生子与否，都要在一起居住。历史上有的家庭有四世同堂和五世同堂的情况，家庭人口多达数百人。每当吃饭时，鸣鼓开餐，群聚广场，场面十分宏大。兄弟之间不仅共居也要共财，同居共财不光是兄弟之间对财富的共享，也要求共同创造财富，在劳动生产中共同协作。同居共财，自汉以后就被视为家的高义，是家庭和睦的典范。甚至到了唐代，如果父母在世，兄弟闹分家，不仅要受到舆论的谴责，而且要构成不孝的罪名，受到法律的制裁。

兄弟关系不像父子关系那样等级森严，也不像夫妻关系那样有从属性质，它是平辈之间的关系，有较多的平等因素。兄姊年长，理应肩负起爱幼的职责；弟妹年幼，有着敬顺兄长的义务。在传统的家庭中，尽管兄弟关系存在着不平等的因素，但是相较于其他伦理关系，平辈间的先天血缘关系使其处于友爱、和睦的亲情关系。儒家要求兄弟之间要和睦相处，要把手足的情谊放在个人的利益之上，坚决反对破坏兄友弟恭的秩序，反对以一己利害危害兄弟感情，破坏兄弟间的和睦关系。当兄弟有矛盾或是摩擦时，儒家也予以一定的伦理规范："兄弟阋（xì）于墙，外御其侮。""凡今之人，莫如兄弟。"（《诗经·小雅·常棣》）"兄弟虽有小忿，不废懿（yì）亲。"（《左传·僖公二十四年》）也就是说，兄弟之间偶有矛盾不可避免，但是当遇到外部冲突时，就应该将兄弟矛盾搁置一边，从而一致对外。不管怎么争吵，兄弟关系有血缘相连，仍是人际间非常亲密的、可以信赖的关系之一。处理好兄弟关系、道德伦理有利于促进家庭生活的融洽。颜之推说："兄弟不睦，则子侄不爱；子侄不爱，则群从疏薄；群从疏薄，则僮仆为仇敌矣。"（《颜氏家训·兄弟》）只有兄弟和睦，才能为后世的子侄乃至全家做出表率。兄弟之间不相和睦，那么势必会影响到下一代子侄之间的相处，一个家庭的矛盾也由此衍生。在这里，兄弟的和睦成为一个家庭、一个家族乃至社会和谐的先决条件。

《礼记·礼运》规定的"十义"，首为"父慈、子孝"，次即"兄良、弟悌"。《论语·为政》篇中载："或谓孔子曰：'子奚不为政？'子曰：'《书》云："孝乎惟孝，友于兄弟，施于有政。"是亦为政，奚其为为政？'"意思是说，有人问孔子，为什么不去从政。孔子用《尚书》中的话回答，说："孝顺父母，友爱兄弟，用这种风气去影响当政者。"孔子认为把孝悌之道施行并推广开去，即是使人归于正道，又何必非要求个一官半职才算从事政治呢。为政就是要使人们归于正道。实施于整个国家，使一国的人服从教化，固然是为政；实施于一个家庭，使一家的人遵纪守法，同样也是为政。维护好家庭中的关系就像为政一样。儒家十分强调兄弟的手足之情，褒奖兄弟间的友爱。孔融四岁让梨于兄长的故事，

孔融让梨

被人们传为佳话。东汉薛包在兄弟分家时，把肥沃的土地分给弟弟，自己则选择了荒瘠的土地；把坚实的农器分给弟弟，自己则留下了破旧的器具。宋代司马光尊敬兄长，嘘寒问暖，无微不至。此类兄弟相亲相爱的事迹，在以儒家思想为主脉的中国历史上数不胜数。儒家正是一方面通过理论的阐述论证，另一方面通过大量典型事例的宣传、褒奖，强化手足情谊，把兄弟友爱的道德观念灌注人们心中，成为人们处理兄弟关系的一般行为准则。

兄弟有着相同的血脉，既有着血浓于水的亲近感、类似朋友般的认同感，也有着先后、长幼的生理秩序与长幼有序的伦理要求。兄弟的相处原则向家庭内部拓展就是父子关系，向家庭之外拓展、推及社会就是朋友关系。前者侧重血统宗法社会中二者的伦理地位的差异，并抬高长子的地位；后者侧重兄弟之间在生理血缘承统的平等性，并扩大了兄弟之谊的范围。

因此，儒家所倡导的兄弟相亲相爱，不单单局限于兄弟姊妹间的和睦相敬。在儒家看来，这只是血缘亲情的本质表现。以此为基础，儒家奉行“己欲立而立人，己欲达而达人”（《论语·雍也》），主张将悌的思想推己及人。孟子讲：“老吾老，以及人之老；幼吾幼，以及人之幼。天下可运于掌。”（《孟子·梁惠王上》）把兄友弟恭的友爱思想推及社会，尊敬长者，爱护幼者，待人恭敬有礼，共同营造一个和谐友爱的社会。这是儒家悌的思想的真正意义所在。

古为今用

颜之推在《颜氏家训》中说："夫有人民而后有夫妇，有夫妇而后有父子，有父子而后有兄弟。一家之亲，此三而已矣。"家庭中，除了夫妇关系与父子关系，就是兄弟关系了。兄弟姐妹是家庭中横向的重要关系，是自幼生活在同一个共同体的亲密的家庭成员，相互之间因为平辈的关系而有着更多的情感交流。手足亲情是其他任何友情所不能替代的。血脉相连再加上从小就处于共同的生活空间，使得兄弟姐妹之间有着其他感情不可比拟的地方。他们在共同成长的过程中，相互扶持、相互依赖、相互信任。哥哥姐姐在生存能力、社会阅历等方面明显优于年幼的弟弟妹妹，因此他们有责任也会自觉地对幼者给予照顾和指导。在生活中，身为哥哥姐姐是幼者效仿的榜样。他们要维护好自身的威信，就需要注重自己的言行与品德修养，为弟弟妹妹做出表率。作为幼者的弟弟妹妹，从幼时受到哥哥姐姐的诸多宠爱与照顾，在哥哥姐姐的关爱中成长，对哥哥姐姐则充满了感激与敬重之情。

当今社会结构的变革在给人们带来物质生活提升的同时，也不可避免地带来一些负面的影响。功利主义思想盛行，传统的伦理道德对家庭成员的约束力越来越小，亲情观念开始变得淡薄，兄弟姐妹之间单纯的手足之情介入了物质的因素。尤其在有了各自独立的生活之后，原本朝夕相处的兄弟姐妹忙于各自的生活，缺乏有效的情感交流，往日无间的兄弟姐妹之情也开始出现信任危机。在现实生活中，兄弟姐妹因为各自利益的争夺或是赡养父母孰多孰少而导致反目乃至大打出手的事例屡屡出现。

诸多儒家典籍告诉我们，尊老爱幼是中华民族数千年来的传统美德。在共同的生活中，哥哥姐姐待弟弟妹妹以友爱，以身作则做出表率；弟弟妹妹待哥哥姐姐以尊敬，以哥哥姐姐为目标做到更好。成家立业之后，兄弟姐妹之间又能尽到各自的责任与义务，生活中互帮互助，共同担负起赡养老人的职责。兄弟姐妹齐心，兄弟姐妹和睦友爱，是家庭幸福的重要内容，是增强凝聚力，促进家庭和谐、社会稳定的重要因素。

悌是中华民族优秀传统道德之一，是儒家伦理思想的重要组成部分，剔除阶级社会赋予的尊卑理念，悌的观念在当今社会仍然有着十分积极的意义。孝悌思想是仁的根本，直接关系到家庭的和谐乃至社会的稳定，因此被儒家奉为修身齐家的重要内容。尤其随着国家对生育政策的调整，兄弟姐妹相处的问题也将随之日益凸显。如何妥善地处理好同辈人之间的关系，兄友弟恭、手足情深的伦理思想精髓无疑是儒家给予我们的重要指导与宝贵财富。

一、赵孝争死

汉朝的时候，有一个叫赵孝的人，字常平。他有一个弟弟叫赵礼。兄弟两人相处得十分友好。

有一年，由于收成不好，粮食减产歉收，饥荒严重，社会治安也很混乱。这一天，空中乌云密布，狂风大作，天色昏暗。一伙强盗占据了宜秋山，开始四处抢掠。强盗们在百姓家中大肆搜寻一阵，见找不出多少粮食和值钱的东西，一怒之下，开始抓人，把赵礼给抓走了。赵礼虽然身体瘦弱，但是穷凶极恶的强盗们也不肯放过他，将他绑在一棵树上，在旁边架起炉灶生起火，开始烧水，准备拿赵礼来充饥。

哥哥赵孝虽然幸运地躲过一劫，却找不到弟弟了。他四处打听，得知有人看见赵礼被强盗抓走了。弟弟被抓的消息让赵孝心急如焚：“我该怎么办？要是弟弟有个三长两短，可怎么对得起父母啊！弟弟是同胞骨肉，哪怕赔上自己的性命，我也要救出他。”想到这里，赵孝下定决心，寻着强盗撤离的方向追了过去。

赵孝救弟弟心切，很快就赶到了强盗那里，见到了被捆绑着的弟弟。弟弟赵礼见哥哥来了，先是一阵惊喜，随后哀叹起来，埋怨哥哥说：“哥哥呀！您怎么可以到这个地方来呀！这不是来白白送死吗？”赵孝也顾不上与弟弟搭话，冲到强盗的面前，哀求强盗说：“我弟弟是一个有病的人，身体很瘦弱，他的肉肯定不好吃，请你们放了他吧！”

强盗们一听大怒，气汹汹地对赵孝说：“放了他，我们吃什么？”赵孝听强盗这样一问，赶紧说：“只要你们放了他，我愿意顶替弟弟给你们吃。我的身体很好，没有病，还很胖。”

强盗们听了赵孝的这番话，一下子愣住了。他们没想到天下还有这种甘愿送死的人。

这时，就听见赵礼在旁边大声地喊：“不行！不可以那样做的！”旁边一个强盗向赵礼吼道：“为什么不行？”赵礼哭着说：“被抓来的是我，被你们吃掉，这是我命中注定的。可是哥哥他有什么罪过呀，怎么可以让他去死呢？”

强盗们听着兄弟俩争相赴死的话语，望着手足之间舍身相救的场面，被深深地震慑住了。他们那坚封已久的恻隐之心被这人间真情真义的感人情景唤醒了。后来，他们放走了兄弟两人。

这件事传到了皇帝那里。皇帝是一个深明仁义的道德之君，不仅下诏书封了兄弟二人官职，而且把他们以德感化强盗的善行昭示天下，让全国百姓效仿学习。

俗话说：“兄弟如手足。”回想当时的险境，赵氏兄弟能够首先顾及对方的安危，丝毫不顾个人的凶险，足见他们心中已经深深懂得：兄弟两人的身体都是父母身体的一部分，同气连枝，同体相生。

二、田真叹荆

隋朝时有一户田氏人家，住着田真、田庆和田广三兄弟。他们分别成家之后，兄弟三人就想着各自发展，决定要分家，把家产分成了三份。

分到最后，只剩下庭院中那棵开满紫红色花朵的紫荆树了。多少年来，它一直欣欣向荣，象征着这个家庭的兴旺。一代又一代的田氏子孙，就是在紫荆树默默地俯视下成长起来的。

哥哥田真叹息着说：“田家的历史有多长，紫荆树就有多老。”

二弟田庆不以为然地说：“我们家产快分完了，留着这棵树也没什么用，不如把它也分了。”

幼弟田广精打细算：“有理有理。紫荆树的树皮和木材可以入药，干脆直接把它砍掉，一人分一份，还能卖个好价钱呢。再说，我们分家之后要各奔前程，谁还顾得上照顾它呢？”

田真说：“使不得，使不得。我们怎么忍心伤害这些美丽的花朵和润泽的叶子呢？它鲜活的生命力伴随着一代又一代人的成长。眼见那翠绿的色泽，谁不发自内心地赞美它的生命？家族有多兴旺，紫荆树就有多美。这是我们家族繁盛的见证，怎能如此伤害它呢？”

田庆说：“哥哥，别犯傻了，谁还会注意到这棵老树？您要是不肯，那我就和弟弟对半分了。”

两位弟弟那样坚持，哥哥也无可奈何。于是，他们决定将紫荆树砍成三段。田真仰望着昔日的故宅和茂盛的老树，内心十分的伤感。

第二天，原本茂盛挺拔的紫荆树，一夜之间竟然枯萎凋零。

三兄弟见到这个情形不禁大吃一惊，开始后悔：为什么手足之情要这样分离？连树都觉得伤心，连树都为之涕泣，连树都不想再活下去了。昨天的砍斫计划，让两个弟弟感到非常羞愧。

田真严肃地说：“树木原本就是同气连枝的。正是因为听说将要被砍成三段，它们才会如此悲伤。我们人竟然连树木都不如啊！”

田庆追悔不已：“当我们还小的时候，同吃同住，同出同息。在父母身旁承欢膝下、同舟共济的幸福生活，现在想起来还那么令人怀念。”

田广伤感地说：“现在父母不在了，我们兄弟就是最亲的人了。如果我们不肯团结友爱的话，那父母在天之灵一定会天天流泪，一定会比紫荆树还要伤心的。”

田真说：“我们为什么不能继续从前的生活呢？‘三人同心，其利断金。’我们要想重振家业，就要通力合作，和睦共处，团结一心。”

兄弟三人把分家的契约在紫荆树前烧毁，决定继续同舟共济，共同经营幸福的生活。

第二天，当太阳爬上枝头的时候，兄弟三人惊奇地发现，枯萎的紫荆树又发出了新的枝叶。从此，兄弟三人更加友爱，相互扶持，相互帮助，再也不提分家、分财产的事了。美丽的紫荆树也繁茂如初，就像这个团结如故的家庭一样，欣欣向荣，充满了无限生机。

三、文灿拒间

宋朝时候，有一个人叫周文灿。在父母和师长的教导下，他从小就懂得孝顺父母、友爱兄弟是做人的根本。他有一个哥哥，兄弟俩友爱笃甚。

兄弟俩长大之后，父母相继去世。文灿和哥哥一直生活在一起。后来，哥哥染上了酗酒的恶习，身体每况愈下，一个成年人应该干的活也不大能干了。时间久了，哥哥只能靠着文灿为生了。有时清醒的时候，哥哥的内心也感到很羞惭，自己一个大男人，却要仰仗弟弟过日子。但酒瘾一来，两条腿就不由自主地往酒馆里迈。文灿看到哥哥这个样子，心中不但没有半点怨意，还时常体恤他身体不好，心情不快，对哥哥总是恭恭敬敬，好言好语。

一天傍晚，文灿正在家里看书，忽然听到外面吵吵嚷嚷的，似乎还有哥哥的声音。他连忙跑出院子，只见哥哥喝得酩酊大醉，正东倒西歪地往家里走来。几个路人正对着哥哥指指点点。文灿急忙上前去扶哥哥，没想到他粗声粗气地对文灿说：“你是谁？你要干什么？”边说边一个巴掌朝文灿猛扇过来。文灿猝不及防，倒在地上。哥哥又把他按在地上暴打了一顿。等哥哥打够了，文灿好不容易才爬起来，已是遍体鳞伤了。

邻居们闻讯赶来。他们早就对文灿的哥哥多年来仰仗弟弟生活有所不满，现在见到这幅情景，都愤愤不平。有的说，太不像话了！居然打自己的亲弟弟，也不想想自己是靠谁生活？有的说，文灿，别傻了，干脆告官算了！这时哥哥的酒也醒了，看到如此情形，心中万分后悔。几位邻居还在一旁大声指责。文灿看到众人这个样子，又看到哥哥憔悴无助的模样，不禁一阵心酸。他走上前去扶住哥哥，对众人说："我的哥哥并非要打你们，你们怎么可以离间我们的骨肉至亲啊！"

文灿把哥哥搀扶到家，帮他擦洗一番，安顿他睡下。后半夜，哥哥醒了，他放心不下弟弟，轻手轻脚地起来，走到弟弟床边，在清凉的月光下，只见弟弟脸上的伤痕清晰可见。哥哥不禁泪流满面，弟弟呀，真对不住你啊！下定决心从此再不沾酒。

这件事情像长了翅膀一样，一时传遍了邻里八方，传到了朝廷。许多人家的兄弟争相以周文灿作为效仿的榜样。当朝宰相司马光知道了这件事，不禁对周文灿对兄长的至情至爱大加赞赏，还常常用这件事去告诫其他人，告诫有兄弟之人一定要懂得体谅包容。

家庭中的和谐要长久地维持并不是很容易。因此，兄弟姐妹相处，无论何时何地，处在怎样的情形下，都应该以亲情为重，要相互体谅和包容。

四、世恩夜待

明朝的陈世恩是明神宗万历年间的进士，他有兄弟三人。长兄学识渊博，孝顺廉洁，深受乡人的敬重。陈世恩是老二，当时还没有成就，但是德行也如兄长一样为众人称许。尤其是他谦逊有礼、平易近人的态度更让人敬佩。但三弟由于与他们的岁数相差比较大，父母对这个小儿子不免有些宠爱，因此长大之后，整日无所事事，东游西逛。他还结交了一帮狐朋狗友，经常是一大早就不见了人影，深更半夜才回来。

大哥对三弟的不求上进十分着急，只要有机会，就会把他叫到一边，苦口婆心地相劝："三弟呀，不要再在外面游荡了！你不小了，从今往后，多做些正经事吧！"

三弟正处于年轻气盛的青年时期。大哥劝一次、两次还罢，次数多了，他不仅听不进去，还对大哥反感起来。俗话说："逸则淫，淫则忘善。"三弟越发放纵自己，越发离不开那帮吃喝玩乐的"朋友"。大哥看到三弟不仅不听规劝，依然我行我素，并且比以前有过之而无不及，心里十分痛苦、烦闷。

陈世恩见此情景，安慰大哥不要着急，由他来劝劝看。

当天晚上，陈世恩在院门口等弟弟回来。夜深人静了，他还在耐心地等着。突然，在月光下，对面走来一个瘦长的身影。“是三弟吗？”“啊！是二哥。”弟弟没有料到二哥在等他。“快进来吧！外面冷。”弟弟走进院子，陈世恩把院门关起来。弟弟以为二哥开始要教训他了，没想到，二哥亲切地问他：“吃晚饭了没有？冷不冷？”“噢……吃了，不冷。”说完，弟弟就急忙回自己房间去了。

第二天一大早，弟弟又溜出去了，仍然是一整天没有回来。陈世恩和昨晚一样，仍在院门口等弟弟。弟弟没想到二哥又在等他，不免有些心虚，站在院外不好意思进去。陈世恩笑着说：“自己家门都不进了吗？进来吧，我好锁门。”二哥丝毫也没责怪他，这让弟弟觉得脸上有些发烧。想到自己从小到大，两位哥哥对自己疼爱有加。尤其是二哥，从来都是无微不至地照顾自己。想到这，弟弟心里觉得特别内疚。

此后连续几天，弟弟在外面有些待不住了。他对朋友们提出要先告辞，朋友们嘲笑他说，急什么？难道怕家里的大棒槌吗？弟弟只好又和他们玩到天黑，赶回家一看，二哥又是一脸关切地等着自己。弟弟低下头，喏喏不能成言。陈世恩抚着弟弟的肩头，问他哪儿不舒服。弟弟羞惭交加，对二哥说：“我错了！请二哥责罚。”陈世恩却说：“好！好！回来就好！我知道你会改正的。”

从此，弟弟像换了个人一样。在两位哥哥的精心教导下，他发愤图强，成了一位德才兼备的栋梁之材。

五、刘琎束带

南北朝时期的刘琎（jīn），字子敬，在泰豫年间（472）曾经做过明帝的挽郎，是一位有德行的君子。他学识渊博，为人恭敬谨慎、刚方正直，与哥哥刘瓛（huán）深为世人尊重。

有一天晚上，刘瓛突然想到有一件事情要跟弟弟做个交代，于是就在隔壁房间叫着弟弟的名字。话音刚落，刘琎那边传来了一阵窸窸窣窣的声音。他满以为弟弟很快就会回应，可是左等右等，却没有等到弟弟的回复。过了好一阵子，才传来了弟弟的声音："哥哥，您有什么事吗？"

哥哥感到十分讶异，责问他说："我已经等了好久了，你怎么到现在才回话？"刘琎歉疚地说："请哥哥原谅。因为刚才我的腰带还没有系好，穿着这么随便，就回您的话，是多么失礼的事啊。收拾衣着，耽误了这么长的时间，实在对不起。"

原来，刘琎已经换好睡衣，躺在了床上。他一听到哥哥在叫他，就赶紧下了床，把白天穿的衣服拿出来，迅速穿上，束好腰带，全身上下都收拾得整整齐齐，毕恭毕敬地站好了之后才回应哥哥。

《礼记·曲礼》中开篇云："曲礼曰，毋不敬。""毋不敬"就是指哪怕再微小的细节，都不忘恭敬谨慎的态度。听到哥哥的呼唤，刘琎不先回应，为什么等了好久才向哥哥回话呢？因为他一心想到的是人一定要恭敬。

亲生兄弟并不是关系疏远的人，卧室也不是会客的正厅。夜晚睡眠时间，不是进退礼节需要十分周全的时候。在这种情况下，每个人都不想太过于拘束，所以言语行为也会自然而然地变得任意、随便。

可是刘琎并不这样认为。他觉得自己连腰带都没有束好，全身也没有打理好，怎么可以随随便便就回复哥哥呢，那是多没礼貌的事情啊！深更半夜，没有穿戴整齐，就连回应一声都不做了。从这件事也可以看出，他对哥哥是多么敬重，兄弟二人的友爱之情又是多么深厚。

严于律己的刘琎，在品德学问、道德修养上都是出类拔萃的人物。文惠太子久仰其盛名，礼敬有加地把他请到东宫任职。刘琎不负众望，忠心耿耿，兢兢业业，成了一代名臣。

经典名句

1. 君子敬而无失，与人恭而有礼，四海之内，皆兄弟也。

——《论语·颜渊》

【译文】君子谨慎地要求自己不出现过失，待人谦虚而有礼节，那么四海以内的人都会是他的兄弟。

2. 子曰：“出则事公卿，入则事父兄，丧事不敢不勉，不为酒困，何有于我哉！”

——《论语·子罕》

【译文】孔子说：“出外做官就侍奉公卿，回家隐居就侍奉父兄，办丧事不敢不尽力，不被酒所惑乱，除此之外，对于我还有些什么呢？”

3. 子曰：“《书》云：‘孝乎惟孝，友于兄弟，施于有政。’”

——《论语·为政》

【译文】孔子说：“《尚书》说：‘孝敬父母，友爱兄弟，用这种风气去影响当政者。’”

4. 尧、舜之道，孝悌而已矣。

——《孟子·告子下》

【译文】尧、舜之道，不过是孝与悌罢了。

5. 仁之实，事亲是也；义之实，从兄是也。

——《孟子·离娄上》

【译文】仁的实质，就是侍奉父母；义的实质，就是顺从兄长。

6. 请问为人兄？曰：慈爱而见友。请问为人弟？曰：敬诎而不苟。

——《荀子·君道》

【译文】请问应该怎样做好兄长？回答说：身为兄长，应以慈爱的态度对待弟弟，对其友善扶持。请问应该怎样做好弟弟？回答说：作为弟弟，应该以恭敬的态度对待兄长，对其敬从不违。

7. 教民亲爱，莫善于孝。教民礼顺，莫善于悌。

——《孝经·广要道章》

【译文】教导百姓相亲相爱，没有比弘扬孝道更好的了。教导百姓遵循礼节，顺从长上，没有比倡导悌道更好的了。

8. 兄爱而友，弟敬而顺。

——《左传·昭公二十六年》

【译文】兄长待弟弟要疼爱且友善，弟弟待兄长应敬重且顺从。

9. 兄之行若中道，则兄事之；兄之行若不中道，则养之。

——《大戴礼记·曾子事父母》

【译文】如果兄长的行为合乎道义，以长者对之；如果兄长的行为不合乎道义，会为其忧心。

10. 兄弟阋于墙，外御其侮。

——《诗经·小雅·常棣》

【译文】兄弟在家里也许会有争吵，但面对外来欺侮时能够一致对外。

第四章

以友辅仁　取友必端

孟子所言的“五伦”中，朋友相对处于辅助性的地位，不同于其他维系家庭内部或是君臣关系的道德伦理。志同道合、自主平等的朋友关系的确立，在儒家看来，是完善自身学识、培养道德品质的重要途径。儒家所倡导的“以友辅仁，取友必端”的朋友观，为现代社会确立正确的人际交往观，提升个人道德修养，进而推动和谐社会建设提供了很好的借鉴。

一、朋友的意蕴

“朋友”的概念由来已久。早在西周宗法社会，朋友就是诸伦理中非常重要的一伦。“朋友”两个字，许慎在《说文解字》中分别解释为：“朋，古文凤，象形。凤，群鸟从以万数，故以为朋党字。”“友，同志为友，从二又相交。”东汉郑玄将“朋友”一词解释为：“同门曰朋，同志曰友。”从字面上理解，“同门”即师出同门的师生、同学，“同志”即有共同志向。但在西周时期，却不单只于此。西周时期，官学盛行，只有贵族子弟才能接受正规教育。为官者参与政事之余，还要“坐于门”教育塾中的族内子弟。当时的同门所产生的师生、同学关系，其实也限于族内有一定血缘关系的人群。关于同志，《国语·晋语四》中记载：“同姓则同德，同德则同心，同心则同志。”可见，“同志”的前提是“同姓”“同德”。“同志”亦是建立在“同姓”的血缘关系上的。查国昌教授在《先秦“孝”“友”观念研究》一书中指出：“友作为一种社会身份，在西

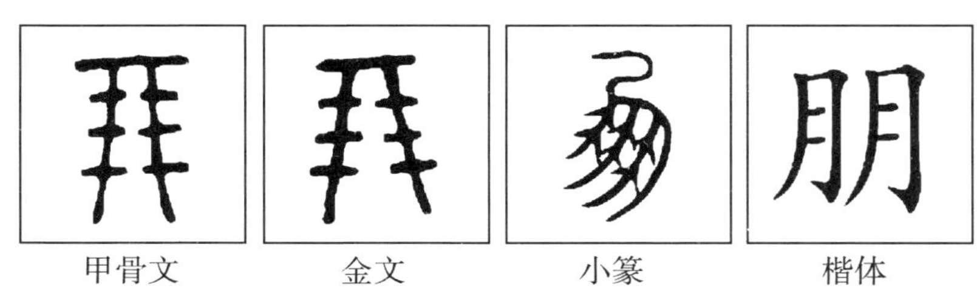

“朋”字的演变

周指族人，包括不同辈分的人……‘士有朋友’之‘朋友’不仅包括子弟，还包括父兄，士阶层如此，天子、诸侯、卿大夫亦然。是论在周铭中也能得到印证。”那么，作为同志的友，就包括了不同辈分的族人，以血缘为组织纽带。这主要源于西周初期，社会相对稳定，人口流动性低，社会成员的活动范围往往局限于族群中，交往对象也大多是族人。此时，朋友关系重叠、依附于血缘关系，朋友产生在同辈兄弟、异辈叔侄之间。当时父子、兄弟之伦也从属于朋友之伦作为父子、兄弟规范的友，是西周一种十分重要的宗法政治理念，体现了伦理与宗法密不可分的联系。

但是，春秋以降，社会发生动乱，朋友之伦也逐渐发生变化。随着宗法制度的解体，最低等级的贵族士人在各国之间频繁地流动。他们创办私学，在民间推行教育，受教不再单单是贵族们的特权，同时人们的交往不再单单局限于血缘维系的族群。到了孔孟时期，同门不只族内，同志也不必同姓，只需同“志于道”之人即可。此时的朋友关系已独立于血缘关系之外而存在了，父子、兄弟关系也由此从朋友之伦中独立出来。“朋友切切偲偲，兄弟怡怡。”（《论语·子路》）“父子有亲……朋友有信。”（《孟子·滕文公上》）“责善，朋友之道也；父子责善，贼恩之大者。”（《孟子·离娄下》）此时父子、兄弟、朋友已是各自独立的一个范畴，相处原则已有明显区分。在剥离了父子关系、兄弟关系之后，朋友的对象自然也发生了变化。普天之下，只要是志同道合的人都可以成为朋友。孟子更是将可结交的朋友范围由乡推延至国、天下，乃至与古人尚友。《孟子·万章下》中载：“孟子谓万章曰：‘一乡之善士斯友一乡之善士，一国之善士斯友一国之善士，天下之善士斯友天下之善士。以友天下之善士为未足，又尚论古之人。颂其诗，读其书，不知其人，可乎？是以论其世也，是尚友也。’”可见，与西周时期的同门、同志相比，孔孟时期的交友对象已脱离同族的血缘、地域限制，扩展到普天之下，乃至与心目中所倾慕的古人神游心会。

《论语》开篇便说：“有朋自远方来，不亦乐乎？”（《论语·学而》）朱熹释为：“朋，同类也。”（《四书章句集注》）“同类”即是有相同

酒肉朋友

志趣、相同追求的人。孔子说：“道不同，不相为谋。”（《论语·卫灵公》）荀子也说：“友者，所以相有也。道不同，何以相有也。”（《荀子·大略》）志向不同、追求不同的人是不可能成为朋友的。要成为朋友，第一个条件就是志同道合，就是朱熹所说的“以义合者”（《朱子语类》），也就是刘宝楠在《论语正义·子路》中说的“朋友以义合，兄弟以恩合，处之各有所宜”。以义而合是交友的根本原则。与义相对的是利：“愿车马衣轻裘与朋友共敝之而无憾。”（《论语·公冶长》）朋友往来中“利”不可避免：“义与利者，人之所两有也。”（《荀子·大略》）但唯利是图，只以取利为结交目的，也就是人们通常所说的“酒肉朋友”，在儒家看来称不上朋友。在儒家看来，物以类聚，人以群分，只有有着相同道德追求的人，才能真正成为朋友。“均薪施火，火就燥；平地注水，水流湿。夫类之相从也，如此之著也，以友观人，焉所疑？”（《荀子·大略》）在平摊的柴草上点火，火苗总是会往干燥的柴草那儿燃烧；在平坦的地面上浇水，水总是会往潮湿的洼地流去。同类事物相互依随这么显明，那么根据一个人身边的朋友来观察一个人，又有什么可怀疑的？真正的朋友，真正走到一起的人，必然是志同道合的同类人。

二、朋友有信

《礼记·儒行》中记载了一段鲁哀公与孔子的对话。哀公开始以戏谑的态度问孔子关于儒者的问题，而孔子则义正词严，从容刚毅，从包括交友在内的十五个方面讲述了儒行。哀公羞愧难当，说：“终没吾世，不敢以儒为戏。”关于交友一项，孔子说：“儒有合志同方，营道同术；

哀公问孔子

并立则乐，相下不厌；久不相见，闻流言不信；其行本方立义，同而进，不同而退。其交友有如此者。”（《礼记·儒行》）孔子从三个方面对儒者交友原则进行了论述：其一，“合志同方，营道同术”。也就是前面所说的志同道合。只有追求志趣相同，研习的道义一致，两个人才可能成为真正的朋友。这是交友的前提和必要条件。志同道合，两人才有共同兴趣、共同话题，否则就“道不同，不相为谋”（《论语·卫灵公》）了。其二，“并立则乐，相下不厌；久不相见，闻流言不信”。真正的朋友，两人若是地位相等，相交自然欢愉高兴；如果地位有高低悬殊，也不因此而厌弃鄙夷。即便两人好长时间不见面，也会彼此信任；听到对方的流言蜚语也不会相信。真正的朋友，双方志趣相同。在一定程度上，朋友就是自身德行的那面镜子。自身如何，坚信朋友也是如此。两人的情谊之深厚也绝非外界的流言所能轻易打破。其三，“同而进，不同而退”。志趣相同就会情谊日进。如果出现分歧，就可以退避疏远了，因为此时两人已经没有志同道合的前提条件了。从孔子这段关于真正的儒者交友的讲述中，我们可以看到他提出了朋友交往的一个非常重要的原则，那就是信。从孔子“朋友信之”（《论语·公冶长》）的人生志向，到曾子的“与朋友交而不信乎”的自省精神，再到孟子“朋友有信”的人伦规范，可见先秦儒家十分强调信在交友时的重要性。孟子“五伦”说的提出，更是让信成为规范朋友关系的重要原则。

《说文解字》中解释：“信，诚也。从人言。”“信”就是指言语无欺、言而有信，同时也要信任他人。“人而无信，不知其可也。大车无輗（ní），小车无軏（yuè），其何以行之哉？”（《论语·为政》）诚信是一个人道德操守的反映。一个人如果不讲诚信，连起码的操守都没有，就如同大车没有车辕与轭（è）相连接的木销子，小车没有车辕与轭相连接的木销子，那车子靠什么行走呢？人不讲诚信就无法在社会上立足、行走，自然也交不到什么朋友。一个没有道德操守的人是没有羞耻之心的。孟子说：“人不可以无耻。无耻之耻，无耻矣。”没有羞耻心的人，做事就会不计手段，说话会出尔反尔，与这种人为友是十分可怕的。

信守诺言是一个人安身立命的根本，是君子必备的德行品质。“言忠信，行笃敬，虽蛮貊之邦，行矣。言不忠信，行不笃敬，虽州里，行乎哉？”（《论语·卫灵公》）只要话语忠诚可信，行为敦厚庄敬，即便是到了异族他邦也行得通。如果话语欺诈无信，行为刻薄轻浮，那即便是在本乡本土也行不通。朋友之间需要互帮互助，很多事情对于朋友来讲就是义不容辞。但如果盲目许诺，对朋友所托即便是超出自身能力也一概应许，那么往往会适得其反，最终言而无信。因此，孔子主张在与朋友相处时要“情欲信，辞欲巧”（《礼记·表记》）。也就是说，对待朋友，首先在情感上要真诚，其次在言辞的表达上也要有技巧。空口大话就会违背朋友有信的原则。为此，孔子举例说：“君子于有丧者之侧，不能赙焉，则不问其所费；于有病者之侧，不能馈焉，则不问其所欲；有客不能馆，则不问其所舍。”（《礼记·表记》）如果没钱帮助人家办丧事，就不要问人家丧葬费用多少；不能对病人有所馈赠，就不要问人家有什么所需；没有办法留客人住宿，就不要问人家住往何处。那种虚心假意的问候不如不说：“口惠而实不至，怨灾及其身。是故君子与其有诺责也，宁有已怨。”（《礼记·表记》）说到却做不到就会招致怨恨。君子宁可被人埋怨不敢许诺，也不会空口许诺最终却言而无信。

同时，朋友有信也意味着信在朋友之间是相互的，是交友双方为维护友谊所应共同担负的责任与义务。彼此信任是友谊存生的必要条件，如果有一方对对方失去信任，那么这份友谊也将会随之破碎。相互给予对方足够的信任才是真正的交友之道，也只有这样才能做到“久不相见，闻流言不信”。五伦之中，朋友是一个相对比较特殊的伦理关系。它既不像父子、兄弟关系一样有着血缘亲情的关联，又不像君臣、夫妇关系一样有着礼教名分的束缚。朋友双方是两个在社会关系上非常独立且平等的主体。他们彼此之间不需要倚靠任何外在的约束与强制关系而存在。因此，彼此发自内心的真诚与信任就成了朋友关系得以维系的必要条件；反之，朋友关系就会终结。朋友关系是两人缘于志同道合，有着共同道德理想追求，相互吸引、彼此推崇而在自愿基础上结成的一种关系。不管是“毋友不如己者”（《论语·卫灵公》），还是“同则进，不同而退”（《礼记·儒行》），都是择友中自主性的体现。只有当双方出于自愿而彼此乐于接受对方为朋友时，这种朋友关系才会真正形成。这从开始接受，到互为诚信，到因“不同而退”终结朋友关系，都赋予了双方平等性。如《礼记·王制》中所说：“父之齿随行，兄之齿雁行，朋友不相逾。”与父辈兄长同行要遵守长幼有序的原则，让长辈和兄长在前，自己在其后随行。与朋友同行却没有前后之别的要求，朋友之间是平等的、平行的，没有尊卑贵贱之分。朋友关系具有自主性与平等性。朋友关系的存续取决于双方的自主选择，任何一方不得也无法强制另一方。

三、以友辅仁

“智如泉源，行可以为表仪者，人师也；智可以砥，行可以为辅弼者，人友也。”（《韩诗外传·卷五》）在儒家看来，老师是有着丰富的知识，其言其行能起到表率作用的人。朋友就是那种相互切磋、互为激励，其言其行能够辅助作为自身德行日进的人。这也是朋友关系存在的重要作用。

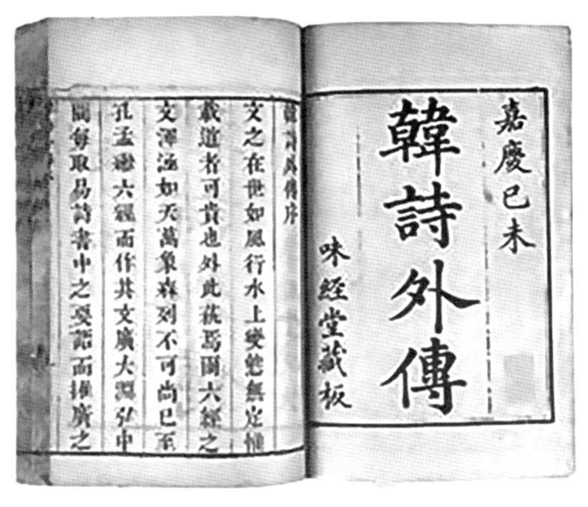

《韩诗外传》书影

曾子说：“君子以文会友，以友辅仁。”（《论语·颜渊》）朱熹对此注为：“讲学以会友，则道益明；取善以辅仁，则德日进。”（《四书章句集注》）先秦儒家认为交友是个人成才达德的重要途径，朋友对于自身修养与学问增益非常重要。“独学而无友，则孤陋而寡闻。”（《礼记·学记》）结交志同道合的朋友可以相互切磋交流，提升自己的智慧，完善自己的仁德。孔子说：“见贤思齐焉，见不贤而内自省也。”（《论语·里仁》）孔子主张人们要以贤者为师，见到贤者就要学习其贤其善，见到不贤者要有警醒，反省自己是否存在同样的过失而避免犯错。为此，孔子提倡广交朋友，以达到以友辅仁的目的。

道德品行是儒家处理朋友关系的出发点。孔子说：“毋友不如己者。”（《论语·学而》）“毋”即“无”。这里衡量标准是指道德水准而言。也就是说，不要和德行不如自己的人交朋友。可见，儒家的朋友观是建立在共同的道德理想上的。朋友之间要相互理解，这样朋友之间就能相互促进彼此的德行。不在乎地位的高低，重要的是心灵的契合，理想的相通。孟子主张：“友也者，友其德也。”（《孟子·万章下》）孟子所说的“尚友”，与古人交朋友，就是指通过吟咏古人的诗词，诵读他们的著作，研究他们在那个时代的所作所为来成就、完善个人的德行。荀子也强调治学修身要以友相辅。他继承了孔子见贤思齐的道德修养原则，在《荀子·修身》篇中说：“见善，修然必以自存也；见不善，愀然必以自省也。”见到善行，就要恭谨自查，看自己是否也有此善行；见到不善的行径，一定要小心警惕，检查自身是不是也有这种不好的习性。在此基础上，荀子又提出了“隆师亲友”的主张：“非我而当者，吾师也；

是我而当者，吾友也；谄谀我者，吾贼也。故君子隆师而亲友，以致恶其贼。”（《荀子·修身》）荀子认为，批评我而又批评得恰当，是我的老师；肯定我而又肯定得恰当，是我的朋友；那种只是一味奉承的人，则是伤害我的人。“巧言令色，鲜矣仁！”（《论语·学而》）那种花言巧语、面貌伪善、没有多少仁德的人，是无论如何也不可以作为朋友的。真正的君子当尊敬老师，亲近朋友，对那种巧言令色的人深恶痛绝。

曾子在别人问及夫子之道时，这样回答：“夫子之道，忠恕而已矣。”（《论语·里仁》）在一般层面上，忠可理解为“己欲立而立人，己欲达而达人”（《论语·雍也》），“恕”可理解为“己所不欲，勿施于人”（《论语·卫灵公》）。朋友之间也适用此道。对朋友以“忠”就是要尽己为人，在外宣扬朋友的美德，回避朋友的缺点。儒家认为：“出而名不章，友之过也。”（《荀子·子道》）一个有德行的人如果出游在外很多年，名声却没有彰显，这个过错就在于他的朋友了。孔子打了一个比方：“虽有国士之力，不能自举其身，非无力也，势不可也。”一个人就算力气再大，也无法举起自身；同理，一个人德行再高，也不能自己来宣扬，那样就成自吹自擂了。这时就需要朋友来为其宣扬，从而彰显天下。“立友”还包括在朋友有过错时，要给朋友以忠告；但如果朋友不接受，就不要继续劝说了。“子贡问友。子曰：‘忠告而善道之，不可则止，毋自辱焉。’”（《论语·颜渊》）朱熹对此注为：“友所以辅仁，故尽其心以告之，善其说以道之。然以义合者也，故不可则止。若以数而见疏，则自辱矣。”（《四书章句集注》）朋友可以辅佐共进于仁道，所以见到朋友有不足之处时，一定要及时指出，好言相劝，这才是以友辅仁的体现。如果多次指出朋友不足，会使关系逐渐疏远乃至交恶，所以也要注意“不可则止”的度，这也就是对朋友要以恕。朋友之间是“以义合者”，而“义之法在正我，不在正人”，义是对自身内在的要求，而不是对别人的要求。“义治我，躬自厚而薄责于外，此之谓也。”（《春秋繁露·仁义法》）儒家强调自身躬行义的要求，对于朋友则要宽容不苛刻。人或多或少会有不足之处。作为朋友，如果能忠告而后改之最好，若行不通，也不可强求。

世间没有百分之百完美的人，如子夏所说："大德不逾闲，小德出入可也。"（《论语·子张》）大的节操方面无过错，小的方面有些出入无伤大雅。"水至清则无鱼，人至察则无徒。"（《大戴礼记·子张问入官》）这也正是朋友之间的恕之道。发现朋友的缺点并善告之，相互促进，才能真正做到以友辅仁。

四、取友必端

德行在儒家看来是择友的首要准则。结交朋友是为了以友辅仁，交友交的就是朋友好的德行。"不挟长，不挟贵，不挟兄弟而友。友也者，友其德也，不可以有挟也。"（《孟子·万章下》）孟子认为，朋友之间是彼此在德行上的相互欣赏、相互督促，与外在的权势、财富、地位无关。朋友双方是平等的，任何一方都不能倚仗自己在权力、财富等方面的优势而轻视对方。《孟子·万章下》中有一段子思与鲁缪（mù）公的对话：

> 缪公亟见于子思，曰："古千乘之国以友士，何如？"子思不悦，曰："古之人有言曰：'事之云乎？岂曰友之云乎？'"子思之不悦也，岂不曰："以位，则子，君也；我，臣也；何敢与君友也？以德，则子事我者也，奚可以与我友？"

鲁缪公以国君的姿态与子思言友，子思说若以权位而言，你是君，我是臣，不敢与你称友；若以德行来论，你是跟我学习的人，怎么能跟我交朋友呢？相较于权位，孟子更加看重的是德行。在他看来，有权势的人是无法与有德行的人相提并论的，只能做他们的弟子。

孔子非常看重有德行者的正面教育作用，主张多与贤者交朋友。"择不处仁，焉得知？"（《论语·里仁》）选择时不与仁德相处，如何能称得上是智？"与善人居，如入兰芷之室；久而不闻其香，则与之化矣；与恶人居，如入鲍鱼之肆，久而不闻其臭，亦与之化矣。"（《孔子家语·六本》）与贤者交朋友，对自己的学识和道德修养会有很大帮助；与不贤者

高山流水

相处时间久了，难免会沾染他们的恶习。好比待在一个花室里，时间一长便闻不出芳香；待在一个鱼市里，时间一久便闻不出腥臭。这是因为已经同化了，花室的人自身也已全是花香，鱼市的人自身也已全是腥臭。与善人相处，就如处在花室；与恶人相处，就像待在鱼市。孔子把交了很多道德高尚的朋友视为人生的三大快乐之一，即“乐节礼乐，乐道人之善，乐多贤友”（《论语·季氏》）。

孔子说益友有三种，损友也有三种：“益者三友，损者三友：友直，友谅，友多闻，益矣；友便辟，友善柔，友便佞，损矣。”（《论语·季氏》）“友直”就是在生活中要结交正直的朋友。孔子对于不以直道待人的行为很是鄙视：“匿怨而友其人，左丘明耻之，丘亦耻之。”（《论语·公治长》）明明对一个人很是怨恨，却在表面上装作很友好的样子，这种人孔子深以为耻。“友谅”就是结交诚信的朋友。孟子说：“君子不亮，恶乎执？”（《孟子·告子下》）这儿的“亮”通“谅”，一个人如果不讲信用，哪儿还会有什么操守，这种人是万万不可交的。只有诚实守信、坦诚以待的人，才能成为真正的朋友。“友多闻”就是要结交见多识广的朋友。春秋时期，诸侯纷争，社会动荡不安，这也促使以士为代表的一部分有学识的人，在各国之间频繁走动。这在一定程度上也为扩充眼界、交流学问提供了条件。他山之石，可以攻玉。与见闻广博的人做朋友，相互切磋可以开阔自己的视野，增进自己的学识。对于阿谀奉承、心口不一、花言巧语这三种人，孔子认为如果与他们相交是有害的。

选择什么样的人做朋友关系到自身德行的修养，因此必须要慎重：“取友善人，不可不慎，是德之基也。”（《荀子·大略》）跟道德品行高的人在一起可以提升自己，反之就可能走上歧途。荀子把交友做了一个比方：“蓬生麻中，不扶自直；白沙在涅，与之俱黑。”（《荀子·劝学》）结交什么样的朋友，周围是什么样的环境，对一个人品行的树立很重要。他说：“夫人虽有性质美而心辩知，必将求贤师而事之，择良友而友之。得贤师而事之，则所闻者尧、舜、禹、汤之道也；得良友而友之，则所见者忠、信、敬、让之行也。身日进于仁义而不自知也者，靡使然也。”（《荀子·性恶》）意思是说，一个人即便有很好的素质和很强的辨别能力，但一定还要找到贤师并师从他，这样他所听到的都是尧、舜、禹、汤之道；选择良友并与他结交，那么他所见到的都是忠、信、敬、让的行为，自己在耳濡目染中走入仁义之道而浑然不觉，外部的环境使他成为践行仁义的圣贤的人。“今与不善人处，则所闻者欺诬诈伪也，所见者污漫、淫邪、贪利之行也，身且加于刑戮而不自知者，靡使然也。”（《荀子·性恶》）与结交良友相反，如果与不善的人交朋友，沾染他的恶习，不但各方面不会长进，甚至可能丢掉身家性命，因此不可不慎。

古为今用

除了君臣关系，朋友是另外一个在“五伦”中独立于家庭关系之外的伦理关系。君臣关系被列入五伦中有它特殊的历史原因，而家庭之外的朋友关系为何能够被古人列入五伦中呢？首先，朋友关系的出现最早是源于血缘相连的同族之中。随着社会结构的变化，朋友的范围也开始从族内外延。因此，朋友关系也可以看作是家族中平辈关系，也就是兄弟关系的外延。其实直到今天，人们在向别人介绍自己要好的朋友时，还常常会说：“这是我兄弟。”以突出朋友两人关系的亲密程度。其次，志同道合是朋友结交的首要前提。彼此有共同的爱好，共同的价值取向，共同的道德标准。在古人看来，朋友是家庭成员关系之外与人生联系甚为密切、影响极大的一种社会关系，是对人们行为引导、德行树立极为重要的人际关系。

俗话说："在家靠父母，出门靠朋友。"尤其在社交日益频繁的今天，人的社交范围愈来愈广，接触愈来愈频繁，朋友成为人际交往的主要体现。选择朋友的标准在人们心中评判不一。一个人身边朋友成群，天天一起吃喝玩乐，热闹非凡，他或许会非常自豪地说自己朋友很多。但这种所谓的朋友，其实就是人们所说的"酒肉朋友"。这样的朋友往往只会曲意奉承。在你得意富贵时，他们前呼后拥，围在你左右，兄弟相称；在你失意落难时，他们又会一哄而散，不见了踪迹。还有一种所谓的朋友，就是那种心术不正，故意引你步入歧途的人。他以朋友之名让你做一些违背道义、危害社会的事情，使你不知不觉中随之走入歧途。这种所谓的"朋友"更需警惕。

儒家的交友之道强调选择朋友关乎品德的修行，因此必须要慎重对待。首先是选择与自己志同道合的人，其次是选择能相互帮助、彼此完善德行的人。"无友不如己者。"在交友的标准上，要以在德行方面可以互促互进为标准。朋友之间相处是一个彼此督促前进的关系，是一个提升彼此道德修养的过程。真正的朋友能够引导彼此正能量的散发与壮大。不难看出，即便是在现代社会，儒家所倡导的朋友有信、取友必端、以友辅仁等交友之道仍然具有极大的实践价值与指导意义，值得我们在社会交往中认真领悟与践行。

一、高山流水

春秋时期，楚国有一位著名的音乐家，名叫俞伯牙（前413—前354）。俞伯牙从小非常聪明，天赋甚高，又很喜欢音乐。他拜当时有名的琴师成连为师，开始学琴。

刻苦学习了三年，俞伯牙琴艺大长，成了当地有名的琴师。但是俞伯牙常常感到苦恼，因为他觉得在琴艺上还未达到更高的境界。老师连成知道他的心思后说：“我自己已经把全部技艺教给了你，你也学得很好。至于音乐的感受力、悟性方面，我自己也还在学习中。我的老师方子春是一代宗师，他琴艺高超，对音乐有独特的感受力，现住在东海的一个岛上。我带你去拜见他，跟他继续深造，如何？”俞伯牙闻听大喜，连声说好。

他们乘船往东海进发。一天，船行至东海的蓬莱山。成连对伯牙说：“你先在蓬莱山稍候，我去接老师，很快就回来。”说完，连成划船离开了。过了许多天，连成也没回来。伯牙抬头望望大海，大海波涛汹涌；回首望望岛内，山林一片寂静，只有鸟儿在啼鸣，像在唱忧伤的歌。伯牙不禁触景生情，有感而发，仰天长叹，即兴弹了一首曲子。曲子中充满了忧伤之情。从这时起，俞伯牙的琴艺大长。其实，老师成连是想让俞伯牙独自在大自然中寻求一种真实的感受。

俞伯牙身处孤岛，整日与海为伴，与林中飞鸟为伍，陶冶了心灵，感情很自然地发生了变化，真正体会到了艺术的本质。后来，俞伯牙成了一代杰出的琴师。但在当时，真正能听懂他的曲子的人却不多。

有一次，俞伯牙乘船沿江而行。船行到一座高山旁，突然下起了大雨，船停在山边避雨。伯牙耳听淅沥的雨声，眼望雨打江面的情形，琴兴大发。伯牙正弹到兴头上，突然感到琴弦上有异样的颤动。这是琴师的心灵感应，说明附近有人在听琴。伯牙走出船外，果然看见岸上树林边，坐着一个打柴人。此人就是钟子期（前387—前299）。

伯牙把子期请到船上，两人互通了姓名。伯牙说：“我为你弹一首曲子吧。”子期洗耳恭听。伯牙即兴弹了一曲《高山》，子期赞叹道：“多么巍峨的高山啊！”伯牙又弹了一曲《流水》，子期称赞说：“多么浩荡的江水啊！”伯牙又佩服又激动，对子期说：“这个世界上只有你才懂得我的心声，你真是我的知音啊！”于是两人结拜为生死之交。

伯牙与子期约定，待周游完毕，要前往子期家去拜访他。一日，伯牙如约来到子期家拜访，但是子期已经不幸因病去世了。伯牙悲痛欲绝，奔到子期墓前，为他弹奏了一首充满怀念与悲伤的曲子，然后站起身来，将琴砸碎于子期的墓前。从此，伯牙终身不再抚琴。

二、管鲍之交

一代名相管仲（前723—前645）有一个非常要好的朋友，叫鲍叔牙（前716—前644）。管仲年轻的时候，家里很穷，又要奉养母亲。鲍叔牙知道了，就找管仲一起做生意。做生意时，因为管仲没有钱，所以本钱都是鲍叔牙拿给他的。可是赚了钱以后，管仲却拿的比鲍叔牙还多。鲍叔牙的仆人看了，说："这个管仲真奇怪，本钱出的比我们主人少，分钱的时候却拿的比我们主人还多！"鲍叔牙对仆人说："不可以这么说！管仲家里穷，又要奉养母亲，多拿一点没有关系的。"

有一次，管仲和鲍叔牙一起去打仗。每到进攻的时候，管仲都躲在最后面。大家埋怨管仲，说他是一个贪生怕死的人。鲍叔牙马上替管仲说话："你们误会管仲了。他不是贪生怕死，他得留着自己的命去照顾老母亲呀！"管仲听到之后说："生我的是父母，了解我的人是鲍叔牙呀！"

当时齐国的国君是齐襄公。鲍叔牙和管仲分别辅佐他的两个弟弟公子小白和公子纠。齐襄公暴虐昏庸，每天吃喝玩乐，不理朝政。鲍叔牙预感到齐国会发生内乱，于是带着公子小白逃到莒国。管仲则带着公子纠逃到鲁国。

不久之后，齐襄公被人杀死，齐国发生内乱。因为齐襄公膝下无子，王位继承者要在公子小白和公子纠中产生。为了帮助公子纠登上国君之位，管仲便去暗杀公子小白。结果射箭的时候把箭射偏了，公子小白诈死，趁公子纠与管仲放松警惕的空当，提前回到齐国登上王位。公子小白就是历史上有名的齐桓公。

齐桓公继位以后，决定封鲍叔牙为宰相。鲍叔牙对齐桓公说："管仲各方面都比我强，应该请他来做宰相才对呀！"齐桓公说："管仲要杀我，他是我的仇人。你居然让我请他来做宰相？”鲍叔牙说：“这不能怪他。他是为了帮他的主人才这么做的呀！”齐桓公听从了鲍叔牙的话，让管仲回来做了宰相。管仲十分感激齐桓公与鲍叔牙的不计前嫌，诚心诚意地发挥其治理政事的才干，为齐桓公成就强国大业立下了汗马功劳。鲍叔牙与管仲的情谊也被后人传为美谈，称为“管鲍之交”。

三、鸡黍之交

范式（生卒年不详），字巨卿，山阳金乡（今山东省金乡县）人。一名范氾。他和汝南（今河南省汝南县）人张劭（shào）是十分要好的朋友。张劭（生卒年不详），字元伯。两人同时在太学学习。后来范式要回乡里，他对张劭说：“两年后我还回来，经过你家，我会去拜见你的家人。”张劭说：“欢迎你来我家，到时我一定热情相待。”

两年后，约定的日期就要到了，张劭把范式要来拜访的事告诉了母亲，请母亲准备酒菜等待范式。母亲说：“分别都两年了。虽然约定了日期，但是远隔千里，你怎么就确定他能如期赶来呢？”张劭说：“范式是个守信的人，肯定不会违约。”到了约定的日期，范式准时来到。拜见张劭的母亲后，范式与张劭两人对饮，尽欢之后才告别而去。

后来张劭得了病，非常严重。同郡人郅君章、殷子征日夜照顾。张劭临终时叹息说：“遗憾的是没有见到我的生死之交。”殷子征说：“我和郅君章尽心和你相交。如果我们称不上是你的生死之交，谁还能称得上？”张劭说：“你们两人是我的生之交，山阳的范巨卿是我的死之交。”张劭不久病故了。

远在异地的范式夜里忽然梦见张劭，只见他戴着黑色的帽子，穿着黑色的袍子，仓促地叫他：“巨卿，我在某天死去，在某天埋葬。你没有忘记我，怎么能不来？”范式恍然惊醒，悲叹落泪，马上穿上丧服，驾车向张劭家赶去。张劭那边已经要入土安葬了，可到了坟穴，要落下棺材时，灵柩却迟迟不能安放进去。张劭的母亲抚摸着棺材说：“张劭啊，难道你还有什么心愿没有了却吗？”于是让人暂停了下葬。不一会儿，人们看见有人乘白车白马悲泣而来。张劭的母亲说："这一定是范巨卿了。"范式到了之后，哭诉道："走了，元伯！死生异路，从此永别！"范式亲自拉着牵引灵柩的大绳，灵柩方才进入墓穴。范式住在坟墓旁边，种植了坟树，然后才离去。

四、胶漆之交

陈重和雷义是东汉年间豫章郡（今江西省南昌市）两位品德高尚、舍己为人的君子。两人为至交密友，一起研读《鲁诗》《颜氏春秋》等经书，都是饱学之士。

太守张云闻陈重之名，嘉许他的德才品行，举荐他为孝廉。陈重要把功名让给雷义，先后十余次向太守申请，张云不批准。第二年，雷义也被选拔为孝廉，两人才一起到郡府就职。同事中有一小吏家遭变故，举债负息钱数十万。债主天天上门索讨，小吏跪求暂缓，仍无法通融，欲诉诸官府。陈重得知后，私下替他还债。小吏感恩戴德，登门拜谢。陈重若无其事地说："这不是我做的，也许是与我同姓名的人代你偿还的吧。"有一次，一个同事告假回乡，慌忙中错穿了别人的一条裤子回去。失主怀疑是陈重拿走的，陈重也不申辩，去买了一条新裤子赔偿了失主。直到回乡奔丧的同事归来，才真相大白。

陈重与雷义两人同时官拜尚书郎。雷义因为代人受罪被免职。陈重以身体有病为理由，辞职一同还乡。后来陈重复出，任细阳县令，举措标新立异，颇有政绩；又升任会（kuài）稽郡太守，因为姐姐去世守丧，辞官离职；后又被司徒征召，官拜侍御史，卒于任上。

雷义初时任郡府功曹，举荐擢拔了很多德才兼备的人，却从不夸耀自己的功劳。雷义曾经救助过一个犯了死罪的人，使他减刑得以赡养一家老少。这个人为了感谢雷义的再造之恩，攒了两斤黄金送到雷家。雷义坚辞不受。这个人没法，只好趁雷义不在家时，悄悄把金子放在雷家老屋的天花板上。若干年后，雷义修葺房屋，翻开屋顶，才发现那两锭金子。但是送金子的人已经过世，妻小也不知流落何方，无法退还。雷义便将这两斤黄金交付县曹，充入官库。雷义任尚书侍郎时，有一同僚因犯事，当受处罚。雷义为他分担责任，向上司上书申辩，愿意自己独担罪责。陈重闻知，弃职进京自陈曲衷，请求为雷义赎罪。后顺帝下诏，两人皆免官，免予刑事处分。

雷义回乡又被举荐为秀才。雷义要把这功名让给陈重，刺史不批准。雷义就假装发狂，披头散发在街上替陈重奔走呼吁，而不去应命就职。两人的事迹传遍乡里，人们说："胶漆自谓坚，不如雷与陈。"胶和漆自认为融为一体，坚不可摧，还不如陈重与雷义荣辱与共，生死相依。后来三府同时征召两人，雷义被任命为灌谒太守，让他持节督察诸郡国的风俗教化。不久雷义官拜侍御史，授南顿令，后卒于任上。

五、晏子交友

晏子（前578—前500），名婴，字仲，谥平，多称平仲。夷维（今山东省高密市）人，春秋时期著名的政治家、思想家、外交家。晏婴为齐国上大夫，历齐灵公、庄公、景公三朝，辅政长达五十余年。他聪颖机智，能言善辩，以政治远见、外交才能和作风朴素闻名诸侯。内辅国政，屡谏齐王。对外既富有灵活性，又坚持原则性，出使不受辱，捍卫了齐国的国格和国威。除了政治智慧，晏子为人称道的，是他的交友之道。

晏子从不滥交朋友，但是如果交了一个朋友，就会善始善终，一生不会改变。孔子曾称赞他道："晏平仲善与人交，久而敬之。"晏子是一个极其聪明的人，他能正确识人，这是他交友长久的关键。但是更重要的是他对待朋友"久而敬之"，交往时间越长，他对朋友就越恭敬有礼，因此别人也就对他越来越尊重。"久而敬之"四个字说起来容易，做起来却很难。晏子终生坚持。晏子虽然不轻易交友，但是他的朋友很多，又都情深意厚，有不少人甘愿为他付出生命。北郭骚就是其中的一个。

据史书记载，北郭骚是春秋时期齐国名士，对父母十分孝敬，是个出了名的大孝子。他家境贫寒，以至于到了无钱奉养老母的地步。无奈之下，他慕名去找当时的名相晏子，希望得到一些粮食奉养老母。晏子久闻其名，很乐意交他这个朋友。晏子不但热情接待了他，临走又送他很多粮食、金钱。北郭骚谢绝了金钱收下了粮食，两人从此成了至交。不久之后，晏子因谗言被齐景公猜忌，逃亡他国。临行路过北郭骚家，进去告别。晏子讲了事情的经过，北郭骚只说了一句："请好自为之。"

晏子走后，北郭骚找来他的朋友，告诉他说："我仰慕晏子道义，与之相交。如今晏子被无端猜忌，我将用生命为他洗清冤诬。"北郭骚换好衣冠，请朋友携剑和竹匣跟随其后，前往皇宫会见景公近臣。北郭骚慷慨激昂地说："晏婴是名闻天下的贤相。因为他在，其他国家不敢来犯；若他出亡，齐国必遭侵犯。我不想看见国家生灵涂炭，我愿用我的生命为晏子洗清冤屈。"说罢自刎身亡。景公见此情景非常后悔，亲自驾车去边境追回晏子。

事实上，朋友关系的存续是以尊重为前提的。只有久而敬之，友情才能天长地久。有些人意识不到这一点，朋友之间太过随便，不恭不敬，友好的关系也就很难持久。

1. 孔子曰："益者三友，损者三友：友直，友谅，友多闻，益矣；友便辟，友善柔，友便佞，损矣。"

——《论语·季氏》

【译文】孔子说："有三种有益的朋友，有三种有害的朋友：同正直的人交朋友，同诚实的人交朋友，同见多识广的人交朋友们，这是有益的；同阿谀奉承的人交朋友，同当面恭维、背后诽谤的人交朋友，同花言巧语的人交朋友，这是有害的。"

2. 曾子曰："君子以文会友，以友辅仁。"

——《论语·颜渊》

【译文】曾子说："君子用文章学问来结交朋友，依靠朋友来辅助自己修养仁德。”

3. 子贡问友。子曰：“忠告而善道之，不可则止，毋自辱焉。”

——《论语·颜渊》

【译文】子贡问交友之道。孔子回答：“［朋友有了过失应该］尽心尽力地劝导他，做善意的引导，如果他不接受就不要继续说了，以免自取其辱。”

4. 子曰：“见贤思齐焉，见不贤而内自省也。”

——《论语·里仁》

【译文】孔子说：“见到贤者就要学习其贤其善，见到不贤者要警醒，反省自己是否存在同样的过失而避免犯错。”

5. 道不同，不相为谋。

——《论语·卫灵公》

【译文】所走道路不同，志向不同的人，不能在一起谋划共事。

6. 不挟长，不挟贵，不挟兄弟而友。友也者，友其德也，不可以有挟也。

——《孟子·万章下》

【译文】不倚仗自己的年纪大，不倚仗自己的地位高，不倚仗兄弟的势力去结交朋友。交朋友，是因为对方有好的品德而去结交，不能存有倚仗什么的念头。

7. 均薪施火，火就燥；平地注水，水流湿。夫类之相从也，如此之著也，以友观人，焉所疑？

——《荀子·大略》

【译文】在平摊的柴草上点火，火苗总是会往干燥的柴草那儿燃烧；在平坦的地面上浇水，水总是会往潮湿的洼地流去。同类事物相互依随这么显明，那么根据一个人身边的朋友来观察一个人，又有什么可怀疑的？

8. 取友善人，不可不慎，是德之基也。

——《荀子·大略》

【译文】与人交朋友，和别人友好，不可以不慎重，因为这是成就德行的基础。

9. 蓬生麻中，不扶自直；白沙在涅，与之俱黑。

——《荀子·劝学》

【译文】蓬草生在丛麻中，不需扶持就能长得挺直；白沙跟污泥在一起，也会变成黑色。

10. 见善，修然必以自存也；见不善，愀然必以自省也。

——《荀子·修身》

【译文】见到善行，要恭谨自查，看自己是否也有此善行；见到不善的行径，要小心警惕，检查自身是不是也有这种不好的习性。

第五章

诚信无欺　止于至善

儒家诚信思想作为中国传统伦理道德的一个重要组成部分，具有十分丰富的道德内涵与普遍价值。诚信的基本含义是指诚实无妄、恪守信用。诞生于原始社会后期的诚信萌芽在进入文明社会以后，经过历代思想家尤其是儒家提炼、升华而形成系统的诚信思想，对于中华民族诚信不欺、讲求信用的文化传统的形成，对于理想人格的培养都产生了极为重要的影响。诚信成为个人道德修养的必备要义，在社会的众多领域发挥了重要作用，特别是市场经济条件下社会正常发展和繁荣所必不可少的，对当今社区精神文明建设以及公民个体诚信道德建设具有十分重要的指导意义。

一、诚信的由来及其基本内涵

“诚信”一词并非始而有之。最初，“诚”和“信”是作为两个紧密相连同时又相对独立的道德范畴存在的。两字原初意义相近，诚指真实无妄，不自欺；信指言语真实，言行一致。因此，许慎在《说文解字》中就讲两字互训，分别释为：“诚，信也，从言成声。”“信，诚也，从人从言。”同时，作为两个独立的道德范畴，两者又有着不同的含义与侧重。诚主内，信主外；诚可视为信之内在，信则是诚之外化。

诚的含义是什么？宋代大儒朱熹解释为：“诚者，真实无妄之谓。”（《四书章句集注》）“诚者何？不自欺不妄之谓也。”（《朱子语类》）他指出诚的原初意义就是指诚实不欺、真实无妄，不自欺。诚是“以一种忠实于事物的真的态度去反映事物”。这是诚所具有的最原初的意义，即真实反映事物所具有的真实面目，更多地强调了主体的内在德行。从伦理角度看，就是指人的一种诚实无妄的内在道德素养。

诚在先秦时期就是一个十分重要的道德范畴。基于天人合一的认识前提，古人认为人的行为应该与自然规律相契合，应该是对自然规律的追随与学习，而诚就是天道运行的一种自然规律。“诚者，天之道也；

诚之者，人之道也。”（《礼记·中庸》）四季运行，真实无妄，是天的自然本性，也就是天之道。人之道就是要对这一天之道给予充分的崇敬、学习与遵循，学习天道的真实无妄，即“诚之者”。孟子将诚上升为人的一种本有的道德属性，说：“诚者，天之道；思诚者，人之道也。”（《孟子·离娄上》）“思诚”就是追求诚信。孟子认为，对诚的自觉追求如同天本有的自然规律一样，是人的本性。“诚者，物之始终，不诚无物。”（《礼记·中庸》）作为一种天道存在，诚贯穿万物的始终，离开了诚，物也就不存在了。在天，诚是自然本性；在人，诚是存在根本。宋代大儒周敦颐就将诚视为“五常之本，百行之源”（《周子全书·通书》）。

周敦颐

因此，“诚”成为儒家提升自我道德修养的重要内容。《礼记·大学》中“诚意”与“格物、致知、正心、修身、齐家、治国、平天下”一起列为“大学八条目”，并起着承上启下的关键作用。它指出意诚才能心正，心正才能达到身修，而后才能做到“齐家、治国、平天下”。诚成为提升君子道德修养的重要一环：“君子养心莫善于诚，致诚则无它事矣。”（《荀子·不苟》）

作为一种道德规范，信的出现要早于诚。上古时期，信是指人在祭祀时对上天与先祖所说的话要真实、不违心。《左传·襄公九年》所载“盟誓之言，岂敢背之”就是此意。《说文解字》将信列入“言”部，说：“信，诚也，从人从言。”也就是“人言为信”，信既要客观、真实地反映事物的本真状态，又要在行动上做到与内心一致无二，即言而有信，言行一致。南宋人袁采解释为：“有所许诺，纤毫必偿；有所期约，时刻不易，所谓信也。”（《袁氏世范·处己》）从这个层面上来看，信的基本含义就是要信守诺言，说到做到。

随着社会文明的进步，及至先秦时期，信逐渐从原来的宗教意义中剥离出来，逐步扩大到人际交往中。儒家将其列为重要的社会道德规范。“信”在《论语》中三十八见，足以说明孔子对信的重视。在《学而》篇中，孔子将信列为“四教”内容之一：“子以四教：文、行、忠、信。”《阳货》篇中，孔子又将信列为体现仁的“五德”之一。孟子则将信作为处理五种人伦关系的规范之一，提出“朋友有信”（《孟子·滕文公上》）的伦理规范。西汉董仲舒在孔子、孟子信理论的基础上，把信与仁、义、礼、智一并列为“五常”，确立了信在中国传统道德体系中的重要地位，使信成为社会的重要道德规范之一。

“诚信”二字并提始于春秋时期法家代表人物管仲。“先王贵诚信。诚信者，天下之结也。”（《管子·枢言》）管仲指出古时的圣王都十分重视诚信，认为诚信是集结人心、维系天下的重要纽带，是统治者必备的道德素质。真正将诚信作为道德命题提出的则是荀子。他在《荀子·不苟》篇中提出：“诚信生神，夸诞生惑。”此后，诚信开始常见于后世的典籍中。相较而言，诚多指人对自己本心的不欺；信多指人对他人言行无欺。将两者合在一处，使其从伦理的角度成为一种完善的道德范畴，成为一种调节、平衡人际关系的基本伦理准则。北宋理学家张载说：“诚故信，无私故威。”（《正蒙·天道》）诚与信相依相辅成为一个完整的道德范畴，非诚不能示信，非信不以明诚。在应用于人际关系、社会交往时，“诚信”一词的基本含义就是指真诚无妄，信而不欺。

二、儒家诚信无欺的处世准则

在中国古代农业社会，“家家守村业，头白不出门”是一种生活常态。个人没有独立性，只在相对孤立的地点和狭窄的范围内发生地方性联系。宗族血亲形成的血缘关系，属地相邻形成的地缘关系，两者共同组成一个熟人环境，人们之间的社会联系往往只局限于此。信任成为朋友、亲戚、邻里之间或较为熟悉的人之间的一种必然。这种熟人环境也成为传统诚信道德形成的社会基础。在这一生活环境中，诚信观的产生是必然的，也是必要的。因此，有学者指出：“故，儒家诚信观特别注重在以血缘、地缘、人情为纽带的熟人社会，这种诚信主要不是看一个人的品德和能力如何，而是注重这个人同其他人的私人关系怎样。”

春秋时期是儒家诚信观的系统化时期。先哲们将诚信观发展为系统的理性的思想观念，从社会的潜意识形态演变为显意识形态。当时的孔子已经认识到，人类社会一旦产生，人们即处于纷繁复杂的社会联系中。随着社会的不断进步，政治、经济的发展，联系会愈来愈密切。因此，要想在复杂的社会关系中游刃有余，必须依靠人与人之间的相互信任与守信。否则，社会关系将陷于混乱之中。冯友兰先生也曾说：“社会之所以能成立，靠其中之分子互助。于互助时，此分子和另一分子所说之话，必须可靠。此分子所说之话，必须使另一分子信之而无疑……若在社会之内，其各分子所说之话，均不可靠，则社会之不能存在。”于是，孔子将信从朋友、亲戚、邻里这种熟人环境推延至普通的人际关系中，认为在处理一般人与人之间的关系时也应讲信。这一点在《大学》里也有体现：“为人君，止于仁；为人臣，止于敬；为人子，止于孝；为人父，止于慈；与国人交，止于信。”这里与“国人交”便是指与普通大众的交往，是针对一般交际关系而言的，强调信是人与人交往的基本准则，是和谐人际关系的基础。

孔子将诚信作为为人处世的基本态度，建立在最高的道德原则仁的基础上。他从社会个体修养入手，着眼于社会的稳定与和谐，围绕人伦与政事对诚信展开论述。孔子说：“人而无信，不知其可也。大车无輗，小车无軏，其何以行之哉？”（《论语·为政》）古时拉货载重的牛车为大车，轻便载人的马车为小车。輗、軏是车辕与驾车牲畜相连横木上的关键部件，大车上称之为輗，小车上称之为軏。如果没有它们，就没办法套住牲畜，车子自然无法前行。诚信之于人，犹如輗、軏之于车，没有这一道德品质做支撑，人在社会将寸步难行。在孔子看来，诚信是人们立身处世的根本，是处理人际关系的重要道德原则。《论语》中关于“诚信”的论述屡见不鲜，如：“与朋友交，言而有信。”“老者安之，朋友信

诚　信

之，少者怀之。”“主忠信，毋友不如己者，过则勿惮改。”如此等等。守信与践诺之所以重要，是因为人与人之间必须以诚信为互动的基础。人们只有在诚信的基础上，才能进行正常的交往，才能自觉地依据道德原则来规范自己的行为，进而达到更高的道德境界。诚信同样被孔子视为治国为政的重要条件。子贡问孔子治国之道。孔子说：“足食，足兵，民信之矣。”子贡问，如果要在这三者之中去掉一个，那么首先去掉哪个呢？子曰：“去兵。”子贡又问，如果不得已，要在两者中再去掉一个，应该去掉哪个呢？孔子说：“去食。”孔子接着说：“自古皆有死，民无信不立。”在治国为政上，孔子把诚信为政摆在首位，明确指出了诚信在治国中的重要性。

孟子把信归于“五伦”。人之所以别于动物，在于人的社会性，即人是社会的人。人与人的各种交往关系构成了基本的社会关系，生活在社会中的每个人，都必然与他人发生这样或那样的社会关系。人伦就是指这些人际关系的基本准则或基本伦理。所谓“五伦”就是“父子有亲，君臣有义，夫妇有别，长幼有叙，朋友有信”，就是指处理父子、君臣、夫妇、长幼、朋友这五种人际关系的基本道德规范，即父子之间有骨肉之亲，君臣之间有上下之义，夫妻之间有内外之别，老少之间有尊卑之序，朋友之间有诚信之道。孟子认为，如果没有了这“五伦”，人就“近于禽兽”。他说：“人之有道也，饱食、暖衣、逸居而无教，则近于禽兽。圣人有忧之，使契（xiè）为司徒，教以人伦。”（《孟子·滕文公上》）孟子把朋友有信纳入五种基本的社会关系当中，认为信是朋友之间交往的基本道德准则，体现了孟子对诚信之德的高度重视，确定了诚信在调节人际关系中的重要地位。诚信也由此成为调节人际关系不可缺少的重要伦理规范。

在儒家看来，诚信无欺是社会和谐的重要体现，是一个社会健康的标志。“若君不信以御臣，臣不信以奉君；父不信以教子，子不信以事父；夫不信以遇妇，妇不信以承夫。则君臣相疑于朝，父子相疑于家，夫妇相疑于室矣。大小混然而怀奸心，上下纷然而竞相欺，人伦于是亡矣。”（《傅子·义信》）诚信是维系人们各种交往关系的重要链条，缺少了诚信这一链条，各种交往关系便会散架，影响社会秩序的稳定。《左传》中就提及一个“失信不立”的观念，认为人只有诚实守信才能立足社会。《礼记·礼运》篇中说：“讲信修睦而固人之肌肤之会，筋骸之束也。”就是说，肌肤和筋骸是人身体的重要组成部分，而讲信修睦对于社会来说，同样是不可或缺的组成部分。《礼记·礼运》篇又说：“士以信相考，百姓以睦相守，天下之肥也。是谓大顺。”意思就是说，只有士人以诚信相检验，百姓和睦相处，这才是一个社会健康的标志，“大顺”就是这种标志社会健康的体现。

诚信的缺失

三、惟义所在的道德前提

生活中，人们常以《论语》中的“言必信，行必果”作为交际中所应遵从的警语。然而，很少有人注意到，孔子在“言必信，行必果”后面还有一句：“硁（kēng）硁然小人哉。”从前面孔子对诚信的肯定可以得出，他当然不会说“言必信，行必果”是小人行径。《论语》中整节是这样记载的：

> 子贡问曰："何如斯可谓之士矣？"子曰："行己有耻，使于四方，不辱君命，可谓士矣。"曰："敢问其次。"曰："宗族称孝焉，乡党称弟焉。"曰："敢问其次。"曰："言必信，行必果，硁硁然小人哉！抑亦可以为次矣。"曰："今之从政者何如？"子曰："噫！斗筲之人，何足算也！"（《论语·子路》）

子贡问孔子什么样的人能称得上君子之士，孔子把有资格的士分为三等："不辱使命"者，"宗族称孝、乡党称弟"者，"言必信、行必果"者。其中"言必信、行必果"者虽被称为小人，但仍可算得上是君子之士，而当时的政客们只是些器量狭小之人，不足挂齿。

在人际交往中，言而有信、诚信不欺、重诺守信是应该遵循的基本准则。但是，作为一项道德规范，诚信又不是无条件、盲目的，而是在义的制约之下，以义为前提的。什么是义？中国传统儒家伦理对义的基本解释为"义者，宜也"（《礼记·中庸》）。也就是说，面对一件事情采取最为适宜、恰当的行动，做出最为合理的反应，就是义。《河南程氏遗书》说："顺理而行是为义也。"义是行为的价值标准，行为正当与否，时机是否合宜，应该还是不该，这些都要以义为标准。徐复观在他的《中国人性论史》一书中说道："义是一种道德判断，及由判断所树立的标准；此即朱子所说的'心之制，事之宜'。判断必有其对象……对象只是一种客观的实然的存在，其自身无所谓义与不义的问题。对此实然的存在而加以道德判断，由判断而决定相应的行为的标准，这才是义。"孔子说："君子之于天下也，无适也，无莫也，义之与比。"（《论语·里仁》）真正的君子对于天下人、天下事没有一个固定不变的模式与标准，既不一味地肯定、顺从，也不一味地否定、排斥，而是用义去进行判断，以义作为行为的准则和评价的标准。孟子认为，义是人本有之的羞恶之心所萌发，对善的肯定与遵循，对恶的否定与耻之，是一种正面的道德判断。王夫之说："夫所谓义者，唯推而广之，通人己、小大、常变以酌其所宜，然则于事无不安，情无不顺。”（《四书训义》）这里明确说明了义是从人己、小大、常变的关系中提炼出来的人类社会生活和行为的普遍适宜的度。它超越个别而成为一般，只有依据它才能对人类生活和行为做出公正合理的道德评价。

孟子在“言必信，行必果”的论述基础上，提出了一个“惟义所在”的概念。他说：“大人者，言不必信，行不必果，惟义所在。”（《孟子·离娄下》）“大人”就是通达的人。孟子在这里，当然不是倡导人言行不符，而是告诉人们做事时要坚持内心的道德标准，言行须以是否合于道义为标准，要始终把合于义理作为守信的出发点。朱熹对此解释说：“大人言行，不先期于信、果。但义之所在，则必从之，卒亦未尝不信、果也。尹氏云：‘主于义，则信、果在其中矣。主于信、果，则未必合义。’”（《四书章句集注》后来，朱熹明确指出，信不近义就不能称之为信，而且此类会“反害于信”（《朱子语类》）。他又指出，信之德并不是要求对任何人都“与露心腹”，要看对方是什么人，“有可说与不可说，又当权其轻重”（《朱子语类》）。北宋张载也认为：“君子宁言之不顾，不规规于非义之信。”（《正蒙·有德》）在许诺他人时，首先要“度其事之合义与不合义”（《朱子语类》），合义则可诺，不合义则绝不可诺。此外，即使合于义，也要看自己能力是否能办到，能做到则可诺，做不到则不可轻诺，一定要看自己“行得行不得”（《朱子语类》），量力而为。如果你对他人所许的诺言违背了义理，在信与义之间需要做出抉择时，自然应去信怀义。《论语·学而》篇中，孔子说：“信近于义，言可复也。”复就是践诺。就是说，只有当许诺的话符合义时，这个诺言才需要去兑现。现代生活中，背信与弃义也常相连。

朱　熹

儒家思想一向不倡导僵化的践履，而提倡有生活的灵活性和原则性的品德，合于义的诚信对人们来说才是真实的存在。由此可见，诚信与义是不可分的，也就是人们常说的“信义”。

四、儒家止于至善的境界

《礼记·大学》开篇即说：“大学之道，在明明德，在亲民，在止于至善。”大学是相较于涵盖礼、乐、射、御、书、数六艺在内的小学而言的，意为“大人”修身至道之学。“明明德”“亲民”“止于至善”便是“大学之道”的三纲领。“明明德”强调个体的道德觉悟，“亲民”侧重对民众的教化，“止于至善”则是两者的最终目标，也即达到极致完美的境界。

如何才能达到这一境界呢？诚意！诚是一种很高的道德境界。《中庸》中说：“诚者，不勉而中，不思而得，从容中道，圣人也。”诚是作为道德至尊的圣人的境界。一旦做到这种诚便可达到天人合一的境界。在圣人那里，他们本身就代表着诚，诚是一种先天道德自觉，是天性。因此，诚是天道，是天的本性。《中庸》中说：“诚之者，人之道也。”作为人道之诚，是人类模仿学习自然之道的结果，即人们效法这种天道在自身的道德境界上达到诚，那么诚也就成为一种人道了。一般的贤人必须“择善而固执之”，不断加强后天的积习，做到“博学之，审问之，慎思之，明辨之，笃行之”。只有这样，才能达到诚的境界。诚在《中庸》中是通贯天人、连接物我的一个哲学范畴，被赋予了伦理与哲学的双重内涵。“唯天下至诚，为能尽其性；能尽其性，则能尽人之性；能尽人之性，则能尽物之性；能尽物之性，则可以赞天地之化育；可以赞天地之化育，则可以与天地参矣。”（《礼记·中庸》）至诚是完全实现诚的境界，是诚的极致，自然能尽其性，并由此而尽人、物之性。

中国传统儒家之所以重视诚，除了它是沟通天道与人道的桥梁，更重要的原因在于诚是一切德行的基础和根本。所谓道德行为，即是真心向善，实心实意去履行自己的义务和责任，而不是做给别人看的。道德之所以为道德，之所以具有不可替代的巨大社会功能，全在于真实。因此，有诚方有德，无诚则无德，离开了诚所谓德势将会沦为空伪。在集中论述“诚”的《中庸》里，天道、人道、致中和、三达德、五达道、九经，以及成己、成人、成物等等，都离不开一个“诚”字，“不诚无物”，诚成为本体。

诚信是超越物质利益的道德至上。儒家所倡导的诚信是一种道德诚信，带有强烈的伦理道德色彩。它注重义气，追求道义，超越功利，体现了善和美的和谐统一。在儒家文化传统中，人们对于自身趋善求美的道德追求超越于物质利益需要的满足。在处理人的道德需求和物质需要的关系时，以道德需要为人的首要和本质的需要，认为人生的价值在于道德的不断完善，它高于物质利益需要的满足。先秦儒家诚信思想对诚信道德价值的追求正是尚善求美的体现。在义利之间，儒家以超越物利的道德至上性，遵循见利思义、重义轻利的原则，坚信“君子喻于义，小人喻于利”，追求诚实无欺的堂堂君子形象。同时，儒家认为：“儒有不宝金玉，而忠信以为宝。”（《礼记·儒行》）在追求物利的过程中，诚信就是检验君子的品质、品性的法宝。在儒家看来，诚信是人内心的道德自觉，具有超越物利的道德至上性。

同时，儒家诚信思想是与善、美紧密联系在一起的，并把崇尚善行作为自身的目标追求。尚善体现了儒家诚信之德的价值追求。在孔子看来，追求诚信的目的是为了求仁。仁是孔子对各种善的品德的总概括，是他全部学说的精髓，也是贯穿他一生的崇高理想。孔子毕生都在追求“修己以安人”“修己以安百姓”的求仁之道。《论语·阳货》载，子张问仁于孔子，孔子回答说能够处处实行“恭、宽、信、敏、惠”五种品德便是仁。各种德行都不外是仁的表现。“己所不欲，勿施于人”（《论语·卫灵公》）的忠恕之道，其理想是要达到“老者安之，朋友信之，少者怀之”的信用社会。儒家认为人道就是人之为人的道理，一个核心的观念就是人性本善，即人在本性上都是好的。因此，人应该是可以对他人做到诚信，也应该相信他人能做到诚信。在儒家的视野中，这是一种本然的状态。

提出性善论的孟子将信与善联系起来，认为：“可欲之谓善，有诸己之谓信。”（《孟子·尽心下》）意思是说，自身确实具有善德，就叫作信。尽管在今天看来，诚信是一种应然的状态，正如人性本善是一种理想一样。但这至少为人做到诚信提供了一个理由：诚信是道德的应然，是人作为人应当做到的，不诚不信就是违反了人善良的本性，不诚不信的人不是真正意义上的人。由此，诚信基础经历了一个由神到人、由天道到人道的转移。

在儒家看来，人们诚信思想的形成和实践是依靠人们自身的道德自觉自律去完成的，不需要法律的约束和制约。这种应然的、自律的诚信是主体最高层次的道德标准，也是先秦儒家主张通过积极主动的内心修养来实现的。怎样才能使诚信达到内心的道德自觉呢？先秦儒家认为，实现它的唯一途径就是修身，所谓：“意诚而后心正，心正而后身修，身修而后家齐，家齐而后国治，国治而后天下平。自天子以至于庶人，壹是皆以修身为本。”（《礼记·大学》）就是说，一个人道德修养高尚与否，关键在于是否具有内心的诚意。显然，人的诚信道德自觉也是如此。

诚意是道德修身的根本。宋代大儒朱熹在《大学章句》里说：“诚其意者，自修之首也。”将诚意看作道德修身的根本。《大学》的“八条目”中，以修身为主要内容的道德活动有格物、致知、正心、诚意、修身，认为诚意为修身之本。格物、致知是诚意、修身、知识储备和认识的基础，是修身成己的有效方法，是道德实践的必要准备。《大学》说：“此谓知本。”汉人郑玄注云：“本谓诚其意也。”明人倪岳亦云：“臣尝考之《大学》‘八条目’中，诚意是第一件切要的事。盖意诚则心可正，身可修，由是推之，家齐国治而天下平矣。”《大学》以诚意作为修身的根本，最

大学之道

终是要达到止于至善的目标。

古为今用

诚信是儒家思想中重要的伦理道德规范，也是中华民族的优秀传统之一。千百年来，中华民族以诚信无欺为自身的行为规范，把它作为立身之本。在人与人相处的社会关系中，诚信是提升道德修养的重要途径，是维系社会交往的重要环节。诚信无欺、言而有信是人际交往的重要法则，也是社会和谐稳定的重要基础。

儒家认为，诚信是社会交往中不可缺失的一环，直接关系到各种社会关系乃至社会关系的稳定与否。在经济全球化深入发展的今天，与物质生活不断进步形成鲜明对比的是诚信缺失问题日益凸显。利己主义、个人主义、拜金主义盛行，背信弃约的行径屡见不鲜，人与人之间缺乏信任、相互猜疑、相互提防、相互欺诈。诚信的缺失导致社会总体道德水准的下降，人际交往金钱化、趋利化，人与人之间感情冷漠、关系疏远，给社会和人们的生活带来极大的危害。经济学家厉以宁认为，一个国家的诚信体系崩溃不仅仅会造成经济上的损失，还将对整个社会体系带来深远影响。家人之间诚信缺失将会激发家庭矛盾，邻里之间诚信缺失将会激发社区矛盾。推而广之，最终将会激发整个社会的矛盾，影响社会的稳定与发展。

儒家认为，只有人人真诚无妄、恪守信用，才是一个社会健康的标志。以惟义所在为道德前提，遵循诚信无欺的立世准则，诚意修身，以止于至善的至高境界为终身追求，才能建立一个相互信任、相互信赖的良性人际关系。诚信思想是孔子忠恕思想的社会践行，“己所不欲，勿施于人”，希望别人能够以诚信待己，那么首先就要做到以诚信对待别人。因此，对诚信的践行也一直被儒家视为修身洁行的必备要义，是提升自身道德修养的重要途径。

诚信的坚持也是一个民族立足世界的精神资本。一个诚信缺乏的民族对内将是欺诈横行、经济无序、社会紊乱，对外则会受到其他国家的孤立与排斥。随着时代的发展进步，诚信的社会内涵与外在要求也在随之发生一些变化。但是，无论社会如何发展变化，诚信作为人际交往的基本要求与社会稳定的前提条件，作为中华民族最宝贵的优秀传统与精神财富，都将为人们认可与遵循。在广泛的社会生活领域中倡导和遵从诚信原则，有助于人与人之间、人与社会之间的沟通与协调，有助于合作、信赖关系的建立，有助于融洽和谐的人际关系的形成，也有助于家庭、社区、社会、国家的和谐稳定。

一、晏殊树信

晏殊（991—1055），字同叔，抚州临川（今江西省抚州市临川区）人。北宋著名文学家、政治家。晏殊生于宋太宗淳化二年（991），十四岁以神童入试，赐进士出身，授为秘书省正字，官至右谏议大夫、集贤殿学士、同平章事兼枢密使、礼部刑部尚书、观文殿大学士知永兴军、兵部尚书。他1055年病逝于京中，封临淄公，谥号“元献”，世称“晏元献”。晏殊以词著于文坛，尤擅小令，风格含蓄婉丽，与其子晏几道被称为“大晏”和“小晏”，又与欧阳修并称“晏欧”；亦工诗善文，原有集已散佚。存世有《珠玉词》《晏元献遗文》《类要》残本。

晏殊从小聪明好学，五岁就能创作，有“神童”之称。景德元年（1004），江南按抚张知白听说了这件事，将他以神童的身份推荐给朝廷。次年，十四岁的晏殊和来自各地的数千名考生同时入殿参加考试。晏殊神色自若，很快完成了答卷，受到真宗的嘉赏，赐同进士出身。宰相寇准为难道：“晏殊是外地人。”真宗回答道：“张九龄难道不是外地人吗？”过了两天，要进行诗、赋、论的考试。晏殊上奏道：“我曾经做过这些题，请用别的题来测试我。”真宗与大臣们商议后，出了另外一道题目，让晏殊当堂作文。

他的真诚与才华受到真宗的赞赏，授其秘书省正事，留秘阁读书深造。因为晏殊学习勤奋，交友持重，深得直使馆陈彭年的器重。三年，召试中书，任太常寺奉礼郎。

晏殊当职时，正值天下太平。京城的大小官员经常到郊外游玩，或在城内的酒楼茶馆举行各种宴会。晏殊家贫，无钱出去吃喝玩乐，便在家中和兄弟们读写文章。有一天，宋真宗提升晏殊为辅佐太子读书的东宫官。大臣们惊讶异常，不明白真宗为何做出这样的决定。宋真宗说："近来群臣经常游玩饮宴，只有晏殊闭门读书。如此自重谨慎，正是东宫官合适的人选。"晏殊谢恩后说："我其实也是个喜欢游玩饮宴的人，只是家贫而已。若我有钱，也早就参与宴游了。"

这两件事使晏殊在群臣中树立起了信誉。宋真宗也更加信任他，放心地对他委以重任了。

二、皇甫绩求责

皇甫绩（541—592）是隋朝有名的大臣。他三岁的时候父亲就去世了，母亲一个人难以维持家里的生活，就带着他回到娘家住。外公见皇甫绩聪明伶俐，又没了父亲，怪可怜的，因此格外疼爱他。韦家是当地有名的大户人家，家中富裕。由于家里读书的孩子多，外公请了个教书先生，在自家办了个学堂。皇甫绩和表兄们在学堂里读书。外公是个严厉的老人，尤其对他的孙辈们更是严加管教。开学时立下规矩，谁要是无故不完成作业，就按照家法重打二十大板。

有一天，上午上完课后，皇甫绩和几个表兄躲在一间已经废弃的小屋子里下棋。一时贪玩，不知不觉就到了下午上课的时间。大家都忘记做先生上午留的作业。第二天，这件事被外公知道了，他把几个孙子叫到书房里，狠狠地教训了一顿，然后按照规矩每人打了二十大板。外公看皇甫绩年龄最小，平时又很乖巧，再加上没有父亲，不忍心打他。于是，外公把他叫到一边，对他说："你还小，这次我就不罚你了。不过，以后不能再犯这样的错误。不做功课，不学好本领，将来怎么能成大事？"

皇甫绩和表兄们相处得很好，小哥哥们很爱护他。看到小皇甫绩没有被罚，心里都很高兴。可是，小皇甫绩心里很难过：我和哥哥们犯了一样的错误，耽误了功课，外公没有责罚我，这是心疼我。可是我自己不能放纵自己，应该按照学堂的规矩，重打自己二十大板。

于是，皇甫绩找到表兄们，求他们代外公责打自己二十大板。表兄们一听都笑了。皇甫绩一本正经地说："这是学堂的规矩，我们都向外公保证过，违犯规矩甘愿受罚。不然的话就是不遵守诺言。你们都按规矩受罚了，我也不能例外。"表兄们被皇甫绩这种信守学堂规矩、诚心改过的精神感动了，于是拿出戒尺打了皇甫绩二十下。

后来，皇甫绩做了大官，但是这种从小养成的信守诺言、勇于承认错误的品德一直没有丢。因此，他在世人中享有很高的声望。

三、张良诚实守信

汉代大将张良（约前 250—前 186）小时就是个尊敬老者、信守约定的好孩子。

张良小时，有一天悠闲地在桥上散步。有位老人穿着粗布短衣，走到张良跟前，把穿在脚上的草鞋丢到了桥下，看着张良说："你去把鞋给我捡回来！"

张良愣了一下，但是看他年老，就到桥下取回鞋子，递给他。

老人坐在桥头，眼皮也不抬一下，说："给我穿上。"

张良虽然纳闷，但想到对方是一老者，于是跪在地上给老人穿鞋。老人心安理得地伸出脚让张良把鞋穿上，然后笑着离开了。老人走了几步又转过身来，对着张良招手，示意张良到他跟前儿去。

张良走上前去，老人和蔼地对他说："我看你这娃不错，值得教导。五天后天一亮，和我在这里见面。"

张良行了个礼说："是。"

五天后，天刚刚亮，张良来到桥上。那个老人已经坐在桥头等着张良了。见到张良，老人很生气，说："现在天已经亮了，年轻人这么不守信用，和长辈有约还迟到，长大后还能有什么作为。五天以后，鸡叫时来见我。”说完，老人走了。

过了五天，鸡刚叫，张良就去了。老人又已经先到那里了。老人生气地说：“我已经听见三声鸡叫了，你怎么才来。五天以后，再早一点儿来见我。”

又过了五天，张良半夜就到桥上等着那个老人。过了一会儿，老人来了，高兴地说：“年轻人要成大事，就要遵守诺言。说什么时候到，就什么时候到。”

老人从怀里掏出一本又薄又破的书，对张良说：“读了这本书可以成为皇帝的老师。这话会在十年后应验。十三年后，你会在济北见到我，谷城山下那块黄石就是我。”说完，老人离开了。

天亮时，张良看老人送的那本书，原来是《太公兵法》，又叫《黄石兵书》。张良非常珍惜这本书，认真研读，从中领悟行兵打仗之法。同时，他时刻铭记老者的教诲，严格要求自己，立志永远做一个信守诺言的人。

后来，张良“运筹策帷帐之中，决胜于千里之外”，帮助汉高祖刘邦完成了统一大业。其机智谋划、文韬武略举世无两。后世敬其谋略出众，称其为“谋圣”。

四、七擒孟获

三国时期，蜀国的国君刘备去世以后，许多原来的归属国少数民族部落发动叛乱，夺取了蜀国很多土地。公元225年初春，诸葛亮率领大军出发，去平息叛乱。

临走的时候，马谡对诸葛亮说：“南方的少数民族倚仗地形险要，离都城又远，早就不服管了。即使我们用大军把他们征服了，以后还是要闹事的。用兵的办法主要在于攻心。丞相此次南征，只有叫南人心服，才能够长治久安。”马谡的话，正合诸葛亮的心意。

到了南方，诸葛亮打听到孟获不但作战勇猛，而且在南方中部地区各族中很有威望，就决心把孟获争取过来。于是诸葛亮下了一道命令，只许活捉孟获，不能伤害他。诸葛亮善于用计，蜀军和孟获军队交锋的时候，蜀军故意败退下来。孟获仗着人多，一股劲儿追了过去，中了蜀兵的埋伏。孟获的军队大败而逃，本人也被活捉了。

孟获被押到大营，心想这回一定没有活路了。没想到进了大营，诸葛亮立刻叫人给他松了绑，好言好语劝他归降。但是孟获不服气，说：“我自己不小心中了你的计，怎么能叫人心服？”诸葛亮也不勉强，陪着他一起骑着马在大营外兜了一圈，看看蜀军的营垒和阵容。然后问孟获：“您看我们的人马怎么样？”孟获傲慢地说：“以前我没弄清楚你们的虚实，所以败了。今天承蒙您带我看了你们的营垒、阵容，也不过如此，打赢你们也不难。”诸葛亮笑着说：“既然这样，咱们来个约定，如果我能抓到你七次，你就归顺蜀国，怎么样？”孟获答应了。

孟获被释放以后，回到自己的部落重整旗鼓，又一次进攻蜀军。但他本是一个有勇无谋的人，哪里是诸葛亮的对手，第二次又被活捉了。诸葛亮二话没说，把他放了回去。就这样又放又捉，一直活捉了孟获七次。

孟获第七次被捉的时候，诸葛亮还要再放，孟获却不愿意走了。他诚心诚意地说：“丞相七擒孟获，信守诺言，说到做到，待我可以说是仁至义尽了。我打心底里佩服，哪里能不遵守当初的约定呢？从今以后，不敢再反了。”孟获回去以后，还说服其他部落重新归顺了蜀国。

五、郭伋待期

郭伋（前 39—47），字细侯，扶风茂陵（今陕西省兴平市）人。他少有志行，为官刚正清廉，信义为先，一心为百姓谋福祉，是一个“治世能臣”。

郭伋在汉哀帝、汉平帝时期进入西汉帝国的大司空府后——“主管囚徒”的机构（相当于现在的司法系统），后升为渔阳郡（现北京市密云区）都尉。他做并州太守时，勤政爱民，常常微服私访，解决民生疾苦，整顿吏治，平反许多冤假错案，有功于民。因此，百姓一直感念他的恩义，敬仰他的为人。郭伋经过一县一乡，老老少少都夹道欢迎。

一次，郭伋到各地州县巡查吏治情况，带着几名随从骑马赶往西河郡美稷县。还没有进城，他就看到几百儿童各自骑着竹马，在道旁拜迎。郭伋问道：“你们为什么远来到此？”孩子们回答说，听说使君来到，家人非常高兴，所以让我们前来迎接。郭伋闻言赶忙下马，辞让致谢，在孩子们的簇拥下进了县城。

郭伋在美稷县衙详细阅读了近年所积案卷，有错判疑案的马上调出重新审理，又察访民情，慰问贫苦。所到之处，百姓欢欣，多有馈赠礼物者，一律不取。公事办完，他要到下一个县考察。刚到城门口，没想到孩子们骑着竹马又来相送，一直送到了城郊外，问郭伋哪一天返回再经过，到时还要来迎送。郭伋将日程告诉了他们。

郭伋在下一个县的巡查非常顺利，比原定日期早了一天回来。他为了不失信于孩子们，在野外亭中露宿了一夜，等到第二天才入城。

古语说：“是故诚者，天之道也；思诚者，人之道也。”意思是说，人应思诚而与天道相通，做到真实无妄、诚实无欺。因此，古人常用“至诚”的标准来规范自己，协调人与人的关系。在这一点上，郭伋确实做到了童叟无欺。他以太守之尊，与骑竹马的孩子在道边野外说的话，都不肯失信，何况重大的事情呢！回来早了一天，宁可夜宿山野小亭，也要信守诺言，因此才能成就伟大的功业。光武帝称赞他的德行说：“信之至矣。”后人以“郭伋待期”为重守约信之典实。

经典名句

1. 子夏曰：“贤贤易色；事父母，能竭其力；事君，能致其身；与朋友交，言而有信；虽曰未学，吾必谓之学矣。”

——《论语·学而》

【译文】子夏说：“看重实际的德行，轻视表面的姿态；侍奉父母能竭尽全力，服务君主能尽职尽责，与朋友交往能做到言而有信。这样的人即便他自谦说没有学习过，我也一定说他学习过了。”

2. 老者安之，朋友信之，少者怀之。

——《论语·公冶长》

【译文】［孔子的志向是］对老年人加以安抚，对朋友加以信任，对少年加以爱护。

3. 子曰：“主忠信，毋友不如己者，过则勿惮改。”

——《论语·子罕》

【译文】孔子说：“恪守忠诚信实的道德要求，不要和品德不如自己的人交往，有了过错就不要怕改正。”

4. 言必信，行必果，硁硁然小人哉！

——《论语·子路》

【译文】说话一定信实不反悔，做事一定果决不转变，这种是不问是非黑白而只管贯彻自己言行的小人呀！

5. 子张问仁于孔子。孔子曰：“能行五者于天下，为仁矣。”“请问之。”曰：“恭，宽，信，敏，惠。恭则不侮，宽则得众，信则人任焉，敏则有功，惠则足以使人。”

——《论语·阳货》

【译文】子张向孔子请教什么是仁。孔子说：“能遵行五种品德于天下，就是仁了。”子张说：“请问是哪五种品德？”孔子说：“恭敬，宽厚，信实，勤敏，慈惠。为人恭敬就不会受到侮辱，待人宽厚就能获得众人拥护，予人诚信就能得到别人的信任，做事勤敏就容易取得成功，对人慈惠则易使命于人。”

6. 大人者，言不必信，行不必果，惟义所在。

——《孟子·离娄下》

【译文】通达之人不一定说的每一句话都要信实，做的每一件事都要有结果，关键在于是否合于道义。

7. 儒有不宝金玉，而忠信以为宝。

——《礼记·儒行》

【译文】儒者不以金银玉帛为宝，是以忠信为真正的珍宝。

8. 所以讲信修睦，而固人之肌肤之会，筋骸之束也。

——《礼记·礼运》

【译文】人们依据礼义才能讲究诚信、重视和睦，如同肌肤之会、筋骸之束对人的作用一样，使各色人等能够融洽地相处在一起。

9. 诸侯以礼相与，大夫以法相序，士以信相考，百姓以睦相守，天下之肥也。

——《礼记·礼运》

【译文】诸侯之间以礼让相交，大夫们用法令相配合，士人们把信用作为成效，百姓们和睦相处，这就是个健康的世界。

10. 诚故信，无私故威。

——《正蒙·天道》

【译文】诚实故而能守信，无私心才能威严中正。

第六章

以和为贵　反求诸己

中国人常讲“家和万事兴”。以血缘亲情连接起来的中国传统家庭对和这一德目格外重视。二十世纪二十年代，英国著名哲学家罗素在他的《中国问题》一书中曾说过：“中国至高无上的伦理品质中的一些东西，现代世界极为需要。这些品质中我认为和气是第一位的……若能够被全世界采纳，地球上肯定会比现在有更多的欢乐祥和。”中华传统文化以和为贵的重要价值理念，不仅反映出人们对和谐人际关系的向往与追求，而且对当前我国社区（乡村）文明建设，以及社会主义和谐社会构建都具有十分重要的借鉴意义。

一、“和”字的由来及其意蕴

早在西周早期的金文中，“和”字就已经出现。“和”字的初始意思，是指音乐中的协调或是饮食中的调和。因为“和”字蕴含了多种事物的协调统一，其后寓意由饮食、音乐扩展到自然、政治以及人际关系，逐渐演化成为人们对美好状态的一种向往与认可。如《尚书》中说：“百姓昭明，协和万邦。”（《尧典》）“庶政惟和，万国咸宁。”（《周官》）“八音克谐，无相夺伦，神人以和。”（《舜典》）这些都是关于国家、政事，乃至人与神之间和谐相处状态的展现。“万物并育而不相害，道并行而不相悖。”（《礼记·中庸》）“和”不是单一事物的简单叠加，而是在尊重事物多样性的前提下不同事物、不同元素协调一致、融洽共存的一种状态，反映在人际关系中就是人与人之间的和谐共处。《经籍籑诂》释为：“和，谐也。”这里的“和”解释为人与人之间关系和谐、和睦。

“同”是与“和”字面意思颇为相近的一个字，但反映在人际交往中，两个字的意义却截然不同。当代著名哲学家冯友兰先生曾就“和同之分”做过论述：“在中国古典哲学中和与同不一样，同不能容异；和不但能容异，而且必须有异，才能称其为和……客观辩证法的两个对立面统一的局面，就是一个和。两个对立面矛盾斗争，当然不是同，而是异；但同出于一个统一体中，这又是和。”同是相同事物的叠加，和是不同事物乃至对立事物的和谐统一。“和同之辨”最早源于春秋时期的史伯：“夫和实生物，同则不继。以他平他谓之和，故能丰长而物归之；若以同裨同，尽乃弃矣。”（《国语·郑语》）“和”就是事物的多样性统一，是不同事物重合且相互得以均衡，从而催生万物；“同”则否定了事物的差异性，只是相同事物的简单叠加，这样事物将难以为继，最终走向灭亡。“和实生物”从宇宙观出发，阐明了“和”是万物生成所应遵循的基本前提和必要原则，有“和”才有万物。正因为“和”在万物生成中的重要性与不可替代性，所以从宇宙观反射到政治、生活当中，就应当以和为贵。

春秋末期的晏婴以做汤与奏乐为例，通过打比方对和与同的区别给予了更直观的解释，让人们更加容易理解两者之间的区别。《左传·昭公二十年》中记载，一天，齐景公问和、同可有区别？晏婴说两者是相异的，好比做汤，厨师将水置于火上，然后放入主料、辅料，按照合适的比例加以恰当地调制、烹饪，调料的多少、火候的掌控都需要达到一种和谐的状态，最后才能做出一锅好汤；好比乐曲演奏，多种乐器相互配合，声音有洪亮有低沉，节奏有疾有缓，各音节配合一致才能奏出美妙的乐章。这就是和。同则是“以水济水”“琴瑟之专壹”。如果做汤时只是烧一锅水而不添加其他佐料，只是反复添水，最后做出来的能叫作汤吗？“谁能食之？”演奏时，琴瑟从头到尾只有一个音调，一个节奏，那演奏出来的能叫作音乐吗？“谁能听之？”这就是史伯所说的“同则不继”。

晏 婴

《尚书》中曾提出“维齐非齐”的概念，承认事物的多样性与差异性是做到真正“齐”的客观前提。这也正是和区别于同的一个重要特征。只有明确这一客观存在，才能平衡不同因素之间的矛盾对立，最终做到多样因素的和谐统一，也就是“和”。否认这一客观存在，将单一性作为事物的唯一特征，甚至为求所谓的一致而牵强附会，结果只会适得其反，也就是所说的“同”。

维齐非齐

二、以和为贵的价值追求

道家讲道法自然，对和的重视不言而喻。老子讲：“万物负阴而抱阳，冲气以为和。”“知和曰常，知常曰明。”老子认为万物都有阴阳两面，阴阳交互作用达到和谐的状态。和可谓世间万物生长存在的必然前提，人们应该明白平衡和谐为贵的道理。但老子模糊了和、同的差异。在他那里，和、同是可以相互替代的：“塞其兑，闭其门，挫其锐，解其纷，和其光，同其尘，是谓玄同。”（《道德经·五十六章》）“和光同尘”就是不加区分地予以混合。在这一点上，讲究积极入世，以修身为己任的儒家显然要进步和高明得多。孔子曾鲜明地表达了对和、同不一样的立场，并将其作为区分君子与小人的重要标准：“君子和而不同，小人同而不和。”（《论语·子路》）杨伯峻先生在《论语译注》一书中译为：“君子用自己的正确意见来纠正别人的错误意见，使一切都做到恰到好处，却不肯盲从附和。小人只是盲从附和，却不肯表示自己的不同意见。”这一点反映在为政上，就是晏婴所举的君臣之例。在以做汤、奏乐打比方后，晏婴继续说：“君所谓可而有否焉，臣献其否以成其可；君所谓否而有可焉，臣献其可以去其否。”（《左传·昭公二十年》）国君认为可的，如果里面有错的因素，做臣子的就应该指出其中的错误，最终完善国君的可；国君认为不可的，如果里面有对的因素，臣子就应该指出对的方面，最终纠正国君错误的认识。不因君臣之分而盲目附和，这是“和”。反之：“君所谓可，据亦曰可；君所谓否，据亦曰否。”国君认为可，臣子就说可；国君认为不可，臣子就说不可。国君怎么说，臣子就怎么附和，不管对错，毫无原则，这就是“同”。这是和与同在为政方面的例子。现实中反映到人际关系的处理上也是一样。孔子说：“君子易事而难说（通‘悦’）也。说之不以道，不说也；及其使人也，器之。小人难事而易说也。说之虽不以道，说也；及其使人也，求备焉。”（《论语·子路》）君子求和以道，小人求和往往是求全责备而丧失原则。现实中确有这么一种老好人，看似忠厚老实，跟谁都唯唯诺诺，各处讨好，八面玲珑。“好好先生”的背后却是言行不一，趋炎媚俗，毫无道德原则，这种人被称为“乡愿”。孔子对这种人是十分厌恶的。他说：“乡愿，德之贼也。”（《论语·阳货》）孟子对其释为：“非之无举也，刺之无刺也，同乎流俗，合乎污世。居之似忠信，行之似廉洁，众皆乐之，自以为是，而不可与入尧、舜之道，故曰‘德之贼’也。”（《孟子·尽心下》）这种不分是非，“乡人皆好之”的行为就是同。它看似表面一团和气，实则走向了和的另一端，完全违背了和的初衷。

好好先生

以德为据的儒家在表明对无原则的同反对的同时，将和视为最高的价值追求。

孔子的弟子有若说："礼之用，和为贵。先王之道，斯为美。"（《论语·学而》）贵是一种价值衡量标准，以和为贵体现了儒家将和视为礼的最高价值追求。"斯为美"中一个"美"字，也代表了和在为政方面举足轻重的地位。在天时、地利、人和三者之间，孟子毫不犹豫地将人和摆在首位。他说："天时不如地利，地利不如人和。三里之城，七里之郭，环而攻之而不胜。夫环而攻之，必有得天时者矣；然而不胜者，是天时不如地利也。城非不高也，池非不深也，兵革非不坚利也，米粟非不多也；委而去之，是地利不如人和也。故曰：域民不以封疆之界，固国不以山溪之险，威天下不以兵革之力。得道者多助，失道者寡助。寡助之至，亲戚畔之；多助之至，天下顺之。"（《孟子·公孙丑下》）在孟子看来，社会群体的和谐高于一切，人和才是王道的根本。为政者与百姓相处和谐，人心上下团结一致，最终就能"多助之至，天下顺之"。荀子将和视为万物生长的根本。他说："万物各得其和以生。"（《荀子·天论》）《周易》说："乾道变化，各正性命，保合太和，乃'利贞'。首出庶物，万国咸宁。""太和"是描述出的一个世间万物和谐并育的最高境界，是矛盾双方处于一种最佳和谐、统一协同的关系和状态。万物也只有在这种高度和谐统一中，才能获得最佳的生存状态和发展方式。这是一个亘古不变的真理。

以和为贵是和在人际关系应用中的道德原则，是人与人融洽相处的道德戒律，也是社会和谐、共存发展的必然条件。"家和万事兴。"在一个家庭中，如果一家人和睦融洽，家庭成员个个人心欢悦，上下同心，那么家庭中碰到一些困难就会迎刃而解；邻里之间关系和谐，互帮互助，相互支持，遇到问题就能携手共渡难关。反之，如果一家人个个关系紧张，争吵不断，每天带着负面情绪去做事，自然也就事事不顺；邻里之间相互看不顺眼，今天我背后说你坏话，明天你暗地给我家下绊脚，不仅会两败俱伤，而且会影响社会和谐。

三、反求诸己的和谐理念

前面所说，"礼之用，和为贵"是指和作为礼的最高价值追求，是礼的目的和功用所在。和是各种事物、因素相互作用、均衡共存的一种状态，是不同事物的多元化统一，而非单一事物的简单叠加。正因为和不是如此简单的达成，在现实生活的人际交往中才会显得弥足珍贵。这种均衡、共存需要作为和谐整体组成部分的各种因素相互配合，相互付出，反映到人与人之间就是要求人们相互谦让，尤其要从自身做起。关于这一点，儒家一向强调“为仁由己”，突出强调个体的道德自律。正如修建军在《中华伦理范畴——和》一书中所说：“在中国传统伦理发展史上，和更普遍地被诉诸追求人伦之和。它在更多的时候被作为一种道德要求。对于个体而言，和既是一种理想人格的追求，同时和还必须内化为自我的内在的精神素养。”

承认事物差异性是达成和的前提条件。现实生活中，人与人肯定是不尽相同的。不管是家人之间，还是邻里之间，意见难免会有分歧，这时候就会有矛盾或者争执出现。当这种矛盾或争执出现的时候，我们该如何处置呢？是从自身寻找原因，还是一味去追究别人的过错呢？传统儒家强调：“君子有诸己而后求诸人；无诸己，而后非诸人。”（《礼记·大学》）在道德束律上先己后人。“正己而不求于人”，要做到“上不怨天，下不尤人”（《礼记·中庸》）。孔子说：“躬自厚而薄责于人，则远怨矣。”（《论语·卫灵公》）他将“君子求诸己，小人求诸人”（《论语·卫灵公》）作为衡量君子、小人的标准。当分歧出现的时候，孔子明确地告诉人们应先从自身去反省，而不是去怨天尤人。

从道德修养的角度来看，传统儒学可视为为己之学。“古之学者为己，今之学者为人。”（《论语·宪问》）这里的“为己”“为人”与今意截然不同，程子释为：“为己，欲得之于己也；为人，欲见知于人也。”（《朱子集注》）今天我们所说的“为己”“为人”是从谋取利益的角度出发，而孔子所说的“为己”是从修身出发，旨在充实自己，提高自身的德行修养。“为人”是做给别人看的，意在哗众取宠，沽名钓誉。《礼记·大学》说：“自天子以至于庶民，壹是皆以修身为本。”君子是儒家学说中所推崇的理想人格。修身在儒家看来，是成为君子的必由途径。诚如杨国荣所说：“如果说‘为己’主要从道德涵养的目标上肯定了自我的价值，那么‘求诸己’则从道德实践及德行培养的方式上确认了自我的能力及价值，二者从不同的方面表现了对个体（自我）的注重。”儒家强调修身由己。《论语》中这类反躬自身的句子比比皆是，如：“不患人之不己知，患其不能也。”（《宪问》）“不患无位，患所以立；不患莫己知，求为可知也。”（《里仁》）“君子病无能焉，不病人之不己知也。”（《卫灵公》）诸如此类。

孟子发展了孔子的这一思想，明确提出了“反求诸己”的修己观念。反求诸己在《孟子》中凡二见，一则《公孙丑上》，一则《离娄上》。“反”字，许慎《说文解字》中注：“反，覆也。”颜师古说：“反，谓之回还也。”可见，反求诸己就是教人遇事要返还己身，先从自身找寻症结所在，“不怨天，不尤人”。

“君子所以异于人者，以其存心也。君子以仁存心，以礼存心。仁者爱人，有礼者敬之。爱人者，人恒爱之；敬人者，人恒敬之。”孟子认为，君子以仁和礼存心，待人以仁、以礼，那么别人自然也会爱之、敬之。如果不然呢？我待人以仁却得不到善意回应，待人以礼却没有换来以礼相报。孟子接着又说：“有人于此，其待我以横逆，则君子必自反也，我必不仁也，必无礼也，此物奚宜至哉？其自反而仁矣，自反而有礼矣，其横逆由是也，君子必自反也，我必不忠。”（《孟子·离娄下》）横逆就是蛮横粗暴的意思。别人待我蛮横粗暴，那么君子首先就会反思自己有没有以仁相待，有没有以礼相待。如果仍是蛮横，君子就会再次自省有没有尽心竭力的待之以仁、待之以礼。孟子总结说：“爱人不亲，反其仁；治人不治，反其智；礼人不答，反其敬。行有不得者皆反求诸己，其身正而天下归之。”（《孟子·离娄上》）爱护别人，别人却不亲近于我，这时就要反躬自省是不是自己仁德不够；管治别人却没有好的效果，就要反躬自省是不是自己才智不够；待人以礼却没有得到回应，就要反躬自省是不是自己恭敬不够。所行所为没有达到预期的效果，都要反躬自省是不是自己还有哪些地方做得不够。

传统儒家常常以射箭来比喻修身。如孔子说：“射有似乎君子。失诸正鹄（hú），反求诸其身。”（《礼记·中庸》）孟子由此延伸，以射喻仁：“仁者如射，射者正己而后发，发而不中，不怨胜己者，反求诸己而已矣。”（《孟子·公孙丑上》）射箭必须要先正心，心正身直然后才能射出。然而箭未中标靶，君子不会去抱怨天气，埋怨对手，而是会先从自身查找不中的原因。东汉赵岐在《孟子注疏》中对此章解释说：“以其射者，必待先正其身，己然后而发射之也。盖君子以仁存心，其爱人则人当爱之，犹之正己而后发也。有人于此待我以横逆，犹之发而不中也。自反而不以则诸人，犹之不怨胜己者，反求诸己而已矣。”反求诸己是君子修身所持的根本原则和基本态度，事情不顺利，遇到挫折和困难，要先从自身找原因。如程子所说：“君子之遇艰阻，必反求诸己，而益自修。”（《二程全书·伊川易品三》）

程　颢

程　颐

从另一个角度而言，反求诸己就是严于律己，宽以待人。孔子说：“躬自厚而薄责于人，则远怨矣。”（《论语·卫灵公》）人与人之间产生矛盾时，要求责于自己，而不是从对方身上挑毛病、找借口，这样就能远离怨恨，人际关系也就趋于和谐了。朱子《论语集注》说：“责己厚，故身益修；责人薄，故人易从。所以人不得怨之。”“责己厚”“责人薄”本身就是一个道德提升、修身养性的途径。孔子所说的“恕”也就是：“己所不欲，勿施于人。”（《论语·卫灵公》）不以己之所恶加诸他人：“我不欲人之加诸我也，吾亦欲无加诸人。”（《论语·公冶长》）推己及人就是强调个人道德自觉意识，鼓励人们为创建和谐氛围而增强道德自律，造就君子人格。人们常说：“小人无错，君子常过。”这看似矛盾颠倒的两句话，实则包含了儒家推崇的反己修身的君子之风。因为遇事以后，小人从不会认为自己有过错，第一反应就是寻找他人的过错；君子恰恰相反，总会先从自身找原因，因此看起来常有过错。《礼记·坊记》说：“君子贵人而贱己，先人而后己。”凡事看重别人，先去顾及别人的感受，这样人们相互之间就能多些宽容与谅解，社会自然也就会温馨和谐了。如果矛盾产生以后只盯着对方的不是，而不反躬自省，从自身寻找原因，结果只会增加怨恨，激化矛盾。各自责，天清地宁；各相责，天翻地覆。

四、贵和尚中的处世之道

如何才能和之以道而不偏执呢？如前所说，和是不同事物、不同因素协调统一存在的状态，是事物的多元化统一。众多因素要达到协调统一，就要求作为组成部分的各个因素要各得其所，也就是儒家所强调的“位”。作为整体的组成部分之一，各种因素要处于自己应处的位置，各得其所、各安其位，相辅相成。这样才能共同组成一种均衡、稳定的状态，也就是和。程子说：“位者，所出之分也。万事各有其所，得其所则止而安。”“万物庶事莫不各有其所，得其所则安，失其所则悖。圣人所以能使天下顺治，非能为物作则也，唯止于各于其所而已。”（《二程集·周易程氏传卷第四》）程子认为，“得其所”才是“安”的缘由，才是“天下顺治”的根本。《周易》中对“位”也是格外重视的：“天尊地卑，乾坤定矣；卑高以陈，贵贱位矣。”（《易·系辞》）孔子讲：“君君，臣臣，父父，子子。”（《论语·颜渊》）“不在其位，不谋其政。”（《论语·宪问》）曾子说：“君子思不出其位。”（《论语·宪问》）这些都是对“位”的强调。只有作为整体一部分的各个因素认清角色，找准位置，“得其所”“安其位”，各个部分才能和谐共存，从而整体也才能顺利发展。

有子以“贵”以“美”形容“和”后，接着又说：“小大由之。有所不行，知和而和，不以礼节之，亦不可行也。”（《论语·学而》）对此，钱穆先生认为：“节，限别义。如竹节，虽一气相通，而上下有别。父子夫妇，至为亲密，然双方亦必有别，有节限，始得相与成和。专一用和，而无礼以为之节，则亦不可行。”礼该如何节？各因素又该如何“各得其所”？对此，儒家提出了“中和”的概念。“致中和，天地位焉，万物育焉。”（《礼记·中庸》）只要做到中和，天地各安其位，万物就会有序生长。对于中与和，《礼记·中庸》解释为：“喜怒哀乐之未发，谓之中；发而皆中节，谓之和。中也者，天下之大本也；和也者，天下之达道也。”喜怒哀乐等情绪还未迸发时，人处于一种理性中正的状态称之为中；生发以后，所行之事合乎中，合乎礼节称之为和。中和也就是儒家所倡导的核心道德标准——中庸。“不偏之谓中。”“不易之谓庸。”无过不及。孔子对中庸之道推崇之至。他说：“君子之中庸也，君子而时中，小人之反中庸也，小人而无忌惮也。”（《礼记·中庸》）“中庸之为德也，其至矣乎！民鲜久矣。”（《论语·雍也》）作为不变的定理，中是和的前提，同时也是行事中衡量是否达到和的标准。如程子所说：“使万物无一失所者，斯天理，中而已。”（《二程集》）譬如前面晏婴所举做汤、奏乐的例子。厨师做汤时将主料、辅料放入锅中，各种调味的搭配多一分不可，少一分

中庸之道

也不行。只有恰如其分，同时又把握好火候，才能做出一锅让人满意的汤，这就是中，就是和谐。再如奏乐，各类乐器共同演奏，根据乐曲，每种乐器在不同阶段都要有不同的表现，清、浊、疾、徐、小、大、短、长，相互配合，才能共同演奏出一曲美妙的音乐，这叫作中，谓之和谐。遵循以和为贵，崇尚中庸之道的贵和尚中的道德理念，已成为了中华民族传统文化的基本精神，也是实现人与人之间和睦相处的万全法则。

“反求诸己”突出强调了“己”的重要性。这意味着人们要依照自己的位置、角色，在反躬自省的过程中做好自己应做的事情。角色的不同代表着对各自的要求也是不同的，只有认清这一点，才是真正的“求诸己”。孔子说：“君君，臣臣，父父，子子。”做父亲的要反思对孩子有没有过分严厉，做孩子的要反思对父母有没有尽到孝心，做兄长的要反思有没有对弟弟做到友善，做弟弟的要反思有没有对哥哥做到恭敬。邻里之间出现矛盾时，要反思自己有没有从平等的角度去处理这件事情，不管你多么富有，多么有权势。各安其位，各司其职，同样适用于家庭、邻里关系的处理。只有当大家从自己的位置出发，做到自己应该做的事情，尽到自己应该尽的责任，互相谅解，互相支持，才能真正做到人际关系的和谐共处。

反求诸己是君子自我反省体察，修身求仁的基本态度，但也应该以遵循中庸之道为旨归。求诸己不等同于一味无原则的忍让，而是在反复省己并确认自己合乎仁德、尽心竭力之后，确定自己无过错，则“自反而忠矣，其横逆由是也”（《孟子·离娄下》）。对此，孟子说：“此亦妄人也已矣。如此，则与禽兽奚择哉？于禽兽又何难焉？”（《孟子·离娄下》）孟子认为，这种人只是个狂妄的人罢了，跟禽兽没有什么区别，对于禽兽又有什么好责怪的呢？对于这种“妄人”，如果为求得所谓的和谐共处而一味谦让，也就是有子所说的“知和而和，不以礼节之”，就不符合中和之道了。

古为今用

和是中华传统文化的核心理念之一，以和为贵是中国传统儒家在处理人际关系时，将和作为重要价值追求的具体展现，是化解人际矛盾、平衡社会关系的指导原则。在日益全球化的今天，多元文化的融入为人们带来了物质条件的全面提升，也对人们传统的价值观产生了很大冲击。奉行个人主义、自由主义的西方思潮随着改革开放的浪潮而来，里仁为美、礼尚往来等中华优秀传统美德正经受着重重考验。经济建设方面，我们用三十多年的时间就走完了欧美国家一百多年的发展之路，这是我们引以为豪的地方。然而，精神文明建设、社会道德建设却远远没有跟上经济发展的步伐，并与物质生活快速提升形成鲜明的对比。比如：家庭观念变得淡薄，父母、儿女之间的亲情演化有着明确功利主义的“人情”交易；乡村邻里关系日趋冷漠，生活在社区这一“同一屋檐下”的左邻右舍彼此没有沟通、互动，甚至出现老死不相往来的冷漠现象；为追求个人利益最大化而带来的畸形价值观时有出现，这也是人与人之间关系紧张、社会不和谐现象的重要原因。班固在《汉书》里面说：“福善之门莫美于和睦，患咎之首莫大于内离。”抛却传统家庭中男尊女卑、家长作风的封建等级思想，以相互尊重为前提，夫敬妇齐、父慈子孝、兄友弟恭、长幼有序，家庭最美莫过于家人之间的和睦相亲，而离心离德则是家庭最大的祸患。邻里之间也是如此，共同生活在一个区域内，朝夕相处，抬头不见低头见，每个人、每个家庭的生活习惯、个人爱好又不尽相同，生活中出现摩擦、产生分歧在所难免。此时，邻里之间就需要增强彼此间的理解与宽容，求同存异、相互谦让。邻里之间不因富贵贫穷而有上下高低之分，每个家庭都是一个平等的个体，得势者不仗势欺人，强者不恃强凌弱。生活在同一社区的人们，只有互帮互助、相互扶持，才能有自身家庭的和美，才能有社区环境的和顺，推及社会亦是如此。

以和为贵是人们对和谐景象的美好向往，是家庭和睦、社区和顺、社会和谐的必要条件；反求诸己则是修身齐家、达成和谐的必由途径，也是提升公民道德修养，培育社会主义核心价值观的必然方式。我们要从先哲的思想中汲取生活智慧，充分认识并在生活中予以切实践行。在提升物质生活的同时，应该坚持奉行以和为贵的道德理念，坚持反求诸己的修身原则。只有这样，才能共同构建一个快乐祥和的和睦家庭，才能共同创建一个富足安宁的和谐社区、乡村乃至社会。

一、将相和

廉颇（生卒年不详）是赵国的一名杰出的将军。赵惠文王十六年，廉颇率兵攻打齐国，一举大败齐军，攻占了阳晋（今山西省永济市虞乡镇西南）。此后他被封为左上卿，以勇猛善战闻名各诸侯国。

赵惠文王得到世上稀有的宝玉——楚国和氏璧，秦昭王欲以十五座城换取和氏璧。这看似公平的交易，实则是国力强大的秦国欲强取豪夺，借机彰显大国威慑力。面对这一“鸿门宴”，赵王一时没了主意。这时，宦官缪贤推荐他的门客蔺相如（生卒年不详），认为蔺相如智勇双全，遇事灵活机动，是个可造之才，可以出使秦国。蔺相如不辱使命，带璧出使秦国，与秦王当庭力争，不惜以命相搏，最终完璧归赵。赵王遂封蔺相如为上大夫。公元前 279 年，蔺相如又随赵惠文王到渑池（今河南省渑池县西）与秦王相会，靠其机智与勇敢使赵王未受辱于秦。归国后，赵王封蔺相如为右上卿，位列廉颇之上。

这让自认居功至伟的廉颇心有不甘。廉颇说：“我是赵国的大将，有攻城野战的大功；蔺相如只凭言辞立下功劳，职位却在我之上。再说，相如本来是卑贱之人，自己的职位在他之下，我感到羞耻。”廉颇扬言：“我若遇见蔺相如，一定要羞辱他一番。”蔺相如听到这些话后，不肯和他碰面，每逢上朝时常常推说有病，不愿跟他争位次。过了些时候，蔺相如出门，远远看见廉颇，就掉转车子避开他。

蔺相如的门客规谏说，我们离开亲人来侍奉您，是因为仰慕您的高尚品德节义。现在您与廉颇职位相同，他口出恶言，您却害怕他、躲避他，怕得太过分了。就是普通人对这种情况也会感到羞耻的，更何况是将相呢！我们没有才能，请允许我们告辞离开吧。蔺相如执意挽留他们，说："你们看廉将军与秦王相比哪个厉害？"门客都说，廉将军不如秦王厉害。蔺相如说："以秦王那样的威势，我蔺相如却敢在秦国的朝廷上严词以对，据理力争。蔺相如虽然才能低下，难道偏偏害怕廉将军吗？我只不过是想，强大的秦国之所以不敢轻易对赵国用兵，是因为有我们两个人在啊！现在如果两虎相斗，势必不能共存。我之所以这样做，是因为以国家之急为先而以私仇为后啊。"

廉颇听到这些话后，明白了蔺相如的用意，深感惭愧，于是脱去上衣，背上绑着荆条，来到蔺相如家的门前请罪，说："我这个粗陋浅薄的人，想不到您宽容我到这样的地步啊。"两人遂尽弃前嫌，成为至交，一文一武同心协力辅佐赵王，保卫赵国。

二、陈昉（fǎng）百犬

宋朝陈昉（生卒年不详）有一个备受瞩目的家庭。陈家上下十三代，有七百多人，共同生活在一起。他们的祖先陈崇德高望重，为家族制定了严格的家规，希望子孙后世恪守不移，代代相传，从而使淳朴厚道的家风能够传承下去，至久不息。

到了陈昉主持家务的时候，家道依然厚朴善良。陈昉为人温和厚重，以身作则，勤勤勉勉，使得陈氏家族枝繁叶茂，代有贤人，全家上下充盈着一派吉祥和顺的景象。

家族人数如此众多，他们的生计如何维持呢？原来，陈家的子弟都克勤克俭，保持着俭约朴实的生活习惯。一切事务尽可能自己动手来完成，从来都不委用仆役或者婢女。"习劳知感恩。"孩子们从小沿袭淳厚俭朴的家风，了解物力维艰的道理，知道一切都来之不易，所以他们能够刻苦耐劳，知足常乐。

陈昉家中矗立着厅堂，非常阔大，能够容纳七百多人共聚一堂用餐。每到吃饭的时候，大家都穿着整齐，扶老携幼来到厅堂中。彼此见了面，感到分外地亲切，互相问长问短，问寒问暖。他们按照年龄的先后次第而坐，大人坐在一个区域，孩子们另外坐在一起，可谓长幼有序，条理井然。

全家上下，只要还有一位未到，大家一定会静静地等待，直到所有人到齐了才开始用餐。吃饭之时，厅堂中悄无声息。等到都吃完了饭，大家才开始畅聊起来，有的谈天说地，侃侃而谈；有的低声细语，寒暄问候，互问短长。这是全家共有的幸福时光，是其乐融融、最感亲情温馨的交融时刻。许多家族性的问题也常于此时及时沟通解决，避免了各自为政的误会与猜疑。

陈昉家中养了一百多条大大小小的狗，性情温顺。更有意思的是，这群“家教”严格的狗，全都是在同一个大槽里用食。主人们为家狗做了很好的示范，所以它们各个都温顺而又乖巧。每到用食的时候，它们携家带口地来到大槽前，彼此摇着尾巴，以示问候。几条老狗威武地站在狗群旁边，原来是在清点数目。它们发现阿平家的大狗还没有来。左等右等，终于看到一只强壮的大狗气喘吁吁地跑了过来。原来，今天主人为它洗了个澡，还理了理身上的毛，这才耽搁了用餐的时间。它摇着尾巴向大家表达歉意。直到此时，一百多条狗才开始尽情享受它们的用餐时光。

陈家人上下同心、喜气盈人的祥和气氛连狗都受到感染。乡里人见到这种情形深受感动，纷纷起而效法，使得那一带的风俗日渐淳朴厚道。

三、小人无错　君子常过

村子里有两户人家。东边的王家家人经常吵架，互相埋怨，生活得十分痛苦；西边的李家家人和谐融洽，人人笑容满面，生活得快乐无比。

有一天，王家的户长实在忍受不了家庭的战火，于是来到李家，请教他们是怎么做到和睦共处的。

老王问：“你们为什么能让家里永远保持愉快的气氛呢？”

老李回答：“因为我们常做错事。”

老王正感疑惑时，忽见老李的媳妇匆匆由外归来，走进大厅时不慎跌了一跤。正在拖地的婆婆赶紧走过去，扶起她说："都是我不好，把地拖得太湿了。"

站在大门口的儿子，也跟着进来懊恼地说："都是我的错，没告诉你正在拖地。"

被扶起的媳妇则愧疚自责地说："不！不！是我的错，都怪我自己太不小心了。"

前来请教的老王看了这一幕，心领神会，他已经知道答案了。

如果拖地的婆婆一开始就责怪跌倒的媳妇："怎么走路慌三忙四的，也不好好看看路。"其他家人若不理会她的感受，跟着横加指责，或看笑话，那么李家还会有和谐融洽的气氛吗?

俗语说："小人无错，君子常过。"这看似矛盾的话语细想之下却令人警醒。有些人遇到问题第一反应就是从别人身上挑毛病，似乎自己永远不会犯错；还有一种人恰恰相反，遇事首先反观自身，从自己身上找过错。先从自身还是先从别人身上找问题，是君子与小人在遇到问题时的明显区别。因此，看上去君子时常有过错，而小人在他自己看来永远不会犯错。同样，君子与小人这两种不同的行事态度，也会导致不同的结果。事事反求诸己的君子看到自己要提升的地方，不仅可以大事化小，小事化了，也会赢得别人的尊重；小人抱着都是别人的错的心态，就很难与身边的人相处，事情也会越弄越糟。

如同和睦的李家，家人会在第一时间诚恳地检讨自己。"都是我的错"是一种自律，让自己不断提升；"都是我的错"是一种胸怀，时刻为别人着想；"都是我的错"是一种美德，让彼此之间的心更近；"都是我的错"是一种难得的修为，真修当不见世人过；"都是我的错"自净其意，长养身心。

四、一封表扬信

飞机上有一位乘客在飞机刚要起飞时，请空姐给他倒一杯水吃药。

空姐很有礼貌地告诉他，为了安全，等飞机平稳后，会立刻把水送过来。十五分钟过去了，飞机早已进入了平稳飞行状态。突然，服务铃急促地响起来。空姐猛然意识到：糟了，由于忙，竟忘了给那位乘客倒水了！她来到客舱，小心翼翼地把水送到他跟前，面带微笑地说："先生，实在对不起，由于我的疏忽，延误了您吃药的时间，非常抱歉。"乘客抬起左手，指着手表吼道："怎么回事，有你这样服务的吗？"无论空姐怎样道歉，这位乘客都不肯原谅她。

接下来的飞行中，为了弥补自己的过失，空姐每次去客舱服务都会特意走到那位乘客面前，面带微笑地询问他是否需要水，或者别的什么帮助。然而，乘客余怒未消，不理睬她。飞机快要降落了，乘客要求她把留言簿送过来，他要投诉这位空姐。此时空姐心里虽然委屈，但是仍然报以微笑："先生，请允许我再次向您表示真诚的歉意。无论您提出什么批评，我都会欣然接受。"那位乘客脸色一紧，欲言又止，接过留言簿开始写起来。

飞机安全降落，乘客陆续离开。空姐打开留言簿却惊奇地发现，那位乘客写下的并不是投诉信，而是一封热情洋溢的表扬信。在信中，空姐读到这样一句话："在整个过程中，你表现出的真诚的歉意，特别是你的十二次微笑深深打动了我，让我最终决定将投诉信写成表扬信。你的服务很好，下次如果有机会，我还乘坐你们这趟航班。"

是什么原因促使那位爱挑剔的乘客对这位"有过失"的空姐变拒绝为接纳，由投诉改为表扬呢？很显然，是反求诸己的精神。问题出现后，空姐先思己过，然后主动地、诚心诚意地道歉，并且一次次不厌其烦地微笑，做好后续服务，才一点点拉近了双方的感情，转变了对方的态度，也改变了自己的处境，使自己变被动为主动。

五、"感动中国"的陇海大院

河南省郑州市二七社区有个和谐的老院落，叫作陇海大院。大院的居民高新海 1976 年在下乡当知青时，突患急性横贯性脊髓炎导致高位截瘫，胸部以下完全失去知觉。随后，命运的打击又接踵而至：1983 年，家里的顶梁柱二哥因病去世；1987 年，母亲患结肠癌；1997 年，大哥患肺病；2005 年，父亲患上老年痴呆症；2008 年，父母相继去世，只留下高新海孤零零一人。

当高新海彷徨于生命的十字路口时，陇海大院的邻居们纷纷伸出援助之手。一个自发形成的爱心群体自觉承担起照顾他的义务，买菜做饭、洗澡理发、送医喂药、聊天解闷。当时的高新海面临诸多问题：看病、报销、工伤认定等等，每个环节都需要有人陪伴。陇海大院的邻居不约而同地伸出援手。“邻居们陪我去武汉、北京看病。一路上有他们在，所有的事情都是他们包了，什么事都不用我操心。吃、住、联系医院、买车票……我住院的时候，邻居们谁有空谁在那儿守着我，谁能请几天假就请几天假。为了陪伴我，有的邻居不在乎被单位扣多少工资。”三十多年前邻居们为他奔波操劳的情景，高新海至今仍历历在目。

从年轻力壮的健康人一下子成为轮椅上的人，高新海开始有些不适应。邻居们看到他的忧虑后，就私下里商量如何让他生活得更有意义。后来，邻居们凑钱给高新海买了辆残疾人三轮车，一来可以成为他的代步工具，二来也能跑下客运，增加社会认同感。以后的日子里，高新海的生活过得很充实，因为他发现有了这辆三轮车，在自食其力的同时，还能为大院的邻居们做些事情。谁着急上班，谁赶着去火车站，谁要去医院看病……高新海闻讯会立马赶到，免费接送。

时间一年一年过去，大院里有人搬走，又有新邻搬来，互帮互助的传统却一直保留下来。新来的邻居都会自觉地去照顾高新海的日常起居。留下的老邻居有些年事已高，没有能力继续照顾高新海了，他们的后代又接下爱心火把，继续传递。这一帮，就是三十九年。从青春年少到华发苍苍，就这样不离不弃，就这样相伴到底。

“一场爱的马拉松，长跑三十九年，没有终点；一座爱的大院，满是善良的人，温暖的手，真诚的心，春去春回的接力，不离不弃的深情；鸽子飞走了还会回家，人们聚在一起，就不再离开。”这是“感动中国”给予陇海大院的颁奖词。短短几句话，将陇海大院三十九年邻里和谐相处、互帮互助、扶危济困的大爱精神描绘得淋漓尽致。陇海大院由此也成为中国人民风雨同舟、和谐互助的一个永久的道德地标。

经典名句

1. 礼之用，和为贵。先王之道，斯为美，小大由之，有所不行。知和而和，不以礼节之，亦不可行也。

——《论语·学而》

【译文】礼的施行，以和谐为美。前代君王的治国之道，可贵之处就在于此。大事小事都依此而行。如果有行不通的地方，这时如果为求和一意用和，而不以礼节制约束，也是行不通的。

2. 君子和而不同，小人同而不和。

——《论语·子路》

【译文】君子与人相交是和谐而不是盲目认同，小人与人相交只是盲目附和而不求和谐。

3. 君子求诸己，小人求诸人。

——《论语·卫灵公》

【译文】［遇到问题，］君子反求于自己，小人苛求于别人。

4. 躬自厚而薄责于人，则远怨矣。

——《论语·卫灵公》

【译文】对自己要求严格而宽松地要求别人，就会远离怨恨。

5. 古之学者为己，今之学者为人。

——《论语·宪问》

【译文】古代的学者是为提升自身修为而学的，现在的学者是为炫耀于他人而学的。

6. 君子有诸己，而后求诸人；无诸己，而后非诸人。

——《礼记·大学》

【译文】［在道德束律上，］君子是自己先做到善，然后才去要求别人做到善；自己先不作恶，然后才去禁止别人作恶。

7. 射有似乎君子，失诸正鹄，反求诸其身。

——《礼记·中庸》

【译文】射箭如同君子之风，没有射中靶心，就应从自身寻找原因。

8. 喜怒哀乐之未发，谓之中；发而皆中节，谓之和。

——《礼记·中庸》

【译文】欢喜、愤怒、悲哀、快乐各种感情还没有向外表露的时候，是不偏不倚的，叫作中；向外表露的时候，没有太过或不及，都能符合规律，叫作和。

9. 中也者，天下之大本也；和也者，天下之达道也。致中和，天地位焉，万物育焉。

——《礼记·中庸》

【译文】中，是天下人们的大根本；和，是天下人们所必须遵循的自然规律。君子的省察功夫达到尽善尽美的中和境界，那么天地由此而运行不息，万物由此而生生不已。

10. 夫和实生物，同则不继。以他平他谓之和，故能丰长而物归之。若以同裨同，尽乃弃矣。

——《国语·郑语》

【译文】不同事物和谐相处就能衍生万物，相同事物聚在一起则会停滞不前。不同事物放在一起协调并进称之为和，故万物能繁衍生长并归于统一。若只是相同事物的叠加，就会生机竭尽而最终走向灭亡。

第七章

崇德尚义　见贤思齐

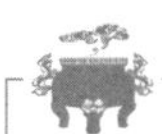

崇德尚义是中华人文精神的重要内容之一，在传统文化中有着非常重要的地位。崇德就是崇尚德行、品德、道德，尚义就是崇尚公平、公道、正义。因为人们长期以来受儒家崇德尚义价值观念的影响，从而造就了中华民族见贤思齐的民族心理和精神风貌。一般来说，见贤思齐是人们学习、修身、进业的极佳途径和较好方式之一。古人常说，身教重于言教，向贤者靠拢和学习："择其善者而从之，其不善者而改之。"作为一种传统的价值观与道德观，崇德尚义与见贤思齐的观念深深地融入了中华民族的道德体系中，曾发挥出引领社会风尚的作用，至今仍然具有重要的借鉴和指导意义。

一、儒家的崇德观念

崇德观念产生于西周初期。历史上，周公最早认识到道德对于治国安邦的重要性，并提出了"以德配天""敬德保民"的政治观念。可是，"德"字出现很早，甲骨文、金文中均有。甲骨文作""，是""（行，四通大道）与""（直，不曲折，不犹豫）的组合，表示看清道路的方向，没有困惑迷惘，大道坦然直行。金文""将""写成""。有的金文""加""（心）。徐复观根据《尚书·康诰》中"朕心朕德，惟乃知"一句，将心与德并举，认为崇德观念产生的前提是"德"字加"心"，从而有了德行、品德的含义。

德　鼎

甲骨文中“德”字多作祭名，周初金文中则多作人名，如《德鼎》《德簋》等。也有作行为解的，如：“故有爽德，自上其罚汝。”（《尚书·盘庚中》）“民有不若德，不听罪。”（《尚书·高宗肜日》）如此等等。作行为解的“德”是中性的，所以有爽德（错的行为）、“若德”（善的行为）的分别。专指善行便有德行之意，即周初提出“敬德”“明德”的命题。

公元前十一世纪，周革商命时提出了“天命靡常”的新观念，认为天命是会变化的。然而，变化的根据是什么呢？《尚书·召诰》说：“惟不敬厥德，乃早坠厥命。”即天命变化的根据是敬德与否，从而周初提出了敬德观念。敬德、明德在周初是一个被反复强调的思想观念。如《尚书·康诰》载：“惟乃丕显考文王，克明德慎罚。”周人认为，天在上面清楚地看着人间，谁的德行好，就给他统治百姓的权利；谁的德行不好，就取消他的统治权。这就是周初“以德配天”的政治化的天命思想。虽然存在着天命论的思想倾向，但人们的思想已经由完全听从天命安排转向关注自身德行的根本性转化，开始从“神本”向“人本”转变，从而把标志人文精神的德提到一个前所未有的高度加以推崇和倡导。

其实，敬德与崇德有着密切的关系。西周统治者从保持政权的长治久安角度提出了敬德观念，主要表现在政治上的明德慎罚、敬德保民等。这主要是针对西周的统治者来说的，具体体现在周初的礼乐制度方面。对此，王国维先生说：“周之制度、典礼，实皆为道德而设。”迨至春秋时期，由于周统治者的失德，导致礼坏乐崩、天下无道、社会无序。孔子为拯救时弊，借鉴周公礼乐之制，大力倡导克己复礼，并在极力提倡统治

王国维

者为政以德的前提下，进一步扩大了德的适用范围，把统治者之德发展为人人之德，使敬德思想观念不再是统治者单独享有的权利，给“德”这一概念赋予了大众化的意义，进而提出了其所理想的君子人格。同时，孔子毕生都在崇尚道德、追求完美的君子人格，经后世儒家如孟子、荀子等的传承与弘扬，形成了中华民族崇德的良好传统和精神风貌。

二、德治与修身

《说文解字》将“德”释为：“外得于人，内得于己也。”清代学者朱骏声说：“外得于人者，恩惠之德；内得于己者，道德之德。”那么，德有内外之分。对己为内，对人为外。内者修身养性，自我提升，即为“道德之德”；外者受他人道德力量影响，见贤思齐，或者以道德力量去影响他人，春风化雨，即为“恩惠之德”。由此看来，崇德有两层意思：一是提倡德治，一是注重修身。

孔子提倡为政以德，主张德治。他说：“为政以德，譬如北辰，居其所而众星共之。”（《论语·为政》）孔子虽为殷商后裔，却对西周的典章制度以及政治治理模式情有独钟，十分向往。他说：“周监于二代，郁郁乎文哉！吾从周。”（《论语·八佾》）因此，他在借鉴和继承西周敬德思想的基础上，提出了许多具有德治特色的政治主张。所谓德治就是以道德教化的方式来治国理政。孔子之所以有这样的意识，是他经过将道德、礼制与政令、刑罚相比较后，发现前者比后者有很大的优越性而得出的结论。他说：“道之以政，齐之以刑，民免而无耻；道之以德，齐之以礼，有耻且格。”（《论语·为政》）两者虽然都能实现“民免罪”的目的，但在民众的内心中却有着迥然不同的感受。“道之以德，齐之以礼”不仅可以使人们自觉遵守外在的行为准则，还能在内心深处产生耻辱感，以取得长期自我约束的效果。《论语·颜渊》记载：“季康子问政于孔子曰：‘如杀无道，以就有道，何如？’孔子对曰：‘子为政，焉用杀……’”这段话就充分证明了这一点。孔子提倡德治，重视道德教化，却没有排斥刑罚的作用，而是主张礼主刑辅、礼刑兼用。

孟子继承发展了孔子德治思想，并提出了仁政学说。孟子把治国之道分为王道与霸道。他认为："以力假仁者霸。""以德行仁者王。"王道因为以德服人，所以民众就对为政者心悦诚服，服从管理；霸道因为以力服人，所以民众只是被压服，内心深处并非真心地服从管理。那么，怎样才能以德服人呢？就是要行仁政。对此，孟子用三代的历史事实做以说明："三代之得天下也以仁，其失天下也以不仁。"孟子的仁政核心就是"保民而王""得民心者得天下"。他认为，不仅要在精神生活上乐民之乐、忧民之忧，而且在物质生活上也应满足人们的需求，如制民之产、庠序之教、省刑罚、薄赋敛等。荀子认为，上天是为了百姓才来确立君主的，并以舟和水的比喻来说明君与民的关系。为此，荀子倡导君要爱民、利民。他说："不利而利之，不如利而后利之之利也；不爱而用之，不如爱而后用之之功也；利而后利之，不如利而不利者之利也；爱而后用之，不如爱而不用者之功也。利而不利也、爱而不用也者，取天下矣。"（《荀子·富国》）孟、荀虽然也是从为政治国的角度来说的，但是都在强调道德的作用和价值，提倡为政者实行德政，即崇尚道德，推行道德教化。

修身作为崇德的第二层内涵，就是提倡自我道德修养。中国文化特别强调人的道德修养，认为这是做人的根本。如《礼记·大学》说："自天子以至于庶人，壹是皆以修身为本。"孔子非常重视个体的道德修养，毕生都在从事他所理想的君子人格的教育活动，从《论语》一书中可以清楚地看到这一点。如子路问怎样才能成为君子，孔子给予三种解答，即"修己以敬""修己以安人""修己以安百姓"（《论语·宪问》）。这三种解答都冠以"修己"（修养自己）。然而，怎样修己？达到怎样的人格标准和人生目标？对此，孔子提出了仁这一道德范畴，视仁为普遍的伦理原则；同时提出"克己复礼为仁"（《论语·颜渊》）的修身命题，要求人们克制自身的私欲，积极向人格的最高标准仁靠近。具体来说，就是一言一行都要"约之以礼"，做到"非礼勿视，非礼勿听，非礼勿言，非礼勿动"（《论语·颜渊》）。但这是远远不够的，关键需要把礼的外在行为规范内化为人的内心道德自觉，即要有一颗仁爱的心。他说：“人而不仁，如礼何？人而不仁，如乐何？”（《论语·八佾》）如此，才能建立一个充满仁爱而和谐有序的社会，才能改变礼坏乐崩的社会现实。

孟子发展了孔子的修己思想，提出了修身说。他说：“天下之本在国，国之本在家，家之本在身。”（《孟子·离娄上》）同时，从人性的高度强调修身的必要性。孟子说：“人之所以异于禽兽者几希。”（《孟子·离娄下》）认为人与禽兽区别的一点点就是德行，也就是人的社会性。因此，人一定要明德、修身。否则，人就与动物没有什么区别了。孟子主张“性善”，认为仁、义、礼、智“四德”不是外部强加于我的，是我心本来就有的，只是没有好好思考罢了。孟子认为道德修养与否，不是能不能的问题，而是为不为的问题；如果想做，就如同“为长者折枝”一样容易。同时，孟子把不注重道德修养视为自暴自弃的行为。关于修身的问题，孟子认为首先要“养心”“求放心”。养心的关键在于寡欲，自觉地减少和节制生理欲望，以免失去人本来的善性。求放心把因外力影响而失去的善良本性找回来，重新确立道德意识。其次，要“反求诸己”，经常自我反省。孟子认为：“爱人不亲，反其仁；治人不治，反其智；礼人不答，反其敬。行有不得者皆反求诸己，其身正而天下归之。”（《孟子·离娄上》）如果自己行为达不到目的，就应该反省自己，看自己的道德修养得够不够。

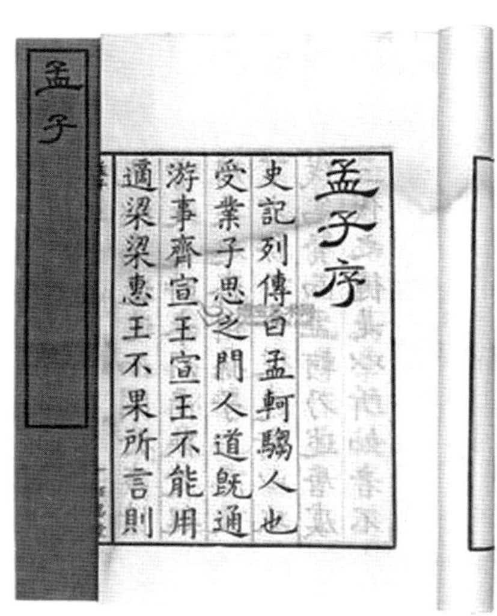
孟子

孟子序

史記列傳曰孟軻騶人也受業子思之門人道既通游事齊宣王宣王不能用適梁梁惠王不果所言則

《孟子》书影

荀子在人性论上虽然与孟子相反，却同样重视道德修养。首先，他提出了“性伪之分”的问题：“不可学、不可事而在人者谓之性，可学而能、可事而成之在人者谓之伪，是性、伪之分也。”为此，他认为“人之性恶，其善者伪也”（《荀子·性恶》）。即是说，人的本性是恶的，而仁、义、礼、智等是后天人为的，是学习和培养的，不是人本身固有的。如果任由人性自由发展，必将引发争夺，导致社会秩序的混乱；若能化性起伪，通过后天的修为发展仁、义、礼、智等，则天下就可归于治。但关于修身的路径是外求于礼，这与孟子的内求于心、尽心养性的路径正好相反。首先，要节欲。荀子认为人性是天生的，欲不可尽去，但是通过节制，尽量地减少欲，使之近于尽。其次，要导欲。欲是人性所固有的，但对欲的追求却是人的主观行为，因此要对人的欲望加以引导，使其合乎礼义的要求。再次，师法之化。荀子认为礼义不是人性所固有的，而是经过师法之化才能得到的。他说：“人无师法，则隆性也；有师法，则隆积也。”（《荀子·效儒》）没有师法，就只能任性而为，趋于恶；有师法，通过学，就能走向善。最后，积善成圣。荀子说：“今使涂之人伏术为学，专心致志，思索孰察，加日县久，积善而不息，则通于神明，参于天地矣。故圣人者，人之所积而致也。”（《荀子·性恶》）荀子认为，通过学习可以使人向善，不断积小善，就能成圣。

荀 子

在以儒家为主体的中国传统文化中，崇尚德治与注重修身是完全一致的。德治是目的，修身是手段。《礼记·大学》把这一点说得很清楚：“古之欲明明德于天下者，先治其国；欲治其国者，先齐其家；欲齐其家者，先修其身；欲修其身者，先正其心；欲正其心者，先诚其意；欲诚其意者，先致其知；致知在格物。”在这所谓的“八目”中，修身是根本，格物、致知、诚意、正心是修身的方法，齐家、治国、平天下是修身的目的。不能搞乱这个本末次序，因为“知所先后，则近道矣”，从而才可达到“明明德”“亲民”“止于至善”的境界。

三、儒家的尚义传统

“义”来源于“仪”，其本意是指在巫术祭祀的礼仪活动中行为、举止、容貌、语言的适当、合度。义通过巫术礼仪成为原始人群所必须遵循履行的非成文的法规、正义甚至是义务。

义作为“礼之本”，可以从三个层面来理解。其一，“义者，道也。”即义是人之为人的道。由于义与礼相通，传统观念中常常将礼、义并提，如：“义以出礼。”（《左传·桓公二年》）“礼以行义。”（《左传·僖公二十八年》）“礼者，义之实也。”（《礼记·礼运》）“礼近于义。”（《礼记·乐记》）“夫行也者，行礼之谓也……此礼也，行之则行也，立之则义也。”（《大戴礼记·曾子制言》）从某种意义上说，二者在本质上往往是相同的。孔子十分重视义。他说：“君子义以为质。”（《论语·卫灵公》）“君子义以为上。”（《论语·阳货》）在他看来，义是一种很高的德行，即君子应追求的道。儒家将“君臣也，父子也，夫妇也，昆弟也，朋友之交也”（《礼记·中庸》）这五种关系视为天下通行不变的伦常关系，然而每一类人都有一定的社会义务或职责要求，这就是所尽人伦之义，即所以为这类人的人伦要求。如《礼记·大学》说：“为人君，止于仁；为人臣，止于敬；为人子，止于孝；为人父，止于慈；与国人交，止于信。”《礼记·礼运》中说：“何谓人义？父慈、子孝、兄良、弟悌、夫义、妇听、长惠、幼顺、君仁、臣忠，十者谓之人义。”这就是说，处在不同社会角色的人，都有其相应的社会职责，完成或做好相应的角色要求就掌握了做人之道。

其二，“义者，宜也。”礼的规范和准则只有与它作用的对象、环境、时代相适应，才具有合理性并为人们所接受。《礼记·中庸》说：“仁者，人也，亲亲为大；义者，宜也，尊贤为大。亲亲之杀，尊贤之等，礼所生也。”其中，“义者，宜也”是历代学者对义的经典训诂。训“义”为“宜”，意即恰当、适度、相称。从此，古人多以“宜”释“义”。如：“事得其宜之谓义。”（《法言·重黎》）“义者，宜也，断决得中也。”（《白虎通·情性》）“义者，事之宜也。”（《朱子类语》卷六）王阳明曾说：“仁也者，礼之体也；义也者，礼之宜也。”古人已经意识到义为公正、合宜之意。

义

其三，义对人们的思想和行为具有规约与导向作用。义的实质就是人所应当遵循的行为准则，即正义原则。“见义不为，无勇也。”（《论语·为政》）“人皆有所不为，达之于其所为，义也。”（《孟子·尽心下》）在此，义是人们行动的基本准则和价值尺度。孟子也说：“羞恶之心，义之端也。”（《孟子·公孙丑上》）拥有羞耻之心是知荣明耻的开端。由此看来，义又是作为判断是非善恶的价值规范，是人们立身处世的根本。同时，义还是协调各种社会关系的基本尺度。“君子之于天下也，无适也，无莫也，义之与比。”（《论语·里仁》）君子对于天下的人和事没有固定的亲疏厚薄，只是按义的要求去做。

儒家将义视为普遍认同的价值诉求，并作为立身行事的根本与努力方向。孔子说：“君子义以为上。”（《论语·阳货》）义是君子最崇高的品质，是君子的精神生命。又说：“君子义以为质。”（《论语·卫灵公》）义是君子之所以为君子的根本。可是，义更是人间的大义、社会的良知，是每一个人都应该践行的普遍价值目标。孟子说：“生，亦我所欲也，义，亦我所欲也；二者不可得兼，舍生而取义者也。”（《孟子·告子上》）在这里，孟子继承孔子“志士仁人，无求生以害仁，有杀身以成仁”（《论语·阳货》）的崇高人生精神境界，把道义看得比生命还崇高。为了崇高的道义，宁不苟且偷生；为了崇高的道义，宁不屈从避死。毋庸置疑，舍生取义已成为中华民族仁人志士恪守的人生价值理念，义成为儒家心中崇高的价值目标。

在义与利的关系上，儒家旗帜鲜明地提倡以义制利的价值观，并以此作为区分君子和小人的标准之一。“君子喻于义，小人喻于利。”（《论语·里仁》）但是，儒家并非完全排斥利，而是把义置于利之上，作为其对待物质利益的总原则。儒家提倡“见利思义”（《论语·宪问》）、“见得思义”（《论语·季氏》）、“义然后取”（《论语·宪问》）。儒家认为：“不义而富且贵，于我如浮云。”（《论语·述而》）在儒家的价值世界里，义是获取利的前提条件，取利必须符合义的要求。儒家主张：“君子爱财，取之有道。”以义作为取利的价值标准。儒家认为：“先义而后利者荣，先利而后义者辱。”（《荀子·荣辱》）“见利不亏其义。”（《礼记·儒行》）“利以养其体，义以养其心。”（《春秋繁露·身之养莫重于义》）诸如此类。对于那些明知故犯的不义之举，儒家的批驳更是鞭辟入里：“今有人日攘其邻之鸡者，或告之曰：‘是非君子之道。’曰：‘请损之，月攘一鸡，以待来年，然后已。’如知其非义，斯速已矣，何待来年？”（《孟子·滕文公下》）意思是说，现在有个人每天偷邻居家的鸡，有人告诉他说：“这不是君子的做法。”他说：“那我逐渐改过吧，每个月偷一只，到明年就不偷了。”对于这种面对不义之财不能尽早放手的行为，儒家非常鄙视：“保利弃义，谓之至贼。”（《荀子·修身》）从而体现出儒家对不合道义之人、之事的愤慨与否定。

在中国传统文化中，儒家所倡导的是一种积极的人生价值观。这种人生价值观不是着眼于个人的荣辱得失，而是着眼于整个社会的和谐与发展。在儒家那里，义作为重要的价值体现，就是对社会和国家高度的责任和担当意识。义恰恰对整个社会的文明与进步有着重要的引领和规范作用。义作为儒家的核心价值观念之一，对个体行为乃至整个社会秩序的规约，寄寓着儒家更为深广的社会意识与社会责任。义作为中华文化的重要组成部分，一直以来备受人们的重视和倡导。它与礼、智、信、忠、恕、孝、廉等诸多德目相比，往往具有更为广泛的含义。由于义是对所遇事情采取适宜、恰当的言谈举止行为，即“行其所当行”，因此义在一些场合又泛指一切道德。就个人与社会的互动关系以及对社会各领域的影响来看，义的价值也显得更为核心和主导。尤其是儒家义以为上的价值观，成为引领中国古代社会风尚的重要价值观念。

儒家义以为上的价值观念，是一种源于自下而上的普遍认同和自上而下的带动与引领。子谓子产：“有君子之道四焉：其行己也恭，其事上也敬，其养民也惠，其使民也义。”（《论语·公冶长》）孔子对子产的评价甚高，认为治国安邦就应当具有子产恭、敬、惠、义四种道德品质。作为其中的义德，是自下而上深得民心后的一种价值认同。当然，仅有百姓的认同感，那只是单向度的认同；与此同时，还必须赢得上层统治者的认同与带动。“上好义，则民莫敢不服。”（《论语·子路》）“君仁莫不仁，君义莫不义，君正莫不正。一正君而国定矣。”（《孟子·离娄上》）因此说，这是一个上行下效的过程。“故国有患，君死社稷，谓之义。”（《礼记·礼运》）有了这种由内而外表达、自上而下彰显的义，整个社会就会普遍认同“国不以利为利，以义为利也”（《礼记·大学》）的共同价值。这样就可以形成以义为核心的价值共识，正义、正气就会在全社会蔚然成风。

四、见贤思齐

“见贤思齐”出自《论语·里仁》篇：“见贤思齐焉，见不贤而内自省也。”从一定意义上说，见贤思齐有文化传承的意义在里面。中华早期文明主要体现在尧舜、文武时代的社会管理方面。尧、舜、禹、汤、文、武、周公这些古代圣贤，内具圣贤之德，外秉王者之道，有很高的思想道德境界，有很强的凝聚力和感召力，同时又创造了辉煌事功。孔子“祖述尧舜，宪章文武”，学习和效法先圣先贤的经验做法，目的就是“修己以安人”“修己以安百姓”，最终实现“博施于民而能济众”。孟子及其后儒对孔子思想加以继承、弘扬，进而确立了中华民族的价值导向和精神品格。

孔孟教育子弟，要他们勤读经典，同时也侧重用一些圣贤的故事加以引导。事实上，“六经”所记录的正是这些古代圣贤创业的历程和智慧。学习和效法历史，一方面从正面去总结学习前人的经验做法，一方面也从反面吸取历史上的教训。例如：夏桀、殷纣暴虐无道，结果把各自王朝葬送掉，“殷鉴”便成为人们借鉴历史教训的代名词；秦始皇焚书坑儒、弃儒用法，对民实行严刑酷法，结果二世而亡。贾谊《过秦论》总结秦的速亡说：“仁义不施，而攻守之势异也。”后来，唐太宗又总结汉代治国经验，吸取了隋炀帝的教训，开创了“贞观之治”。对于中华文化的认识，既要重视正面的经验，也要重视反面的教训。这也正应了《老子》的那句话：“善人者，不善人之师；不善人者，善人之资。”从为人处世的角度来讲，见贤思齐是人们学习、修身、进业的极好方式之一。荀子说：“学莫便乎近其人。”“学之经莫速乎好其人。”古人说身教重于言教，就是因为身教具有真实性、示范性、直观性，便于效法、接受和理解。

如何能够见贤思齐呢？孔子说：“能近取譬，可谓仁之方也已。”求仁无须好高骛远，可以从身边开始，从自己做起，关键还要经常自省、自讼。《论语·里仁》记载：“见贤思齐焉，见不贤而内自省也。”自省就是自我反省。见贤思齐其实也是一种自我反省、自我感悟的过程。孔子把自省作为道德修养的一个重要方法，要求弟子时刻反省自己。他的学生曾参说：“吾日三省吾身：为人谋而不忠乎？与朋友交而不信乎？传不习乎？”（《论语·学而》）显然，这是接受了孔子的教育而且付诸实行了。孔子在《论语·公冶长》中说：“已矣乎！吾未见能见其过而内自讼者也。”自讼就是自我批评。发现了自己的缺点、错误，进行自我批评、自我矫正，避免不再犯同样的错误。可惜这样的人太少了。他的弟子颜回可算一个，能够做到“不贰过”，可惜不幸早逝，令孔子十分惋惜。当然，孔子对于改正错误是很重视的，他把这种行为当作君子的一个基本条件：“过，则勿惮改。”鼓励弟子勇于改正错误，并认为有过不改才是真的过错。不仅如此，孔子还提倡力行。如《论语·宪问》篇说：“君子耻其言而过其行。”《论语·为政》篇说：“先行其言而后从之。”《论语·里仁》篇说：“君子欲讷（nè）于言而敏于行。”孔子认为：“为之难，言之得无讱（rèn）乎？”因为做起来很难，所以特别强调做的重要性。

儒家提倡向贤者学习，甚至说三人之中，必定有自己可以学习和效法的人。孔子说：“三人行，必有我师焉！择其善者而从之，其不善者而改之。”（《论语·述而》）孔子学无常师，向周边人学习，随时随地地学习。其中，还特别注意所谓一般人和贤人君子的区别以及他们身上的优点。很多平凡人，只要你细心观察，就会看到他们身上具有贤的品质，有很多值得学习的优点。要善于发现别人的优点，对于别人的缺点则要自警。千万不要看不起身边的人，好像谁都不行，就自己好。孔子还说：“见善如不及，见不善如探汤。”这是要求在善与不善、贤与不贤之间做出自己的选择，形成好的道德习惯和辨别是非的能力。也就是说，当看到高尚的人或行为时，就想着向他看齐；当看到不道德的人或行为时，就要反省自己，看自己是否有同样的问题。同时，还要坚持反省自己，如果发现自己有了错误，就不要怕改正，应该时刻保持“战战兢兢，如履薄冰，如临深渊”的精神状态，防微杜渐，永葆生机。

古为今用

习近平总书记多次指出：“国无德不兴，人无德不立。”德无论对于国家还是个人来说都具有重要的意义。道德是人们共同生活及其行为的准则和规范。同时，它又是提高人的精神境界、促进人的自我完善、推动人的全面发展的内在动力。实践证明，一个社会是否文明进步，一个国家能否长治久安，在很大程度上取决于人们的整体道德素养、道德水准。黑格尔曾说：“在中国人那里，道德义务的本身就是法律、规律、命令和规定。”在这位西方哲学泰斗的视野里，世界上还没有哪个民族能像中华民族一样，将社会道德的作用发挥得如此充分。这既是对中华民族文化特质的高度概括，也是对中华民族崇德尚义传统的充分肯定。

自古以来，中华民族就是一个崇尚道德、追求正义的民族，因而注重个体道德修养，提倡伦理道德教化也就成了一种民族文化传统。同时，在两千多年的历史长河中，中华民族积淀了崇德尚义文化的丰厚思想资源，保存了崇德尚义文化圣火的火种，积累了丰富的弘扬崇德尚义文化的历史经验。如“仁者爱人”“为政以德”“克己复礼为仁”“吾日三省吾身”“己所不欲，勿施于人”“见利思义”“见贤思齐”等等。

时至今日，当代中国已经跻身世界第二大经济体。可是，在经济发展高歌猛进的同时，由于受西方拜金主义、享乐主义、个人主义等思潮的影响，一些传统道德价值观念受到严重挑战，一些价值底线被打破，道德滑坡现象严重。“宁愿坐在宝马车里哭，也不愿坐在自行车上笑”的物欲追求，“老人倒地，扶还是不扶”的道德拷问，毒奶粉、地沟油带来的良心失守，诸如此类与传统美德背道而驰，乃至丧失良知的现象层出不穷。如此下去，结果必然是良知的出局和信任的崩塌！个人的人生理想、国家的前途命运令人担忧。为此，党的十八大明确提出了二十四字、三个层面的社会主义核心价值观，并且从以儒学为主体的中华优秀传统文化中汲取思想道德营养，大力培育和弘扬社会主义核心价值观，全面汇聚改革开放的正能量，努力实现中华民族伟大复兴的“中国梦”。

当前，我们已步入信息化的时代，社会发展日新月异，生活节奏不断加快，各种利益需求、矛盾、冲突交织在一起，人们的身心承受着不同的压力和挑战。俗话说，家庭是人生的港湾。为此，我们不妨就从重温尊老爱幼、夫妻和睦、勤俭持家等家庭美德开始，进而重树以和睦相处、相互帮助、邻里友善等为内容的社区（乡村）道德文明，特别通过学习先模人物、最美人物、道德模范等人物事迹，发扬崇德尚义的传统，践行见贤思齐的观念，营造诚实守信、爱岗奉献、见义勇为等为主要内容的社会氛围，建设和谐家庭、和谐社区，进一步推动社会主义核心价值观建设。

故事链接

一、文天祥抗元

1271年，元朝建立，派大军攻打南宋。南宋都城临安（今浙江省临安市）危在旦夕。文天祥（1236—1283）虽然是个文官，但他认为自己既然是国家的一分子，就应当负起保家卫国的责任。1275年，他毅然变卖了家产，招兵买马，购买军粮。百姓纷纷响应，并加入他的抗敌队伍。

由于元军势力强大，文天祥和其他将领抵挡不住，不得不退守临安。1276年，朝廷派他去和元军讲和，元军将领反而逼他投降，甚至威胁要把他杀死。文天祥说："国家存在，我也存在；国家灭亡，我也灭亡。你们就是把刀、锯、油锅放在我面前，我也不怕！"元军将领拿他没有办法，只好把他扣留起来，再押送到大都去。

途中，文天祥得到一个船夫的协助，乘机逃脱。他历经千辛万苦，好不容易回到了南方，重新组织抗元救国队伍，还打了几次胜仗，收复了一些失地。

1278年，文天祥在一次战斗中被元军俘虏了。元军主帅劝文天祥投降，但被文天祥一口拒绝。1279年，元军消灭了南宋的残余部队。文天祥知道国家将亡，伤心欲绝，于是写下了《过零丁洋》，表达他以死报国的决心。这首诗的最后两句是："人生自古谁无死，留取丹心照汗青。"

文天祥被押送到大都，关在地牢里。元朝统治者劝文天祥说："只要你投降，为我们出力，我们就让你享尽荣华富贵。"可是，不管他们怎样威逼利诱，也无法动摇文天祥尽忠报国的决心。文天祥在地牢里受尽了折磨。1283年，文天祥被元朝统治者杀害。临刑前，文天祥朝南方拜了几拜，沉痛地说："我报答国家的机会，只能到此了。"被害以后，人们在他的衣带中发现了一首诗："孔曰成仁，孟曰取义，唯其义尽，所以仁至。读圣贤书，所学何事？而今而后，庶几无愧。"

文天祥面对威逼利诱，宁死不屈，以身殉国，表现了崇高的民族气节。

他的光辉事迹和伟大精神至今被人们称颂。

二、关羽尚义

一部《三国》，名将如云。文有诸葛、周瑜、郭嘉、荀彧、徐庶等，武有吕布、许褚、孙策、赵云、马超、典韦等。其中一重要人物关羽，对人们的思想影响很深，后人尊称其为“关公”。关羽（？—220），字长生，后改字云长，河东郡解县（今山西运城）人。论文论武，关羽都不是最优秀者，但三国时代至今一千八百多年，却远超其他人，被世人称为“武圣”，崇拜至今。

关羽的信众中不乏大智慧者。如南宋理学大师朱熹，亲题“神勇”匾额于东山关帝庙。明代心学大师王阳明作诗凭吊关羽：“誓志灭孙曹，遗恨裂眦发。石上青龙恨，看取初三月。”徐文长在《蜀汉关侯祠记》中说：“祠孔子者止郡县而已，而侯则居九州之广，上自都城，下至墟落……肖像以临球马弓刀，穷其力之所办。”关公信仰已经遍及城市乡村，分布于中国每一个角落。这从一个侧面说明，关公能够从众多谋臣武将中脱颖而出，靠的不是文韬武略，而是人格魅力。《孟子·滕文公下》云：“富贵不能淫，贫贱不能移，威武不能屈，此之谓大丈夫。”这是关公凛然正气、光明磊落、大丈夫伟岸形象的最好注解。

初识刘备、张飞桃园结义时，关羽焚香说誓曰：“……同心协力，救困扶危；上报国家，下安黎庶……皇天后土，实鉴此心，背义忘恩，天人共戮！”这简短但饱含满腔热情的报国誓言，足能体现有识之士对国尽忠、报国安邦之心志。关公屯土山约三事（降汉不降曹；礼待二嫂；一旦得知刘备下落，便当辞去）时，曹操厚待关羽，小宴三日，大宴五日；曹操赠袍，关羽穿于衣底，上用刘备所赐旧袍罩之，不敢以新忘旧；曹操赠赤兔马，关羽拜谢，以为乘此马可一日而见刘备，如此等等。关公之忠诚、忠义、忠心耿耿感天动地，千载之下，犹在眼前。

关公精神的“义”，其义重如山，被《三国演义》罗贯中称为“义绝”。如《义释曹操》一节：曹操晓以《春秋》大意，折射出关公的信义；“曹军惶惶，皆欲垂泪，一发心中不忍”透视出关公的仁义；“张辽骤马而至，云长见了，又动故旧之情”反映出关公的情义。关公知恩图报，华容道义释曹操，表现的是关羽重情重义，是人与人之间投桃报李、守望相助的人际交往之本义。

关公之所以受到世人的崇拜，是因为其道德品质、人格魅力。他的故事成为崇德尚义的典范，不仅遍及中国、跨越一千八百多年，而且还传播于世界，成为中华民族精神的对外形象。

三、朱开山的故事

孔子说：“知者乐水，仁者乐山。”电视剧《闯关东》的主人公朱开山就是一个像山一样厚重的人物。崇德尚义的精神在朱开山身上被演绎得淋漓尽致。

朱开山走南闯北，世事洞明，人情练达；他韬光养晦，不动声色，心胸阔大。作为远道而来的外乡人，开始免不了会受到当地人的排斥、歧视甚至欺侮，他一概采取忍的态度。他说，拼命只能是两败俱伤，于事无补。他考虑的是以德服人，以诚待人，感化他人，让人心悦诚服，永远消除心理的隔阂与芥蒂，世世代代和好如兄弟。为此，他不理会潘五爷的蛮横无理，而是以礼相待；不计较街坊邻居的冷落，赠送山东优质烟种……最终潘五爷被他感动得老泪横流。

朱家的家业越来越大，越来越强，朱家牢牢地扎根在那块黑土地上。这其中蕴藏的忠厚传远、善恶报应的民间生存智慧令人警醒。更难能可贵的是，朱开山身上有一种孔子所倡导的“己欲立而立人，己欲达而达人”的意识。也就是说，自己想要立起来的同时，也要帮助别人立起来；自己想要事事行得通，也要使别人行得通。给他人以机会，给他人以空间，而不是一花独放，一己独大。

朱开山还有一个重要的性格特点，就是讲义。他不会也不屑于做那些偷鸡摸狗、阴险狡诈的勾当。对此，他的竞争对手潘五爷非常清楚。刘掌柜的儿子刘大宝放火烧掉潘家绸缎仓库，官府侦探看到现场遗留的两个大鞋印子，猜测是朱家当兵的二儿子传武干的。潘五爷虽然对老朱家恨之入骨，寻找一切机会欲置之于死地，但还是实事求是地说，朱开山不是那样的人，要干就会当面锣对面鼓地公开叫阵，是不屑于做上不得台面的事情的。

朱开山确是那种坦坦荡荡、堂堂正正的人，是一个铁骨铮铮、顶天立地、光明正大的正人君子。不义之财不取，苟且之事不做，义字当头，浩气冲天。当国家有难、民族危亡之际，朱开山挺身而出，不惜牺牲个人利益甚至生命，表现出一种民族的大义。曾经参加过“义和团”的朱开山，对外来入侵者恨之入骨。当听说传杰等抵押山东菜馆筹款，是为了与日本人争夺开采煤矿权时，朱开山当机立断，决定支持他们的行动。他说，中国的事儿就是要中国人自己办！

正因为他的正义、仗义、侠义，所以朱开山不仅赢得竞争对手的尊重，也受到周围人的敬重。崇德尚义的文化精神在他身上得到强有力的诠释、彰显与弘扬。

四、“最美女教师”张丽莉

“别哭，孩子，那是你们人生最美的一课。你们的老师，她失去了双腿，却给自己插上了翅膀；她大你们不多，却让你们学会了许多。都说人生没有彩排，可即便再面对那一刻，这也是她不变的选择。”这是“感动中国”组委会给予一位女教师——张丽莉的颁奖辞。本届“感动中国”推选委员、中国人民大学校长陈雨露对张丽莉的评价是：“她播撒下的大爱种子，必将被无数的奔跑接力，从黑土地传向四面八方。只有教师心中有爱，孩子的世界才会绽放光芒！”

2013 年 2 月 19 日，“感动中国 2012 年度人物评选”结果揭晓，生死关头勇救学生的“最美女教师”张丽莉当选年度人物。

2012 年 5 月 8 日 20 时 30 分许，佳木斯市第十九中学下晚自习的初三学生涌向四中校门（因学校正在装修，初三学生借用四中校舍）。没想到他们的前面正面临着危险——停在胜利路北侧第四中学门前的一辆金龙大客车突然失控，连撞两车后向校门口的学生们撞来……

面对失控冲过来的汽车，正在路旁疏导学生的张丽莉老师，在这危急时刻，本可以选择退避，但她用手推开、用身体撞开了身边的学生，而自己随即被卷入车下，车轮从张丽莉的大腿辗压过去。被轧伤后，她有时清醒，有时昏迷。在送往医院抢救的途中，她还对大家说："要先救学生。"

很快，张丽莉老师舍身救学生的事迹传遍了大街小巷。淳朴善良的美丽女教师感动了龙江大地。她的事迹引起社会各界的高度关注，荣誉也接踵而来："全国优秀教师""全国五一劳动奖章""全国三八红旗手"等。面对这些，张丽莉看得很淡，她说："不要把我当作英雄，我只是尽了自己应尽的责任。希望自己赶快好起来，回到讲台，继续为孩子们上课。"

交通事故是偶然的，但张丽莉老师舍身救人的事迹却不是偶然的。那情急之下的壮举，是本能，更是责任、爱心、无私和崇高的道德品格。在关键的时刻，她用实际行动践行了中华民族见义勇为的传统美德。她不仅是学生们的好老师，更是社会上的道德楷模。

五、"最美司机"宋洋

一个响亮的名字为人铭记，一个感人的事迹在泉城乃至全国传扬。他就是山东"最美司机"宋洋——山东交运集团的一名普通司机。

2013 年 3 月 9 日上午，宋洋驾车载着三十三名乘客，沿济聊高速公路返回济南途中，突发脑干出血。在失去意识前的短短一百秒内，他强忍病痛，拼尽最后一丝气力，用右手代替失去知觉的左手，成功完成减速变道、停靠应急车道、打开双闪警示灯、拉起手刹、开启车门疏散乘客等一系列安全操作，最后昏倒在方向盘上。经过十一天的抢救，终因病情过重去世，年仅三十四岁——宋洋以其在生死刹那间的英勇壮举，交出了一张出色的人生答卷。

没有豪言壮语，宋洋以其默默的行为彰显了对岗位的热爱、对乘客的社会担当，"撰写"出激励我们爱岗敬业的一本生动教材。他是道德的楷模、时代的典范，为全社会树立起了一座精神文明的丰碑。在这光环的背后，则是平日养成的职业素养以及高尚的品德。

宋洋的壮举是职业道德的长期积淀。在日常工作中，宋洋业务过硬，精益求精，始终牢记“安全第一，旅客至上”的理念，时刻把旅客的安危放在首位。他累计行车七十一万公里，运送旅客八万余人次，从未发生过任何安全事故，被评为“五星驾驶员”。他在生命最后一刻艰难完成的一系列动作，真实地展现了一名职业驾驶员高度的职业素养。只有当敬业成了习惯，深入骨髓，才有可能在生命的最后瞬间爆发出超乎想象的能量。因为在他心中，职责就是生命。

时代需要英雄，社会需要榜样。宋洋谱写的这曲生命赞歌，让我们感动的，不仅是对生命可贵的阐释，更是对生命意义、生命价值的洞彻——比如：如何强化责任意识，如何提升敬业品质，如何激发奉献精神。

山东省文明委追授宋洋为“全省道德模范”，号召全社会要以宋洋同志为榜样，引导人们见贤思齐、崇德向善，自觉践行社会主义核心价值观，弘扬社会正风正气，共同建设美丽家园。对此，在向这些平民英雄致以敬意的同时，我们也相信，在我们周围蕴藏着无数凡人善举、凡人壮举的道德楷模！在一个利益多元、诉求各异的社会，凡人壮举更能凝聚起强大的社会正能量。“中国梦”的实现需要这样崇德向善的正能量，并且多多益善。

1. 惇信明义，崇德报功，垂拱而天下治。

——《尚书·武成》

【译文】只要尊崇有德行的人，酬报有功劳的人，何愁国家不能治理？

2. 是故君子先慎乎德。有德此有人，有人此有土，有土此有财，有财此有用。

——《礼记·大学》

【译文】所以君子必须先要慎重于明德。有道德便能有民众，有民众便能有土地，有土地便能有财富，有财富国家便能有开支用度。

3. 见贤思齐焉，见不贤而内自省也。

——《论语·里仁》

【译文】见到有德行的人就向他看齐，见到没有德行的人就反省自身的缺点。

4. 君子喻于义，小人喻于利。

——《论语·里仁》

【译文】君子看重道义，小人看重利益。[这句话指的是君子和小人的价值取向不同。]

5. 大人者，言不必信，行不必果，惟义所在。

——《孟子·离娄上》

【译文】通达的人说话不一定句句守信，做事不一定非有结果不可，只要合乎道义就行。

6. 道之以政，齐之以刑，民免而无耻；道之以德，齐之以礼，有耻且格。

——《论语·为政》

【译文】用政治手段来治理他们，用刑罚来整顿他们，人民就会只求免于犯罪而不会有廉耻之心；用道德来治理他们，用礼教来整顿他们，人民就会不但有廉耻之心，而且还会人心归顺。

7. 不恒其德，或承之羞。

——《周易·恒·爻辞》

【译文】如果不能长久地保持其君子之德，就可能蒙受羞辱。

8. 饭疏食、饮水，曲肱而枕之，乐亦在其中矣！不义而富且贵，于我如浮云。

——《论语·述而》

【译文】吃粗粮、喝冷水，弯着胳膊当枕头，这样做我很快乐。用不正当的手段使自己富有、尊贵，这对我如同浮云一般[不值得关心]。

9. 生，我所欲也，义，亦我所欲也；二者不可得兼，舍生而取义者也。

——《孟子·告子上》

【译文】生命是我所想要的，正义也是我所想的；如果两者不能同时得到，就舍弃生命而取正义。

10. 志士仁人，无求生以害仁，有杀身以成仁。

——《论语·卫灵公》

【译文】志士仁人，不会因为求生而损害仁道，只会牺牲自身来成全仁道。

第八章

立人达人　能近取譬

“仁”是孔子儒家思想体系的核心概念，张岱年先生在《中国哲学史大纲》一书中指出：“孔子对中国思想之贡献，即在阐明仁的观念。”然而，孔子始终未对仁给出一个明确的定义，只是面对学生的提问给出不同的答案。其中，当才情很高的弟子子贡提出：“如有博施于民而能济众，何如？可谓仁乎？”孔子回答说：“何事于仁，必也圣乎！尧、舜其犹病诸！夫仁者，己欲立而立人，己欲达而达人。能近取譬，可谓仁之方也已。”也就是说，如果有人能够做到博施济众，其德行应该远超过了仁，而可接近于圣了。对此，就连尧、舜这样的古代圣贤也会感叹其力量的不足啊！对于弟子的高调提问，孔子没有给予表扬，甚至还有些担心，于是紧接着做以解释，尽量将求“仁之方”降低，以解决子贡对行仁的心理误区。所谓仁者，就是自己想有所成就，也帮助别人有所成就；自己想通达，也帮助别人事事通达。一个人如果能联系身边的人、事、物等做以比喻，以己之心推己及人，将心比心，这就是实现仁德的方法。那么，在孔子看来，对于实现仁德并不是高不可攀的事情，不是一定要有举世瞩目的事功基础，也不是一定要做出惊天地、泣鬼神的感人事迹，即便是在最平常的日用生活中，也能够践仁达圣。可见，儒家的道德法则和实践功夫并不高远、浩渺而不切实际，更具有可操作性与可实践性。这与孟子说的“人皆可以为尧、舜”、荀子说的“涂之人可以为禹”有异曲同工之妙，从而鼓励和引导人们可以向着自己所理想的成圣、成贤的人格目标奋斗。

一、儒家仁爱的多层意蕴

孔子生活在春秋晚期，周天子天下之共主的地位名存实亡，社会上出现了从未有过的秩序混乱现象。“天下无道”“礼崩乐坏”“陪臣执国命”“礼乐征伐自诸侯出”成为这一时代的特点。孔子痛心疾首，尤其看到季氏“八佾舞于庭”的僭越行为，气愤地说：“人而不仁，如礼何？人而不仁，如乐何？”（《论语·八佾》）为了恢复“周礼”，孔子提出“克己复礼为仁”的时代命题，创立了一套以仁为核心的儒家学说。孔子把仁作为思想的核心，从不同角度对仁进行了解说，但究其所旨，可以包含以下几层意蕴：

其一，仁者人也。“仁者人也”的命题出自《中庸》。它回答了人之为人的道理，即说明什么是人的本质，以及如何获得人的本质的规定性。《中庸》载孔子的话说：“修身以道，修道以仁。仁者人也，亲亲为大。”孔子以前，仁主要是一个道德范畴。孔子的仁学在继承此前仁的道德意义基础上，又赋予仁更多、更高的内涵，使其真正成了关于人的学说。在孔子那里，仁就是为人之道，而人道也正是仁的基本精神。孟子对此做了高度概括。他说：“仁也者，人也。合而言之，道也。”（《孟子·尽心上》）可见，仁就是儒家关于人道的学说。

孔子仁者人也的命题，是对人之所以为人的本质的概括和规定，是他对人的自我发现和理性自觉，是他在“以人释仁”的基础上“以仁定人”，从而解决了人的终极关怀问题，以及提出了人与人交往的基本原则。在这里，仁者人也有两层含义，一是仁作为人的一种品德即道德性，是唯独人才能具备的一种品德，因此仁是人区别于其他动物的重要标志。也就是说，一个人应该具备仁的德行，否则，就不具备做人的资格了。二是仁作为一种美好的德行，只有能够认真践行仁的要求者，才拥有独立的人格和做人的尊严，否则，就会变得不仁，失去了做人应该受到他人尊敬的尊严和权利。不仅如此，如果违背了仁的基本要求，便是没有人道，便是不仁。因而，仁者人也既是做人之道，也是人际交往的基本原则。

孔子把仁作为人的本质，不是从生理学、生物学的意义上来说的，而是从人的社会属性来说的。人的社会属性主要在于其特有的道德性，这才是做人的本质、人之为人的关键。孔子认为，一个人并非生来就是一个真正意义的人，而是需要经历一个道德上、精神上的成长过程。具体地说，需要经过一个人之为人即“成人”的过程，即礼乐教化、人文

仁

化成，提升道德素养，懂得做人的原则和规矩。通俗地说，“要有个人样”方可称得上“成人”。如《论语·宪问》记载，子路问成人。子曰：“若臧武仲之知，公绰之不欲，卞庄子之勇，冉求之艺，文之以礼乐，亦可以为成人矣。”这不仅要具有智、勇、艺等道德要求，而且还要通过一定的教育，懂得礼仪约束，具备修身做人的起码准则，才可达到心智健全、人格完备的社会人。

其二，仁者爱人。孔子贵仁，将爱人作为仁的首要内容。在孔子看来，以爱人作为处理人与人之间关系的纽带，人与人之间的关系就可变得融洽和谐。如果整个社会都能建立在仁爱的基础上，社会就会和谐有序。许慎《说文解字》说：“仁，亲也，从人，从二。”《礼记》郑玄注认为“仁是‘相人偶’之意”。段玉裁《说文解字释注》说：“犹言尔我亲密之词，独则无耦，耦则相亲，故其字从人二。”从汉代的许慎到清代的段玉裁都以“亲”释“仁”，将仁的基本含义解释为人与人之间的亲密、亲近、亲爱的关系或情感。这一理解与儒家提倡的仁爱思想是非常契合的。如《论语·颜渊》记载：“樊迟问仁。子曰：‘爱人。’”在《论语》一书中，孔子虽然很多次提到仁，但这是最简洁、最直接的解释，也是孔子对仁最为经典的解释。显然，孔子在此处的解释是基于人的内在情感来说的，是一种充满人情味和接地气的解释，可以更好地让人理解和接受。后来，孟子用“恻隐之心”

或“不忍”之心解释仁，如同现代人讲的“同情心”或“爱心”一样。荀子将仁、义对举，主张“仁者爱人”“义者循理”。

《论语》中“仁”字出现了一百多次，主要是孔子回答弟子对仁的提问。尽管孔子做出了许许多多的解答，但其中心思想是爱人。这是孔子对仁的最基本的规定，也是仁最核心的内涵。孟子则把这一思想明确表述为“仁者爱人”（《孟子·离娄下》）。儒家所讲的爱人具有广泛性、普遍性。如《论语·乡党》篇记载：“厩焚。子退朝，曰：‘伤人乎？’不问马。”即是很好的例证。可见，仁者爱人的命题宣扬一种普遍的人类之爱，提倡爱一切人，所以孔子把它表述为“泛爱众”。但这与墨家讲的“兼爱”不同，是一种等差之爱，是一种推己及人、推己及物之爱，即孟子说的“亲亲而仁民，仁民而爱物”（《孟子·尽心上》）。可见，儒家所提倡的仁爱，是一种从爱亲人到爱万物的由近及远的差等之爱。

1. 爱亲

儒家认为，爱人虽然是仁的根本所在，但是这个仁爱之心应该从自己的亲人开始，首先满足亲人的需要。正如《论语·学而》中孔子的学生有若所说的：“君子务本，本立而道生。孝弟也者，其为人之本与！”孔子说：“立爱至亲始。”（《礼记·祭义》）这种从自己亲人开始的爱也叫作亲亲。孔子说：“仁者人也，亲亲为大。”（《礼记·中庸》）意思是说，爱人必须把亲亲放在重要、优先的地位，这是仁爱的起点。后来，孟子也说：“亲亲，仁也。”（《孟子·尽心上》）“仁之实，事亲是也。”（《孟子·离娄上》）那么，儒家这种把亲亲、爱亲作为实行仁的出发点，使仁深深地根植于人的血缘亲

陪老人散步

情中，不但入情入理，而且平实可行，不会让人感到高不可攀和遥不可及，而是感到就在眼前、就在身边，并且人人可行、时时易行。这也许就是儒家仁爱思想能够历经两千多年而不衰的一个重要原因。

2. 爱众

儒家爱人所含的对象相当宽泛，不仅要爱自己的家庭成员，而且还必须推己及人，将这种爱亲从家庭逐步扩展到社会，实现广博的大爱。这是仁的重要内容和根本要求。由爱亲推至爱人，首先表现为“泛爱众”。孔子说：“弟子，入则孝，出则弟，谨而信，泛爱众，而亲仁。”（《论语·学而》）又说：“四海之内，皆兄弟也。”（《论语·颜渊》）这样，仁由“爱亲”而推及“泛爱众”，成了儒家仁爱思想理论的重要升华。这使以爱亲为根基的仁获得了更高层次的道德规定。因此，尽管孔子对管仲的“僭越”行为表示不满，多次批评管仲不知礼，但仍然许其仁。《论语·宪问》记载：“子路曰：‘桓公杀公子纠，召忽死之，管仲不死。’曰：‘未仁乎？’子曰：‘桓公九合诸侯，不以兵车，管仲之力也。如其仁！如其仁！’”孔子认为，管仲协助齐桓公称霸诸侯，维护了周天子“天下之共主”的声誉，维护了诸侯之间的秩序与和平，制止了诸侯之间的兼并战争，避免了因战争给人带来的死亡、饥饿等灾难，从而称赞管仲有仁德。对此，孟子有更多的表达：“仁者以其所爱及其所不爱。”（《孟子·尽心下》）“老吾老，以及人之老；幼吾幼，以及人之幼。”（《孟子·梁惠王上》）如此等等。又如《礼记·礼运》篇说：“人不独亲其亲，不独子其子。”这些都充分表明儒家所说的仁不能只仅仅爱自己的

帮老人过马路

亲人，还必须以广博的心胸去爱众人。

3. 爱物

儒家不仅提倡爱亲人、爱众人，而且对自然界也充满怜悯和关爱之情。《论语·述而》记载：“子钓而不纲，弋不射宿。”孔子用鱼竿去钓鱼，而不用渔网去捕鱼，不射归巢的鸟。这既是孔子“取物有节”的表现，也是他爱惜生灵万物的仁爱情怀的体现，展现了他对于大自然的保护和尊重之情。《孟子·梁惠王上》记载：“君子之于禽兽也，见其生，不忍见其死；闻其声，不忍食其肉。”这是仁爱之心在动物上的表现，即孟子说的“人皆有恻隐之心”。可见，儒家的仁爱不仅可以超越亲人，也可以超越人类，是对所有有生命的存在而言。孟子说：“亲亲而仁民，仁民而爱物。”（《孟子·尽心下》）亲爱自己的亲人，推而施仁德于百姓；再把对百姓的仁爱之情，推而爱惜自然万物。北宋时期的张载在《西铭》中说：“民，吾同胞；物，吾与也。”民众是我的兄弟姐妹，我要去关爱和帮助；万物是我的同类朋友，我要去爱护和爱惜。张载“民胞物与”的思想，对后世的社会发展产生了深远的影响。所谓“民胞物与”，即天下的人都是我们的同胞兄弟，天下万物也都是我们的同类；我们对他人、他物都应该像对待同胞兄弟一样爱护。在儒家那里，人只有先爱亲人才能爱大众，只有先爱人类才能爱万物；反之，不爱亲人而爱大众，不爱人类而爱万物，是一种不切实际的爱，一种没有支撑和空洞的爱。然而，儒家的爱物是一种更广泛、

爱护环境

更普遍的大爱，也是儒家仁爱的更高层次和更高追求。

4. 爱有差等

儒家对万物的爱心虽是一种普遍的爱，但不是对万物不加区别的等同程度的爱。它是以个人为中心，一层层向外推展并逐渐衰减的，这就是儒家“爱有差等”的原则。儒家虽然讲究仁爱万物，但也主张要有主次、先后、轻重之别。一般来说，血缘关系越近，爱的程度越强；反之，越弱。因为这合乎人的天然情感，否则，就违背人之常情。对此，孟子有明确地阐述：“君子之于物也，爱之而弗仁；于民也，仁之而弗亲。亲亲而仁民，仁民而爱物。”（《孟子·尽心上》）也就是说，对亲人要亲，对民众要仁，对万物要爱。那么，儒家仁爱尽管有差等的不同，但是却能把这种最基本的“亲亲之爱”推而“泛爱众”，推而“爱万物”。这不仅显现出儒家仁学的博大无私，而且也体现了亲切可行，且永无止境。这正是儒家仁爱思想的博大和深奥所在。

其三，仁者自爱。儒家提倡仁者自爱，就是说，一个有仁爱心的人，首先要成就自己，完善自己的人格素养，懂得做人的道理。《荀子·子道》记载：

> 子路入，子曰：“由，知者若何？仁者若何？”子路对曰：“知者使人知己，仁者使人爱己。”子曰：“可谓士矣。”子贡入，子曰：“赐，知者若何？仁者若何？”子贡对曰：“知者知人，仁者爱人。”子曰：“可谓士君子矣。”颜渊入，子曰：“回，知者若何？仁者若何？”颜渊对曰：“知者自知，仁者自爱。”子曰：“可谓明君子矣。”

孔子对子路、子贡、颜渊三位弟子关于同一问题的回答，分别给以不同的判定。从中可以看出，孔子对颜渊“仁者自爱”的回答给予了最高层次的评判。子路的“仁者使人爱己”是获得他人的爱，子贡的“仁者爱人”是施予他人的爱。显然，子贡对仁的理解更深一层。颜渊的“仁者自爱”则使人较难理解，怎么能仁者自爱呢？

其实，儒家非常注重对生命价值与意义的哲学思考和终极关怀。对人的生命的理解，不只是一种生物学意义上的自然生命，而是一种道德意义上的完美人格的价值追求。正是在这个意义的基础上，孔子将整个儒学归结为“为己之学”。他说：“古之学者为己，今之学者为人。”（《论语·宪问》）在这里，“为己”就是实现自我道德修养的完善与人格境界的提升，即为修身之学；“为人”就是以学装饰门面而取悦于人，即为粉饰之学。显然，两者的目的不同。因此，孔子告诫子夏说：“女为君子儒，无为小人儒。”（《论语·雍也》）荀子在《劝学》篇也说：“君子之学也，以美其身；小人之学也，以为禽犊。”那么，《中庸》“成己，仁也”的观念与“仁者自爱”在基本精神上是完全相同的，它体现了儒家所说的“克己”“修己”。因为一个人只有有了高尚的道德素养和精神境界，才可以受到他人的尊重和爱戴，才能有高度的道德自觉去爱他人。可见，只有颜渊的仁者自爱才真正领悟到了孔子思想的真谛，领悟到了儒家道德生命观的真谛，这是人对自我生命的一种自我觉醒。

二、立人达人 推己及人

仁是儒家所追求的最高精神境界和价值目标，同时仁又是极为简易平实、切实可行的。因为孔子指明了实行仁的途径和方法，即“忠恕之道”。忠恕之道包括“己欲立而立人，己欲达而达人”的忠道，以及“己所不欲，勿施于人”的恕道。《论语·里仁》篇记载：“子曰：‘参乎！吾道一以贯之。’曾子曰：‘唯。’子出。门人问曰：‘何谓也？’曾子曰：‘夫子之道，忠恕而已矣。’”在这里，孔子所说的“吾道”就是他提倡的仁道，推行、实践仁道的方法和原则是忠恕。

那么，什么是忠？孔子说：“夫仁者，己欲立而立人，己欲达而达人。”（《论语·雍也》）一般认为，这里的“立人”“达人”就是忠。什么是恕呢？《论语·卫灵公》载：“子贡曰：‘有一言而可以终身行之者乎？’子曰：‘其恕乎！’己所不欲，勿施于人。”那么，“己所不欲，勿施于人”就是恕。朱熹认为：“尽己之谓忠，推己之谓恕。”这基本解释了“忠”“恕”

忠恕之道

的含义。那么，“己欲立而立人，己欲达而达人”是从积极方面来说的，“己所不欲，勿施于人”是从消极方面来讲的。这是儒家为仁之道的两个不同向度，可以说两者殊途同归。

从积极的一面看，人都有所欲、所求，即生理上的欲望和社会性的价值追求。从某种意义说，就是儒家所说的“立”和“达”。“立”原意为人直立于地上，一般是指人在社会上的立身行事且被社会普遍认可和接受。许慎《说文解字》解释“达”为“不相遇”，即“通达”之意，一般指人所追求的目标得以实现、完成及所愿。其实，“立人”“达人”也有使人立、使人达，即帮助人的意思。那么，孔子的“己欲立而立人，己欲达而达人”之意，就是自己想立身于社会，也应该让别人立身于社会；自己想获得成功，也应该让别人获得成功。用现代的话说，就是共同进步、实现双赢。它主要有三层含义：第一，自己欲立欲达，就不妨碍别人立与达；第二，自己立与达后，应帮助别人立与达；第三，自己欲立欲达的同时，帮助别人一起立与达。可见，己欲立而立人，己欲达而达人主要体现在对他人的关照上，特别是以己之情度他人之情，将他人的发展置于自我发展中，共同发展进步，一起迈向成功。这可谓践行儒家仁爱最有效的途径和方法。

从消极的一面看，人都有所不欲、有所厌恶，自己所不欲的、所厌恶的，一般都是对自己有害的或者自己反感的。那么，对自己有害的、不愿做的事情，也必定是对他人有害的、不愿做的。从这个意义上讲，把自己所不欲、所厌恶的强加于他人，是一种令人反感和不道德的行为。可见，己所不欲，勿施于人就是自己不想要的，不要强加于他人。就现代社会来说，“己所不欲，勿施于人”是维持正常人际关系和保障社会有序的最后的也是极其有效的防线。如能坚守这一道防线，时时处处考虑到他人的感受，则能保证他人的人格受到尊重和权益不受损害。因而它是现代社会成员之间个体交往的最普遍的原则，备受人们的重视。

忠恕之道依据的是将心比心、推己度人的道理，出发点是“己心”，即自己的情感和需要。所谓“推己及人”就是从自己本身出发，拿自己和别人作比较，将心比心，设身处地地为别人着想，并且不断反省自己，对自己的言行做出道德评价，从而对自己的行为不断进行调整，以便做出有利于他人、有利于社会的行为。

孔子提倡仁者爱人，要求人们讲求仁爱、友爱，追求相互之间和谐共处。人们彼此之间的关系，包括家庭成员之间、邻里之间、同事之间、部门之间等的关系，也包括国家与国家、民族与民族之间的关系，甚至包括人与自己所处环境间的关系。现代社会人际交往频繁而复杂，而且每个人都面临着更多、更为广阔地与人交往的机会。小到家庭，大到社会，人们生活在一定的集体中，思想、情感、诉求、行动、利益等的分歧、冲突难以避免。处理好种种矛盾与冲突，化干戈为玉帛，不妨学习和利用儒家忠恕之道，以及推己及人的方法，处理好与同事之间、上下级之间、邻里之间、家庭成员之间的关系，共同营造人与人之间互相关心、互相爱护、互相帮助的人际关系，通过团结合作达到共同进步，促进个人、他人和集体事业的共同发展。

三、能近取譬　反求诸己

孔子提倡仁者爱人，并明确指出了施行仁爱的方法。孔子说：“能近取譬，可谓仁之方也已。”（《论语·雍也》）朱熹注：“譬，喻也。方，术也。近取诸身，以己所欲譬之他人，知其所欲亦犹是也。”可见，孔子将能近取譬作为实现仁爱思想的另一个重要途径、方法。但是，这与以上的忠恕之道有什么不同呢？对此，我们可做如此理解：两者都是孔子为仁之道的途径和方法。只不过忠恕之道是从为仁的总体思路、原则和方向上来讲的，能近取譬是从具体怎么做这一操作层面上说的，显得更平实可行，而不是深奥莫测、高不可攀。

《论语·雍也》载："子贡曰：'如有博施于民而能济众，何如？可谓仁乎？'子曰：'何事于仁，必也圣乎！尧、舜其犹病诸！夫仁者，己欲立而立人，己欲达而达人。能近取譬，可谓仁之方也已。'"子贡问孔子"博施于民而能济众"是否可称为仁，孔子认为不止于仁，可以称为圣了。对于子贡这么高调的问仁，说明作为才情很高的弟子子贡都不理解什么是仁。孔子用打比方的方式解释了为仁之道，不仅使子贡听后明白，而且也利于日后践行仁道。这样，孔子为子贡指出了"能近取譬"的"为仁之方"。这种方式十分便捷、简易、可行，从而成为孔子教育弟子的入门之法。

"能近取譬"指明了为仁的基本方向、路径与方法。"近"指切近、就近；"譬"指比方、推想，引申为类比、揣测。钱穆在《论语新解》中说："人能近就己身取譬，立见人之与我，大相近似。以己所欲，譬之他人……而仁术在其中矣。"那么，求仁的路向不在宏阔的空谈中，也不在浩渺的人生彼岸，而只在当下的理解、体贴和学习别人中。宋代学者郑汝谐的《论语意原·雍也》说："何谓仁，反而求之吾心，推而及于天下，能以己之欲求人之所欲，此仁之方也。"儒家讲究入世，倡导为学与力行，但始终不离开日用生活，不离开具体而活生生的人；始终注重从我做起、从自身做起，注重自反、察己、内省。无论遇到任何事情，总能从自己身上寻找原因、发现问题，而不是怨天尤人、归咎于外在条件。程子说："夫仁者达人、立人，取譬，可谓仁之方而已，使人求之，自反便见得也。"（《二程遗书》卷六）就是说，只要能够进行认真地近取其身，严格的自反、内省，这就几乎掌握了修身进德、成己、达仁的方法了。

能近取譬的为仁方法强调"近""譬"两字，一般是采用通俗易懂的方式，借用身边常见的事物来打比方，将抽象的思维与生活经验通过生动的故事和形象的语言表达出来，让人一听就懂，一学就会，从而让对方很容易理解自己的思想和观点。如孔子以"观水比德"和"观玉比德"的方式和方法，对弟子进行潜移默化的教育。孔子把能近取譬定义为仁之方，主要是通过讲故事、打比方启发对方进行思考，把高大宏阔的仁道变得平实、可行且生动活泼，利于弟子们理解与践行。同时，这种委婉含蓄的教育方法不但有助于阐明事理、修养身心，还能避免直接的冲突，容易让人接受。

儒家提倡仁者爱人，但其前提是应该做到仁者自爱。这个“自爱”就是“修己”“克己”。这是做人的基础。一个人只有自己具有了仁爱之心，才能更好地帮助他人，影响他人，成就他人。俗话说得好：“打铁还靠自身硬。”就是这个道理。但是，我们在与人相处的过程中，在“以己所欲，譬之他人”时，可能会出现冲突或者不理解等尴尬的事情。这种时候，儒家要求应该反求诸己，也就是反躬自问，反省自己。孔子说：“君子求诸己，小人求诸人。”（《论语·卫灵公》）把“求诸己”认为是一个君子应该做的。同时，孔子时时做到了求诸己，所以他才“上不怨天，下不尤人”（《论语·宪问》）。孟子说：“爱人不亲，反其仁；治人不治，反其智；礼人不答，反其敬。行有不得者皆反求诸己，其身正而天下归之。”（《孟子·离娄上》）又说：“君子以仁存心，以礼存心。仁者爱人，有礼者敬人。爱人者，人恒爱之；敬人者，人恒敬之。”（《孟子·离娄下》）意思是说，你跟别人交往，如果得不到预期的结果，就应该返回到自身，反省自己有没有问题；如果你是敬爱别人的，别人也会敬爱你。这就为我们处理人与人之间的关系开辟了另一个路向。其实，这还是一个自我修养的问题，仍然需要继续加强自我修养的真功夫。

儒家提倡仁者爱人，倡导仁者自爱，将自我修养作为为人处世的基础，把仁爱作为处理人际关系的原则和极高的道德要求，旨在通过人与人之间的和谐，促进整个社会的和谐有序，进而形成一个可供人们和睦生活的社会环境，实现“老者安之，朋友信之，少者怀之”的和谐状态。然而，仁作为孔子儒家思想的核心概念，是一般人很难达到的人生境界。但是并不是每个人都不可接近它；恰恰相反，每个人都能做到仁，只是你愿做还是不愿做而已。为此，孔子儒家提出了“忠恕之道”和“能近取譬”的“为仁之方”。一个人只要能把对父母兄弟的血缘之爱推己及人，进而爱天下所有的人，那么他就是一个有爱心的人，就接近、亲近仁德了。儒家认为，实现仁德并不是一件高不可攀的事情，不是一定要有举世瞩目的事功基础，也不是一定要做出惊天地、泣鬼神的感人事迹，在人们最平常的日用生活中，就能够践仁达圣。可见，儒家所谓仁的实践功夫并不高远、浩渺而不切实际，反而更具有可操作性与可实践性。

孔子提出的立人达人、能近取譬的为仁之道，包含了“己欲立而立人，己欲达而达人”的积极处理人际关系的忠道，以及“己所不欲，勿施于人”的消极处理人际关系的恕道。立人达人倡导“己欲立”与“立人”以及“己欲达”与“达人”的价值一致性，倡导与人为善，将利他与利己统一起来，为人际交往提供了合作共赢的整体观念和义利结合的价值指导。“己所不欲，勿施于人”要求人们按照仁的道德标准来制约个人欲望，约束自己的行为。同时，在为人处世时能以己度人，推己及人，以对待自己的态度对待他人，不把自己不想要的东西强加给别人。它体现了换位思考、将心比心的思维方式要求，有利于形成体谅、包容的良好心态，有利于促进人际关系的和谐。那么，孔子立人达人、能近取譬的道德思想将个人道德的自我完善与促进人际关系和谐、实现社会秩序的稳固有机统一起来，注重寻求人与人、人与社会的和谐发展，体现了儒家社会道德教化和国家治理方面的高超智慧。

当今，我们正处在社会的转型时期，由于人们所处的社会角色不同，往往负有不同的社会责任，产生不同的利益需求，表现出价值多元化的倾向。可是，人们在工作、学习和生活中，时刻离不开与同事之间、上下级之间、邻里之间、家庭成员之间的关系协调和处理问题。小到家庭，大到社会，人们生活在一定的集体中，不可避免地会发生矛盾、出现冲突。儒家所提倡的仁爱思想及其原则正好可以为我们解决分歧、化解矛盾提供有益的价值指导和具体的解决方式，不仅可以促进人们的身心和谐，而且有利于促进社会的和谐。

故事链接

一、曹操烧信

三国时期，曹操（155—220）在官渡之战中以弱胜强，打败了袁绍（？—202）。袁绍逃走，曹军进入袁绍本部大营，收缴了很多军需物资，一一清点，登记在册。但是，在检查清点袁绍来不及烧掉的文件档案时，有一个重大的发现：袁绍的私人信件中，有许多政府官员向袁绍表态站队的信件，甚至有相当一部分曹操军队中的将军也写信向袁绍示好。负责清点收缴物资的官员向曹操请示如何处置。曹操大手一挥，烧了，一件都不许留存。有人不解，问曹操为什么不查是哪些人和袁绍勾结。曹操说："保全自己是人之常情，这些跟随我打仗的人，谁都有家庭、儿女，谁在绝望时都会找出路。以前袁绍的势力远远大过我，连我都没有信心大胜袁绍，何况他们？这些部下也并非就是真心背叛我，只是敌我悬殊情况下做出的迫不得已的选择而已。因此，你们不要再去追问了，把信全部烧掉，既往不咎！"

于是，根据曹操的命令，手下人把那些书信全部烧光了。那些过去暗通袁绍的人也放了心，他们对曹操能如此体恤下属感激不尽，并且暗自惭愧，决心今后忠心于曹操，不再有二心，心甘情愿地为曹操尽心尽力；原来那些心存观望的人，也更加效忠曹操。最终，曹操通过这件事团结了文武群臣，力挫群雄，统一了北方，成就了一番霸业。

历史上，如曹操这样的还不止一人。东汉开国皇帝刘秀也做过类似的事。他发现几千封自己部下通敌的信件后，拒绝拆看，而是当着所有人的面，一把火将信件全部烧掉了。

海洋是宽广的，比海洋更宽广的是天空，比天空更宽广的是人的胸怀。拥有智慧的人，大有人在；拥有宽广胸怀的，也大有人在。可是，既拥有智慧又拥有宽广胸怀的人，就不多了。人都有自私自利的一面，都有趋利避害的一面。当有些人遇到困难，前进之路看不到希望，考虑后退之路也在情理之中。如果能站在他们的角度，换位思考，推己及人，能近取譬，用宽广的胸襟设身处地为他人着想，定能换来他人的真心相待，最终成就一番事业。

二、跪地喂饭

2015 年 12 月 8 日，在郑州飞往海南的航班上，一位河南新乡的老人因患有脑梗死无法握勺进食，空姐樊雪松跪在老人身边喂他吃饭。老人深受感动，热泪盈眶。这感人的一幕被同机的乘客拍下并发到网络上，引起了网民的热议。空姐樊雪松与这位来自新乡的老人素不相识，但她却能像对待自己的亲人那样给予老人精心的照顾。实在地讲，即便是老人的子女，也未必能做出跪地喂饭的举动。这样的举动让老人在冬天里，却感受到了春天般的温暖。一般来说，作为空乘人员，只要严格按照国家和行业内部的规章制度与服务标准服务即可，没有必要对乘客跪地服务。但是，樊雪松深知老人身患脑梗死，行动不便，于是对老人进行了特殊的服务和照顾。

“空姐跪地喂饭”的事传到网上之后，引起网民的一致称赞。当记者问樊雪松为什么会这么做时，她回答说：“每个人都会老去，我们也都有父母。”就是这么简单朴实的一句话，折射出了樊雪松推己及人、设身处地为他人着想的高尚品德及精神境界。孟子说：“老吾老，以及人之老；幼吾幼，以及人之幼。”尊敬自家的长辈，推广开去，也尊敬别人家的长辈；爱护自家的儿女，推广开去，也爱护别人家的儿女。也就是说，能近取譬，换位思考。如果大家像尊重自己家的老人一样尊重别人家的老人，像爱护自己的孩子一样爱护别人的孩子，那么“人不独亲其亲，不独子其子”，这个社会岂不是变得更加和谐温暖吗？一个简单的动作，一句简单的回答，让我们真切感受到了中华民族传统美德的博大精深，感受到了互帮互助的温暖。

三、盲人之灯

有一个僧人走在路上，四周一片漆黑。因为天太黑，僧人被行人撞了好几次。他继续向前走，看见有人提着灯笼向他走过来。这时旁边有人说，这个人真奇怪，明明什么都看不见，却每天晚上打着灯笼在路上走。僧人很纳闷，等那个打灯笼的人走过来的时候，便上前问道：“你真的什么都看不见吗？”那个人说：“是的。我从生下来就没看见过一丝光亮。对我来说，白天和黑夜是一样的。我甚至不知道灯光是什么样的。”僧人问道：“既然这样，你为什么还要打灯笼呢？是为不让别人说你是盲人吗？”盲人说：“不是的。因为我知道，每到晚上，四周漆黑一片，人们都变成了和我一样的人了，所以我晚上要打着灯笼出来。”僧人感叹道：“原来你是为了别人。”盲人回答说：“不是，我为的是自己。”僧人更迷惑了。盲人问：“你刚才从路上过来时，有没有被人碰撞过？”僧人说：“有呀。就在刚才，我还被人不留心撞了好几次。”盲人说：“我什么都看不见，但从来没有被人撞到过。因为我的灯笼既为别人照了亮，也让别人远远地就看见了我。这样，走在路上，其他人就很少撞到我了。”僧人顿悟。

“盲人打灯笼”的故事让我们明白了一个道理：很多时候，你在帮助别人的同时，无形中也是在帮助自己。孔子说：“己欲立而立人，己欲达而达人。”如果你真心帮助和关心别人，相信也同样会得到别人的关心和帮助。就像这位盲人，他在为别人照亮道路的同时，也照亮了自己。这和我们开车进入隧道后要开车灯是一样的道理。有人不喜欢在隧道里开车灯，觉得里面光线还不算暗，不开车灯也能看见路。其实，车灯不仅仅是给自己开的，也是给对面车辆的驾驶者开的，能够让对方看得见自己，避免车祸的发生。在漫长的人生道路上，独自一人在漆黑的路上跋涉，是多么寂寞，又是多么危险。我们应该点亮心中的明灯，照亮自己，也照亮别人。

四、降落伞奇迹

在美国，没有专门的军工企业，所有的军用品都是由私人企业生产的。于是就发生了下面这个故事。第二次世界大战中期，美国空军的降落伞都由降落伞生产商生产供应。最初，降落伞的安全性能不够好，在训练和实战中时不时地会发生安全事故。后来，经过生产商的努力，合格率逐步提升到 99.9%。不过，军方对这个合格率并不满意。他们要求降落伞的合格率必须达到 100%。对于军方的要求，生产商不以为然。他们认为，能够达到 99.9% 的合格率已经接近完美了，没有必要再进行改进。他们一再强调，任何产品也不可能达到 100% 的合格，除非奇迹出现。然而，这个 1‰的隐患对空降兵来说却是要命的！因为 1‰的降落伞不合格，就意味着每一千名伞兵中，将有一人可能会因为降落伞的质量问题，在跳伞过程中送命。这显然会影响伞兵们战前的士气。为了使生产商进一步提高降落伞的合格率，军方制定了新的产品质量检验方法：他们要求降落伞生产商负责人亲自试跳。具体办法是：从生产商前一周交货的降落伞中随机抽取一个，由该负责人装备上身，再从飞机上往下跳。新的质检方法实施后，奇迹出现了，降落伞的合格率终于变成了 100%。

站在厂家的角度，99.9% 的合格率已经是超好，是极限了；站在用户的角度，那千分之一就是一条鲜活的生命。生产商对 1‰的隐患没有切身感受，甚至认为这很正常。因此，他们对每一千名伞兵中有可能因为降落伞的质量问题而让一人送命的现象表现漠然。现在双方换一下角度，进行一下换位思考，在原来的感觉里不外乎就是一名普通的士兵，现在却是自家的性命，当然需要百分百的安全，百分百的保证，自然就会想方设法去消灭那千分之一的质量缺陷了。让生产商负责人亲自试跳的制度，将降落伞的合格率与生产商负责人的生命联系到了一起。这就迫使他们绞尽脑汁提高产品质量，其结果就是产生了奇迹——降落伞的合格率真的变成了 100%。这个故事恰恰体现了儒家“己所不欲，勿施于人”和“推己及人”的思想。就这么一个小小的思想转变，不知拯救了多少生命。

五、手绘歉卡

“我还很小，第一次坐飞机，可能会感到不适，可能会无法控制自己，可能会难受得哭闹或者兴奋得大叫。我会尽最大努力好好表现，不会打扰你们在长途飞行中休息。”“如果打扰了你们，我和全家表达真挚的歉意，恳求你们的谅解和宽容。”“我会记得陪伴我人生第一次旅行的所有好心人，祝你们春节快乐！”……今年春节，杭州“80后”夫妇方女士一家要去伦敦旅行。他们的行囊中有一件特别的行李——为避免十八个月的女儿在飞机上哭闹影响其他乘客，准备向邻近旅客发放的手绘“致歉卡”，卡里还装了巧克力。其实，在漫长的飞行中，孩子哭闹非常正常。毕竟飞机上环境干燥，噪音又大，大人都有可能难以忍受，更何况是十八个月的婴儿。这一点，方女士自己长途出差时深有体会，也曾遇到过旁边座位上有孩子哭闹，不是十分钟八分钟的事，有可能根本停不下来，给其他乘客带来很大的烦恼。

在现实生活中，我们见惯了不少蛮不讲理的旅客，见惯了“我带着孩子我了不起”的旅客。他们以自我为中心，我行我素的言行举止让人反感。担心年幼的孩子可能影响他人的方女士一家，用发放“致歉卡”的方式向邻近旅客表达歉意，获得了周围乘客的理解，获得了乘务人员发自内心的微笑。她这种设身处地为别人着想的做法，无疑值得每个人学习和点赞。其实像方女士这样善解人意的旅客，在旅行中更能得到包括乘务员在内的更多人的帮助。同样的道理，我们在生活、工作中，做到“立人达人”，能近取譬、设身处地替别人着想，别人才会尊重你、尊敬你，并且会得到别人的真心回报！

经典名句

1. 夫仁者，己欲立而立人，己欲达而达人。能近取譬，可谓仁之方也已。

——《论语·雍也》

【译文】仁德的人，自己想成功，也让别人能成功；自己想通达，也让别人事事通达。凡事能就近以自己作比，推己及人，可以说就是实践仁德的方法了。

2. 以爱己之心爱人，则尽仁。

——《正蒙·中正》

【译文】对待别人如同对待自己一样，那么就算做到了仁。

3. 天行健，君子以自强不息；地势坤，君子以厚德载物。

——《周易》

【译文】天（即自然）的运动刚强劲健，相应于此，君子应该像天宇一样运行不息，刚毅坚卓，不屈不挠；大地的气势厚实和顺，君子的接物度量要像大地一样，增厚美德，容载万物。

4. 人皆有所不忍，达之于其所忍，仁也；人皆有所不为，达之于其所为，义也。

——《孟子·尽心下》

【译文】人人都有不忍心做的事，把它推及他忍心去做的事上，就是仁；人人都有不肯去做的事，把它推及他肯做的事上，就是义。

5. 以己及物，仁也；推己及物，恕也。违道不远是也。

——《二程遗书》

【译文】仁者由内而发，自发、自行流显的心性与情感等涉及自己以外的物；普通的人向内推求，再达到仁的境界去用在他人身上，可以是恕的一种表现。仁和恕与道相差不远。

6. 夫仁者达人立人，取譬，可谓仁之方而已，使人求之，自反便见得也。

——《二程遗书》

【译文】所谓仁者要从自身做起，注重自反、察己、内省，遇到任何事情总能从自己身上寻找原因、发现问题，而不是怨天尤人、归咎于外在的客观条件，这样才基本具备了修身进德、成己、达仁的可能。

7. 子曰：“君子求诸己，小人求诸人。”

——《论语·卫灵公》

【译文】孔子说：“君子［注重个人的道德修养，］多从自身的反省开始，小人［则相反，］往往一味地苛求他人。”

8. 仁者爱人，有礼者敬人。爱人者，人恒爱之；敬人者，人恒敬之。

——《孟子·离娄下》

【译文】仁人爱别人，有礼的人尊敬别人。爱别人的人，别人常爱他；

尊敬别人的人，别人常尊敬他。

9. 子贡问曰："有一言而可以终身行之者乎？"子曰："其'恕'乎！己所不欲，勿施于人。"

——《论语·卫灵公》

【译文】子贡问道："有没有一个字可以终身奉行的呢？"孔子说："那大概就是'恕'字吧！自己不愿意接受的东西，就不要强加给别人。"

10. 为天地立心，为生民立命，为往圣继绝学，为万世开太平。

——《张子语录》

【译文】为天地确立起博爱济众的仁者之心、圣人之心，为民众选择正确的命运方向，确立生命的意义，继承孔孟等圣人也不曾弘扬之道学，为天下后世开辟永久太平的基业。

第九章

礼乐并举　移风易俗

自古以来，中国就有“礼仪之邦”的美称。礼乐文化是中国传统文化的重要组成部分，是中华民族特有的精神文化符号。孔子在周公引德入礼的基础上，赋予礼乐以仁的本质内涵，使得中华礼乐文化由虚幻的鬼神世界回归现实的人文关怀。在儒家看来，礼是用来区别人伦差异的，可以使人与人之间各安其位并相互尊敬；乐是用来调和人们情感的，可以让人与人之间更加亲近与和谐。虽然礼、乐有别，但两者又是相辅相成、相互促进、相互转化的。实践证明，只有礼、乐并举，才能真正建构社会的有序和谐。孔子儒家礼乐并举、移风易俗的社会管理理念具有丰富的思想内涵，对当代社区（乡村）精神文明建设具有十分重要的借鉴意义。

一、礼、乐的原初意蕴

关于礼的起源，学术界一直没有定论，但有一点可以肯定，礼的出现与原始社会祭祀活动，以及生活习俗有很大的关系。“礼”字繁写为“禮”，甲骨文中出现的“豊（lǐ）”，从字形上看就是祭祀用的器物。《说文解字》中说：“礼者，履也，所以事神致福也。从示从豊，豊亦声。”段玉裁注：“履也……足所依也。引申之凡所依皆曰履。引假借之法……礼有五经，莫重于祭。故礼字从示，豊，行礼之器。”履是足之所依，而礼就是人之所依。依礼而祭神才能得到赐福与保佑。王国维将其解释为：“盛玉以奉神人之器谓之丰，推之而奉神人之酒醴（lǐ）亦谓之醴，又推之而奉神人之事，通谓之礼。”郭沫若也认为从礼

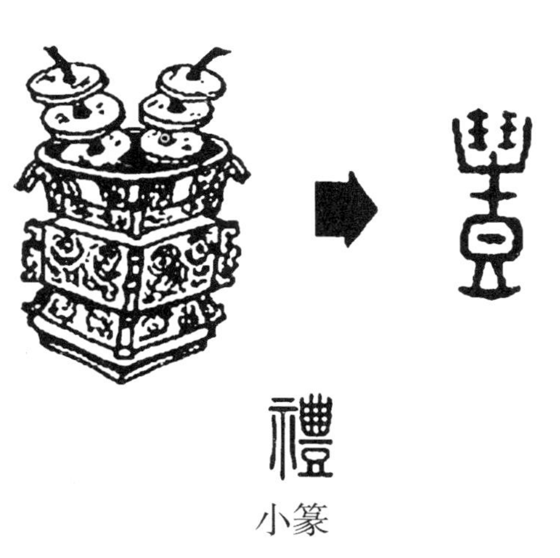

“礼”的字源

的字形来看，礼的起源与祭祀行为息息相关。他在《十批判书·孔墨的批判》中说：“礼是后来的字。在金文里面，我们偶尔看见用豊字的。从字的结构上来说，是在一个器皿里面盛两串玉具以侍奉于神。《盘庚篇》里面所说的‘具乃贝玉’，就是这个意思。大概礼之起于祀神，故其字后来从示，其后扩展而为对人，更其后扩展而为吉、凶、军、宾、嘉的各种仪制。”

《礼记·礼运》中载：“夫礼之初，始诸饮食。其燔（fán）黍捭（bǎi）豚，污尊而抔（póu）饮，蒉桴（kuì fú）而土鼓，犹若可以致其敬于鬼神。”礼最早出现就源于人们的饮食行为。远古时期的人们对未知的自然充满敬畏，认为万物有灵。他们做熟黍米和肉，掘坑捧水而饮，敲击土鼓作乐，都是在将人们的祈愿与敬意传达给鬼神，是一种祭礼。由此可见，礼的出现应当源于原始祭祀行为与生活习俗。

“乐”字从字源来看，要先于“礼”字，早在甲骨文中就已出现。《说文解字》将“乐”释为：“五声八音緫（zǒng）名。象鼓鞞（pí）。木，虡（jù）也。”说“乐”是五声八音的总称。“乐”字繁写为“樂”，如木架上悬铃置鼓，而铃鼓正是古时祭祀常用到的乐器。《后汉书·东夷列传》中就有过这类记载：“建大木以县（悬）铃鼓，事鬼神。”源于对自然界的未知，上古时期的人们对天帝、山川、鬼神充满敬畏，巫则被视为人神沟通的桥梁。所谓“巫”，《国语·楚语下》载：“在男曰觋（xí），在女曰巫。”上古时期的人们认为，在事神的仪式中，巫能够通过一定的韵律和舞蹈将人世的祈祷告知神灵，同时又将神灵的指示反馈给人们，从而完成人与所敬畏的天帝、山川、鬼神的沟通。此时，乐舞在一定程度上也属于祭祀之礼的组成部分，而乐与舞其实也是合二为一的。正如郭沫若所说：“中国旧时的所谓‘乐’，它的内容包含得很广。音乐、诗歌、舞蹈，本是三位一体可不用说，绘画、雕镂、建筑等造型美术也被包含着，甚至于连仪仗、田猎、肴馔等都可以涵盖。所谓‘乐’者，乐也，凡是使人快乐，使人的感官可以得到享受的东西都可以广泛地称之为乐，但它以音乐为代表是毫无问题的。”

到了夏、商时期，人类文明有了极大进步，夏朝文化与殷商文化被历史学家范文澜称为“尊命文化”和“尊神文化”。“夏道尊命，事鬼敬神而远之……殷人尊神，率民以事神，先鬼而后礼。”（《礼记·表记》）相较于远古时期，当时的礼乐文化已经有了很大的发展与进步。但在西周以前，不管是“尊命文化”还是“尊神文化”，仍是以辅助宗教性政治活动的外在形式而存在的，实际上依旧属于原始宗教文化的范畴。

周朝初年，周公旦将远古到殷商的原始礼仪加以大规模的整理和改造，制定了一套完备的礼乐制度，把人们的衣、食、住、行、婚丧嫁娶，以及朝聘、祭祀等方面的行为都纳入礼治道德范畴。在国家的组织与管理中，礼乐相合，互为补充，这就是人们所说的周公“制礼作乐”。周人将礼分为“吉、凶、军、宾、嘉”五种仪制，除“吉”礼仍为事神的礼仪，其他四种都与现实生活息息相关。完备乃至烦琐的仪制再配以相应的音乐，社会等级不同，所用乐舞也不相同。不同等级、不同场合施行的礼仪和音乐有着严格的等级规定。李泽厚对周礼的定义为：“所谓‘周

曲阜周公庙

礼’，其特征确是将以祭神（祖先）为核心的原始礼仪，加以改造制作，予以系统化、扩展化，成为一整套宗法制的习惯统治法规（‘仪制’）。”周礼的制定是为了“经国家，定社稷，序民人，利后嗣”，实质上是为了加强周人的血亲联系与维护宗法等级秩序。

周公引德入礼为礼乐注入了新的内涵与精神。《尚书·蔡仲之命》中说：“皇天无亲，惟德是辅。皇天无私，惟德是依。”周公将关注重心由过去唯一且不可逾越的皇天转为人类德行，提出“以德配天”“敬德保民”的思想。礼乐从神坛走向世俗人间，把原本礼序鬼神的礼乐扩展到了礼序人伦，关注重点由人与神鬼之间的宗教关系转向了人与人之间的政治关系，把礼乐从虚幻的神鬼世界延伸到现实的人际关系中。相比殷商时期，周代的礼已有了本质性的区别。其祭祀活动虽然具有了更加完备的形式，但在政治实践中已不具有中心的地位，“周人尊礼尚施，事鬼敬神而远之”（《礼记·表记》）。周人祭祀的中心目的已不在于敬鬼神，而是以礼乐来引导社会生活中的等级秩序，以维护其政治统治。

二、先秦儒家的礼与乐

孔子是周礼非常虔诚的向往者。他曾说：“周监于二代，郁郁乎文哉！吾从周。”（《论语·八佾》）周礼在夏、商两代的基础上，礼乐文章一派繁盛完美之象，所以孔子会发出“吾从周”的感慨。然而春秋末期，由于周王室王权的日渐衰微，各诸侯国随着自身实力的

孔子研究院

增长，时有僭越礼制的情景发生，周礼已被践踏无几，孔子把这种局面称为“天下无道”。他说：“天下有道，则礼乐征伐自天子出；天下无道，则礼乐征伐自诸侯出。自诸侯出，盖十世希不失矣；自大夫出，五世希不失矣；陪臣执国命，三世希不失矣。”（《论语·季氏》）孔子认为，礼乐的制定、执行与对外征伐一样，都属于国家的大事。在天下有道的社会中，这些都是应该由天子决定的；在天下无道的社会中，这些大事就由诸侯决定了。由诸侯决定这些大事，这个朝代大概经过十代就会垮台了；由大夫决定这些大事，大概经过五代就会垮台了；由家臣决定这些大事，大概经过三代就会垮台了。

基于“礼崩乐坏”的社会现状，孔子并不是单纯地追寻恢复礼乐形制，而是深入地探究礼乐内在的精神与意义。他说：“礼云礼云，玉帛云乎哉？乐云乐云，钟鼓云乎哉？”（《论语·阳货》）我们所说的礼，难道只是指礼所用到的玉帛吗？我们所说的乐，难道只是指乐所用到的钟鼓吗？礼乐难道是玉帛、钟鼓这些表面形式所能替代的吗？当然不是。在其外在的形式下，礼乐包含着更深刻的精神与意义，也即礼乐内在的思想与伦理依据。

孔子将其核心思想仁植入礼乐中，以仁释礼，将礼乐价值做了重新确立。弟子颜渊一日问孔子何为仁。孔子说：“克己复礼为仁。”颜渊继续问，在现实生活中该如何践行仁。孔子说：“非礼勿视，非礼勿听，非礼勿言，非礼勿动。”（《论语·颜渊》）在孔子看来，以礼为准、依礼行事才是实现仁的真正途径。孔子以礼作为仁的规束与框定，并以礼来指导仁在现实中的践行。同时仁又是礼乐内在的根据与价值所在。仁是礼乐之本，礼乐是仁的外化表现。孔子将仁的内容与礼乐的形式相统一，使两者相辅相成。正如他所说：“人而不仁，如礼何？人而不仁，如乐何？”（《论语·八佾》）“仁者，人也。”（《礼记·中庸》）。那么，人的本质就是仁。在礼乐形制中，对于以往祭祀的主体鬼神，孔子虽然没有怀疑其存在的真实与否，却极少言及。“子不语怪、力、乱、神。”（《论语·述而》）孔子对人事与民生的关注更甚于对鬼神的关注。“季路问事鬼神。子曰：

‘未能事人，焉能事鬼？’‘敢问死。’曰：‘未知生，焉知死？’”（《论语·先进》）这也正是孔子将仁与礼乐相统一的具体展现。

孟子继承了孔子关于仁与礼乐相统一的思想，并将其发展成为仁义学说。孟子强调内在的道德情感，而非外在的行为规范。他以“人性本善”为着点，认为人之所以为人而异于禽兽，是因为人有道德，而动物没有。孟子认为人皆有仁、义、礼、智“四德”。这四种道德属性是人性本身所固有的，是人生命的有机组成部分。在“四德”之中，仁、义占主要地位，礼、智则从属于仁与义。“仁之实，事亲是也；义之实，从兄是也；智之实，知斯二者弗去是也；礼之实，节文斯二者是也。”（《孟子·离娄上》）孟子说，仁实际上就是要侍奉父母，义实际上就是要顺从兄长，智实际上就是理解仁与义的真谛以后而不背离，礼则是将仁、义有序、不失礼地展现出来。孟子在这里将礼进一步深入诠释，仁、义成为礼乐的真实所在，并处于更加重要的位置。

荀子不同于孟子，他强调礼的外在约束性与规范性，从人的社会性来探讨礼、乐的起源。“礼起于何也？曰，人生而有欲，欲而不得，则不能无求；求而无度量分界，则不能不争；争则乱，乱则穷。先王恶其乱也，故制礼义以分之，以养人之欲，给人之求，使欲必不穷于物，物必不屈于欲，两者相持而长，是礼之所起也。”（《荀子·礼论》）荀子认为“人性本恶”，由此出发，人皆有欲。人为了满足不断扩张的欲望，就必然在物上有所争。为了防止在实现欲望的过程中因物产生争斗，古时圣王制定了礼义，为欲望与物做一界定，在人们欲望得到一定程度满足的同时，物也不会因欲望无节制而枯竭。欲望与物在相互节制中共同发展，这是礼产生的原因。同样关于乐，荀子说：“夫乐（yuè）者，乐（lè）也，人情之所必不免也，故人不能无乐。乐则必发于声音，形于动静，而人之道，声音、动静，性术之变尽是矣。故人不能不乐，乐则不能无形，形而不为道，则不能无乱。先王恶其乱也，故制雅、颂之声以道（导）之，使其声足以乐而不流，使其文足以辨而不諰，使其曲直、繁省、廉肉、节奏，足以感动人之善心，使夫邪污之气无由得接焉。”（《荀子·乐论》）快乐是人天生的情感之一，而声音、动作则是快乐心情的自然流露与展现。人肯定是有快乐情感的，如果任凭这种情感抒发而没有规范，那么就会出现混乱。古时圣王为了防止这种混乱的发生，于是制作了雅、颂的音乐，对人们这种情感的表达加以引导，使其不致流于邪乱。

三、儒家礼乐并举的教化理念

儒家的礼乐思想中，礼乐文化代表着两重含义：一是礼化，一是乐化。所谓“礼化”，就是人的外在行为规范的建立；所谓“乐化”，就是人的内在精神秩序的培育。“乐者，天地之和也；礼者，天地之序也。”（《礼记·乐记》）礼化的作用在于区别次序，乐化的作用在于协调上下。因此，秩序与和谐是礼乐文化的主旨。

一方面，礼、乐主要功能不同，礼主别，乐主和；礼主外，乐主内。“夫礼者，所以定亲疏、决嫌疑、别同异、明是非也。”（《礼记·曲礼上》）礼就是用来审定人与人的亲疏、判断嫌疑、区别同异、明辨是非的标尺。在古代阶级社会，君王通过制定礼来确定等级分别，使每个人都按照各自身份立身行事，是社会政治秩序确立的准则，因而礼是理性的、外加的，是外在行为秩序的规范。礼教实际上是外在的理性约束，对感性情感的规范带有强制性。乐具有和谐的情感，能形成和谐的感性群体。乐由人内心情感触动而发，而它自身又具有由音阶长短、高低组成的和谐特质。这两大特征使其在培养人的内心情感、促进人际关系和谐方面，有着其他任何事物不可替代的作用。荀子认为乐的最大功用就是和。他说：“乐在宗庙之中，君臣上下同听之，则莫不和敬；闺门之内，父子兄弟同听之，则莫不和亲；乡里族长之中，长少同听之，则莫不和顺。”（《荀子·乐论》）相较礼是外在行为秩序的规范而言，乐则是人们内在精神秩序的导引。

另一方面，礼、乐又是密不可分的，过分倚重任何一方都会走入歧途。“乐胜则流，礼胜则离。”（《礼记·乐记》）过分倾向乐，则容易让人沉迷而忘返；过分倾向礼，则容易让人产生隔阂而缺乏亲近。礼的主要功能是别，根据人们的身份、地位、关系的不同，确定各自的位置，各司其职。

但如果一味地区分，会造成彼此之间，尤其是上下级之间关系的紧张甚至对立，不利于社会的长治久安。“乐”的主要功能则是“和”，通过情感的交流，让人在舒缓的氛围中消除彼此关系的紧张，缓解社会矛盾，促进关系的和谐。“礼”对群体给予了明确的界定与区分，对人们起到了强制性的约束；“乐”则用精神和文化的感召力来作为沟通情感的基本方式，化解因为礼的等级化、秩序化引起的种种对立和矛盾。“乐合同，礼别异。礼乐之统，管乎人心矣。”（《荀子·乐论》）音乐和谐的情感特质能使敬、亲、顺等人的道德情感的培养，出于内心的自然、自愿，而丝毫感觉不到它的勉强、刻意，恰好可以弥补礼教理性的刻意之偏。以感性来促进理性，使道德性格的培养不会显得与自然性格相悖，使礼治所形成的有等级分别的理性群体达到情感上的和睦，从而实现感性群体与理性群体的统一；相应的，音乐的感性也需要礼的理性规范，才能达到情感与道德的双重和谐境界。二者结为一体，共同教化群体道德。

从广义方面来说，乐也可视为礼的一部分。在礼乐起源时，巫在事神时所进行的乐舞，其实就是作为祭祀礼的一部分。周公制礼作乐以后，乐更是在一定程度上作为礼的一部分，起着区别尊卑、上下的作用。如《左

八佾舞

传·隐公五年》载：“天子用八，诸侯用六，大夫四，士二。”古时祭天、祭祖时的乐舞，以八人一列为一佾（yì）。根据周礼规定，只有天子才能用八佾，即八八六十四人，诸侯只能用六佾，大夫用四佾，士就只能用二佾了。什么身份用什么规格的乐舞，是有着严格规定的。因此，当季氏“八佾舞于庭”时，孔子会发出“是可忍，孰不可忍”的愤怒之声。季氏只是鲁国的卿大夫，按照规定应是四佾，却用天子的八佾。虽然只是乐舞规格的变化，但此时的乐却代表着礼，代表着尊卑、位别。季氏僭越之心昭然若揭，所以孔子对这种行为表示不可容忍。

儒家认为，虽然礼、乐有别，但两者同时又是相辅相成，可以相互促进、相互转化的。“乐由中出，礼自外作。乐由中出，故静；礼自外出，故文。大乐必易，大礼必简。乐至则无怨，礼至则不争。”（《礼记·乐记》）正是由于礼、乐两者的作用不同，在政治伦理上也就有着不同的影响：礼偏重于正名，长幼尊卑，上下有序，强调社会秩序的规范有序；乐偏重于治心，以情感人，以德化人，潜移默化地使人习惯于有秩序的生活。在儒家看来，礼建立在以仁为核心的道德情感上，从外规范人的行为举止；乐感化人心、陶冶性情，从人的内心培养人们的道德感情。“乐者为同，礼者为异。同则相亲，异则相敬。”（《礼记·乐记》）礼用来区别人伦差异，从而达到人与人之间的相互尊敬；乐用来和合情感，使人与人之间更加亲近。只有礼、乐并举，才能达到社会道德秩序的真正实现。

四、移风易俗的风尚建构

钱穆先生说：“礼以文起，贵乎因时宜而兴革。”社会变革是历史发展进步的必然显现，而礼作为社会关系的反映，必然要随社会关系的变化而变化。“礼，时为大……尧授舜，舜授禹。汤放桀，武王伐纣，时也。”（《礼记·礼器》）制礼最主要的依据就是时代的变革，作为社会秩序的规范，礼要因时宜而变动。

孔子认为，不管在什么朝代，只要是在社会群体中，礼就是不可或缺的。

朝代虽有替换，但礼乐文化却是相承相继的。在继承的同时，礼乐又会随着时俗的变化而变化。孔子说：“殷因于夏礼，所损益可知也；周因于殷礼，所损益可知也；其或继周者，虽百世可知也。”（《论语·为政》）在礼的发展变化中，有损有益。“损”就是要删除旧礼中已经过时的成分；“益”则是根据时代的需要，在礼中增加新的成分。这种损益又是有迹可循的。孔子认为，在这些损益变化中，有些可从，而有些则是要固守的。他举例说：“麻冕，礼也；今也纯，俭，吾从众。拜下，礼也；今拜乎上，泰也。虽违众，吾从下。”（《论语·子罕》）在礼乐活动中，孔子所侧重的是礼乐所内在的义，而非它外显的仪；可以度时而变，义却要坚守不易。冕是一种礼帽，按照古制，由麻织制而成，因工艺细致，所以价格不菲。孔子时期，冕改为黑丝制成，相较麻节俭不少，这种俭的做法孔子是很赞成的。臣对君行礼，古制是在堂下拜，而孔子时代改为堂上拜了，显得骄而无礼，这是孔子不能接受的。礼乐文化就是在这种有损有益的过程中延续发展的。

社会的发展进步以及制度的变革引领着社会规范秩序“礼”的变革，而这种变革必然会对人们的日常行为带来一定的影响。即便是在阶级社会，在儒家思想理念中，礼乐文化也是维持社会稳定的政治文明，更是一种精神性教养。孔子说：“兴于诗，立于礼，成于乐。”（《论语·泰伯》）如何让习惯于社会变革之前的生活氛围、行为制度的普通民众接受、适应新的习俗、新的社会规范，这就需要发挥乐的功用。《孝经》中说：“移风易俗，莫善于乐；安上治民，莫善于礼。”荀子在春秋礼崩乐坏之后，将乐提升到了与礼并重的地位。他充分发掘乐所具有的移风易俗的政教优势，从意识形态的高度统一了美与善，使礼、乐并举成为统一天下的政教工具。“乐者，圣人之所乐也，而可以善民心，其感人深，其移风易俗，故先王导之以礼乐而民和睦。”（《荀子·乐论》）乐所带有的天生的和谐特质，对于民众面对新生事物、新生习俗产生的陌生感、质疑性具有很好的平和作用。“故乐行而志清，礼修而行成，耳目聪明，血气平和，移风易俗，天下皆宁。”（《荀子·乐论》）荀子首倡移风易俗，旨在使道德教化伴随着音乐的情感感染，变得自然，以引导礼教所形成的有分别的群体归于和谐，从而将社会群体统一于道德。

在孔子看来，礼有质文之辨："质胜文则野，文胜质则史。"（《论语·雍也》）"质"指质朴，"文"指华饰。如果过于质朴，就会显得粗野；过分华饰则会刻板。只有文、质相辅得当，才是君子之礼。孔子认为乐也有淫正之分，只有德音、雅乐才能真正培养人的道德情感，才能将人引入道德轨迹。雅乐就是指先贤圣王所制的雅正之乐，其音中正平和，使人在潜移默化中步入道德规范。如舜帝所制"韶乐"，孔子认为其"尽善尽美"。武力得天下的周武王所制"武乐"，虽是圣王制乐，但武王终是以武力得天下，其音中带有兵戈之气，所以孔子称为"尽美矣，未尽善也"（《论语·八佾》）。孔子"恶郑声之乱雅乐"（《论语·阳货》）。他认为"郑声"音调靡荡而失中正，让人听后容易产生消极的心态，沉溺而忘返，所以孔子说"郑声淫"（《论语·卫灵公》）。一定程度上，音乐与民众的文化状况是一致的。"声音之道，与政通矣。"（《礼记·乐记》）政治的清平与否，人民生活状况的好坏得失，在这个国家的音乐中是可以有一定反应的："是故治世之音安以乐，其政和；乱世之音怨以怒，其政乖；亡国之音哀以思，其民困。"（《礼记·乐记》）现在社区非常流行的广场舞，因其具有锻炼身体、增进交流等优点，所以很快以燎原之势在全国普及开来。欢快的歌曲伴随着轻快的舞步，让人们在愉悦身心的同时，情感也得以沟通交流，促进了社区之间人际关系的和谐，也是当前社区非常提倡的一项集体活动。同时，我们也应正视一些不和谐的音符出现，如舞曲音量过大，活动场所选择不当与社区安静的环境冲突等问题屡有凸显。只有合于礼的乐，才是真正能促进社会和谐

文明广场舞

进步的德音。国家的繁荣发展使得人们物质生活不断提升的同时，也在追求精神生活的进步。有若说：“礼之用，和为贵。”（《论语·学而》）如何在不失礼的规范下开展好这项有益身心的民众活动，是社区（乡村）所需正视的一个问题。

日常生活中说到中国的礼乐文化，人们的第一反应往往是：在古代封建等级社会，礼乐是用以划分人们的贫、富、贵、贱之等级差别的工具，是统治阶级巩固自身统治的政治手段。不可否认，作为阶级社会的统治工具，的确是中国礼乐文化的一个时代功用。这是封建社会等级制的社会需要，也是人类文明发展到那个阶段的时代必然，同时也是古代礼乐文化的阶级局限性和落后性的表现。

时至今日，这种社会功用早已不适合当今时代的要求，已经被淘汰也应该被淘汰。在等级区分之外，中国传统礼乐文化所影响我们的，更多的是人们之间的互重与互敬、和谐与包容。任何社会在发展过程中，都会有不同的利益冲突、不同的社会矛盾存在。如何化解这种冲突与矛盾，是每个时期都要面对的一个共同问题。礼乐并举、移风易俗的礼乐文化就是前人留给我们的无价的智慧。

礼乐文化是中国传统文化的主体内容，也是中华民族区别于西方文化的文化特质。它不单单是古代社会的行为准则，也是任何时代都不可或缺的精神指引。正如钱穆先生所说：“其实人生一切行事皆属礼。此一‘礼’字，便把人生彻头彻尾，无大无小，无不归纳。”时代发展到今天，礼乐文化随着社会的发展也在发生着一些变化。譬如古时人们交往中常用到的跪拜、作揖等方式，早已消失不见，转而改用鞠躬、握手等相对简单的交际方式。方式虽然变了，但这其中所蕴含的礼的精神实质并没有改变，所要表达的敬意仍在其中。

“移风易俗莫善于乐，安上治民莫善于礼。”礼乐文化是中国传统文化重要的组成部分，是中华民族宝贵的精神财富。“中国礼文化所蕴含的丰富的人文精神，浸润和滋养了中华五千年文明之树的根基，使中华民族成为世界上一个情感丰富、人格独立、善良博爱、崇尚人道、追求和谐、向往和平的伟大民族。”在时代的变革中，一部分礼俗在近代的发展中已然丢失，作为一笔宝贵的文化财富，我们有义务、有责任予以恢复与留存。当然，这种恢复也不是照搬的复旧，而应是恢复中有改革、有发展。我们应该积极挖掘传统礼乐文化中的合理因素，继承和弘扬中华优秀传统，以优秀的礼乐文化为指导，共同构建起具有中国特色的社会主义和谐社会。

一、孔子尊师

孔子（前551—前479）小时候就十分崇尚礼制。他聪明好学，善于模仿，年仅五岁就能组织儿童模仿祭祀礼仪。这一切都和孔母的早期教育分不开。孔母经常给孔子讲故事，从盘古开天地、女娲炼石补天，讲到天命玄鸟降而生商、姜嫄履大人之迹而有周，还讲了尧舜禅让、大禹治水、文王演《易》等许多故事。

公元前521年春，孔子得知他的学生南宫敬叔奉鲁国国君之命，要前往周朝京都洛阳朝拜天子，觉得这是个向周朝守藏史老子请教“礼制”学识的好机会，于是征得鲁昭公的同意后，与南宫敬叔同行。

到达京都的第二天，孔子便前往守藏史府去拜望老子。正在书写《道德经》的老子听说誉满天下的孔丘前来求教，赶忙放下手中刀笔，整顿衣冠出迎。孔子见大门里走出来一位年逾古稀、精神矍铄的老人，料想便是老子，急趋向前，恭恭敬敬地向老子行了弟子礼。进入大厅后，孔子再拜后坐下来。老子问孔子为何事而来。孔子离座回答：“我学识浅薄，对古代的‘礼制’一无所知，特地来向老师请教。”老子见孔子这样诚恳，便详细地阐发了自己的见解。

回到鲁国后，孔子的学生请求他讲解老子的学识。孔子说：“老子博古通今，通礼乐之源，明道德之归，确实是我的好老师。”同时，还打比方赞扬老子：“鸟儿，我知道它能飞；鱼儿，我知道它能游；野兽，我知道它能跑。善跑的野兽我可以结网来逮住它，会游的鱼儿我可以用丝条缚住鱼钩来钓到它，高飞的鸟儿我可以用良箭把它射下来。至于龙，我却不能知道它是如何乘风云而上天的。老子，就是龙啊！”

鲁国的乐师襄子来拜访孔子，孔子想请他指导自己弹琴。于是襄子就教了孔子一支曲子，孔子很认真地学习。十天以后，襄子觉得孔子弹得不错了，就对他说：“这支曲子你已经弹得不错了，再学一支吧。”孔子诚恳地说：“不，这支曲子我刚会弹，对旋律还不熟悉，让我再练几天吧。”说着，孔子又专心致志地练了起来。

几天后，襄子说：“你对这支曲子的旋律已经很熟悉了，可以学别的曲子了。”孔子说：“虽然旋律熟悉了，但我还不太清楚这支曲子的意思，让我再琢磨几天吧。”过了几天，襄子又让孔子学习新的曲子，孔子说：“我现在知道这支曲子的意思了，但我还不知道它的作者是谁，请再给我几天时间。”襄子被孔子认真学习的态度感动了，就不再催促他。又过了几天，孔子兴奋地跑到襄子那里，告诉他：“这支曲子的意思很深，作曲的人一定有远大的理想，除了周文王还能是谁呢？”襄子惊叹道：“你说得一点儿不错。我学这首曲子的时候，老师好像说过，这首曲子是周文王作的，叫《文王操》。”

孔子认真学习，收获很大。他晚年整理古代诗歌，取其精华，删编成了《诗》，后人称为《诗经》。孔子以《诗》《书》《礼》《乐》《易》《春秋》六部经典精心传授学生，培养了大量的卓越人才。

二、玉帛成干戈

在中国古代，国与国之间的外交事宜是十分注重礼仪的。对使臣以礼相待，代表了对其国家的尊重；反之，如果失礼，常常会引发两国矛盾，甚至招来亡国之灾。春秋时期的齐顷公（前598—前582），齐惠公之子，齐桓公之孙，就因为不能以礼相待，拿外国使节的生理缺陷开涮，由此招来了一场战争，还差点做了别国的俘虏。

公元前592年，晋国使臣郤克、鲁国使臣季孙行父、卫国使臣孙良夫、曹国使臣公子首结伴而行，一起出使齐国，并按照外交礼仪为齐顷公带来了墨玉、币帛等贵重礼品。巧合的是，这四位使臣生理上都有一些缺陷：郤克只有一只眼睛，季孙行父是个秃顶，孙良夫是个跛脚，公子首则是个驼背。齐顷公感到十分好笑，晚上见到母亲萧太后，把四个人的长相说给了她听。萧太后十分好奇，便跟齐顷公提出要见一见。

正好第二天齐顷公要宴请使臣，于是他让人从国内分别找了独眼、秃顶、跛脚、驼背的四个人，“对号入座”，为四位使臣驭车接送。齐国的上卿国佐知道了，劝说齐顷公道：“国家之间的外交是大事，人家朝聘修好而来，我们要待之以礼，千万不要戏耍人家。”当时的齐顷公自恃国盛兵强，压根不把那几个国家放在眼里，于是不听劝告，一意孤行。

第二天，当四位使臣在四位齐国车夫的陪同下经过萧太后居住的楼台之下时，萧太后和宫女们掀开帷帐偷偷观望。四位使臣各自的缺陷被她们看在眼里，再加上车夫的陪衬，萧太后和她的宫女们笑得前仰后合。郤克起初见到给他驭车的人也是一只眼睛，以为是偶然巧合，没有在意，等听到戏笑声，才恍然大悟。几位使臣明白了，原来是齐顷公为了给母亲寻开心，特意做了这样的安排。他们不由得火冒三丈，愤愤地说，咱们好意来访，齐顷公竟把咱们当作笑料供妇人开心，真是可恨之极！四位使臣约定各自回国请兵伐齐，以洗在齐国所受的耻辱。宴后四人没有辞别就带着怒气各自回国了。国佐知道后，叹了一口气道：“齐之患，必自此始矣！”

果不其然，过了三年，郤克掌握了晋国的大权，与鲁、卫、曹四国结成同盟，共同讨伐齐国。齐国不敌，齐顷公只能割地讲和，才算躲过了亡国之灾。这就是春秋时期著名的“鞌（ān）之战”。

三、三顾茅庐

诸葛亮（181—234），字孔明，号卧龙，徐州琅琊阳都（今山东省临沂市沂南县）人。青年时代，他躬耕于隆中，并苦读经书，熟悉历朝兴衰的历史，潜心钻研兵法。他常以春秋战国时的管仲、乐毅自比，自称“卧龙”。刘备闻知，高兴地说：“我就需要这样的人才！”并表示哪怕山高路远，行途不便，也要亲自去请他不可。

深冬的一天，刘备带着关羽、张飞到隆中去请诸葛亮。谁知诸葛亮恰好不在家，刘备他们三人只好打道回府。

刘备回到新野，不断派人到隆中打听诸葛亮何时在家。当听说他外出已经回到家时，刘备当即决定二请诸葛亮。这时，张飞不以为然地说：“一个平民百姓，派个人把他叫来就得了，犯不着一再去请。”刘备说：“诸葛亮是当代大贤，怎么能随便派个人去叫他呢？你还是痛痛快快地跟我去吧。”刘备说服了张飞，叫上关羽，三人骑马直奔隆中而去。

这一天，北风呼啸，大雪纷飞，冷得实在让人难忍。张飞对刘备大嚷：“我等何苦找此罪受！不如等天晴再说。”刘备却说：“咱们冒此大风雪，不怕山高路远，来请诸葛先生，不正表明了我们的一片诚意吗？”三人继续往前赶路。不料，这一次刘备又未见到诸葛亮，只好写了一封信托人转交，说明来意，并表示择日再访。

第二年春天，刘备更衣备马，决定第三次去拜访诸葛亮。张飞、关羽竭力劝阻。关羽说：“我们两次相请，都未见到他，想必他徒有虚名，不敢前来相见。”张飞更是带着轻蔑的口吻说：“我们已仁至义尽。这次只需我一人前往。他如若不来，我就将他绑来见你。”刘备连忙说道：“不得无礼，没有诚意哪能请到贤人呢？”

刘备三人飞马直奔，来到诸葛亮的草庐前。此时诸葛亮正在午睡。刘备唯恐打扰诸葛亮，不顾路途疲劳，屏声敛气地站在门外静候，直到诸葛亮醒来才去求见。刘备见了诸葛亮，说道：“久慕先生大名，三次拜访，今日如愿，实是平生之大幸！”诸葛亮说：“蒙将军不弃，三顾茅庐。亮恐不才，会让将军失望。”刘备却诚恳地说：“我不度德量力，想为天下伸张正义，振兴汉室。由于智术短浅，时至今日，尚未达到目的，望先生多多指教。”刘备谦虚的态度、诚恳的话语让诸葛亮深受感动，他终于答应了刘备的请求，怀着统一全国的政治抱负，离开了隆中茅庐，出任刘备的军师。他运筹帷幄、忠心耿耿地辅佐刘备，为“三国鼎立”局面的确立做出了巨大贡献。

四、教子知礼

现代著名的漫画家、散文家丰子恺（1898—1975）先生有七个子女，他们在各自的领域中都有所建树。丰子恺先生的礼仪教育，应该说让孩子们的一生受益匪浅。

丰子恺的长女叫丰陈宝。丰陈宝小时候喜欢撒娇，有时候显得不太有礼貌。有一次，丰子恺在一家餐馆宴请一位远道而来的朋友，让自家几个孩子作陪。丰陈宝早早吃饱了，她就向父亲撒娇，嚷嚷着要提前回家去睡觉。丰子恺不好意思大声制止她，就在她耳边悄悄说：“客人还没走，主人不能急着回家。”丰陈宝似懂非懂地点了点头，安静下来。事后，丰子恺又和颜悦色地向丰陈宝解释不能早走的原因：“我们家请客，小孩子当然也是主人。主人比客人先走，是对客人的不尊敬。就好像嫌弃客人吃得多，这很不好。”丰陈宝问：“家里再来客人时，我该怎么做？”丰子恺教导她说：“见了客人应面带微笑，起立主动问好；对客人的提问，要认真回答；要以小主人的身份热情招待客人，为客人端茶送水；在父母与客人交谈时，不要随便插嘴、吵闹；不对客人评头论足，不讨要礼物，等等。”父亲的话，丰陈宝牢牢记在了心里。

丰子恺教会孩子待客之道，同时也注意让孩子在探亲访友中学习礼仪。丰子恺的二儿子叫丰元草，胆子有些小，怕见陌生人。丰子恺认为，这是丰元草平时很少接触陌生人，缺乏见识和锻炼的缘故。于是，他就有意识地利用外出机会，带着丰元草出去见世面。

有一次，丰子恺到上海为开明书店做一些编辑工作，就把丰元草也带去了。那时小元草已经六岁，能帮着做些抄抄写写的工作。店里来了一位客人，客人和丰子恺说完话，告辞的时候注意到了小元草，就热情地和小元草打招呼。小元草愣住了，不知道怎么办才好，呆呆的，就像木头人一样。送走客人，丰子恺对小元草的表现不大满意，但也没有责备他，而是对他说："刚才，那位叔叔向你问好，你怎么不理睬人家？客人向你问好，你也要向客人问好；人家和你说再见，你也要和人家说再见，以后要记住。"小元草听后点点头，表示下次知道该怎么做了。

在丰子恺看来，只让孩子知道要有礼貌是不够的，还要教会孩子怎样做。因此，面对孩子的不礼貌行为，他既没有采用惩罚的办法，也没有暂时隔离孩子或者剥夺孩子的某项权利，而是在礼仪方面给予孩子具体的指导。这种做法特别值得家长注意并且学习。

五、雍门周谏孟尝君

孟尝君（？—前279），田氏，名文，战国四公子之一。他在齐国任相时，门下有食客数千，权势财富集于一身的孟尝君颇有些飘飘然。

齐国首都的雍门有位名周的琴师，琴技十分了得，听他弹琴的人都会被他弹奏的曲子所感动。孟尝君听闻后，将雍门周邀到府上，对他说："久闻你的琴艺天下无双，今天正好有机会聆听。但不知道你的琴声能否使我变得悲伤起来？"

雍门周说，其实我的琴声不一定能使你悲伤。一般而言，能使人感到悲伤的，不外乎这样一些情况：养尊处优的人，不幸贫困不堪，衣不蔽体、食不果腹，求生不得、求死不成，这是一种悲伤；有的人才能出众，然而没有遇到好时代，所谓生不逢时，又是一种悲伤；或者命运不济，老天不公，自己总处于困苦的境地，得不到任何人的帮助，也是一种悲伤。当此之时，如果我对这类人弹奏比较悲凉的《徵（zhǐ）操》，琴声幽怨，悲从中来，涕泗滂沱，因为自己的痛苦经历被琴声拨动，他们想不流泪都难啊。现如今对你来说就不一样了，你的地位高啊。你看，你拥有战车千辆，又有高大的宫殿，美丽的园林，精致幽深的房屋；放下房间厅堂的帷幔时，会扇起一阵清风；平时里与宾客们下象棋以决胜负，欣赏郑国美女的舞蹈以养眼睛，真是“丽色淫目，流声娱耳”啊。如果想水路出游，那若干大船连在一起，挂满鲜艳夺目的各色旗帜，顺流而下，好不风光气派；郊游就更不用说了，在你的私家园林中任意驰骋，纵马放鹰，射鹿缚兔。归来时，家中钟鼓齐鸣迎接大驾回转。日子过得比神仙还自在。我的琴弹得再悲切，也不可能使你悲伤啊！但是，我还是有一点为你感到悲哀呢。现在秦国、楚国的君主正在为争当霸主拼命扩张，你对他们多有得罪，将来谁当霸主，你的日子都不会好过，更不用说千秋万代之后，祖宗庙堂不会有人祭扫了。这富丽堂皇的楼房也会不复存在，环抱亭台楼阁的湖水也会慢慢变成平地，而埋葬你祖辈的坟墓恐怕已被挖开了。那些砍柴的农夫、不谙世事的孩子在这里来来去去，跑跑跳跳，还唱着歌：昔日高贵孟尝君兮，今日土中变烂泥。农夫樵采小儿戏兮，千古风流如烟去……

听到这里，孟尝君脸色为之一变，眼泪都快要流下来了。雍门周抓住时机，轻轻拂动琴弦，宫、商、角、徵、羽不同的声调从他的手下慢慢流出。孟尝君忍不住大放悲声，扶着侍从走下座位，挨着雍门周坐下，颤声说道，先生啊，你的琴声使我变成了无家可奔、无国可投的人了啊！

经典名句

1. 人而不仁，如礼何？人而不仁，如乐何？

——《论语·八佾》

【译文】人如果没有仁心的话，该怎么来对待礼呢？人如果没有仁心的话，该怎么来对待乐呢？

2. 周监于二代，郁郁乎文哉！吾从周。

——《论语·八佾》

【译文】周代的礼仪制度是在借鉴夏、商两代的基础上发展起来的，多么的丰富完备啊！我遵从周朝的制度。

3. 天下有道，则礼乐征伐自天子出；天下无道，则礼乐征伐自诸侯出。

——《论语·季氏》

【译文】天下太平，那么制礼作乐和下令征伐的权力都掌握在天子手中；世道混乱，那么制礼作乐和下令征伐的权力都掌握在诸侯手中。

4. 礼云礼云，玉帛云乎哉？乐云乐云，钟鼓云乎哉？

——《论语·阳货》

【译文】礼呀礼呀，难道仅仅是指玉帛之类的礼器吗？乐呀乐呀，难道仅仅是指钟鼓之类的乐器吗？

5. 子曰："兴于《诗》，立于礼，成于乐。"

——《论语·泰伯》

【译文】孔子说："[人的修养]开始于《诗》，立身于礼，完成于乐。"

6. 礼起于何也？曰：人生而有欲，欲而不得，则不能无求；求而无度量分界，则不能不争；争则乱，乱则穷。先王恶其乱也，故制礼义以分之，以养人之欲，给人之求，使欲必不穷于物，物必不屈于欲，两者相持而长，是礼之所起也。

——《荀子·礼论》

【译文】礼的兴起因为什么？答：人生来就有欲望，欲望如果不能达成，就不会放弃追求；如果一味追求而没有限度和限量，就不能不争夺；争夺就产生混乱，混乱则导致无法收拾的局面。过去的圣王憎恶这种混乱的局面，于是制定礼义来区分等级界限，以此来调节人们的欲望，满足人们的需求，使人们的欲望一定不会因为物质的不足而得不到满足，物质一定不会因为人们欲望的无度而耗尽，欲望与物质互相制约而长久地保持协调，这就是礼的源起。

7. 乐者，天地之和也；礼者，天地之序也。

——《礼记·乐记》

【译文】乐所表现的，是天地间的和谐；礼所表现的，是天地间的秩序。

8. 乐胜则流，礼胜则离。

——《礼记·乐记》

【译文】过分倾向乐，则容易让人沉迷而忘返；过分倾向礼，则容易让人产生隔阂而缺乏亲近。

9. 乐合同，礼别异。礼乐之统，管乎人心矣。

——《荀子·乐论》

【译文】音乐使人们同心同德，礼制使人们区分位次差异。因此礼与乐可以总体管束人们的思想。

10. 移风易俗，莫善于乐；安上治民，莫善于礼。

——《孝经·广要道》

【译文】要想转变社会风俗，没有比用乐来教化更合适的了；要想使国家上治下平，没有比以礼来规范引导更合适的了。

第十章

里仁为美　以邻为伴

中国有“远亲不如近邻，近邻不如对门”的民谚，说的就是邻里关系在人们的日常生活中有着非常重要的作用。孔子儒家对此非常重视，如《论语·里仁》首章就说：“里仁为美，择不处仁，焉得知？”此处的“仁”，并非通常意义上说的人的品质，也非传统意义上说的儒家德行伦理中的一种，而是人在群居时所选择的生活方式。正如孟子曾直接把仁诠释为“天之尊爵”“人之安宅”（《孟子·公孙丑上》）。当然，“里仁”之所以“为美”，是 因为它为在此地居住的百姓提供了安居的可能性，也就是荀子所说：“故君子居必择乡，游必就士，所以防邪僻而近中正也。”（《荀子·劝学》）与此同时，“里仁”还包含着与仁者为邻、居住在仁者旁边的意思。实际上，孔子儒家在此处所提出的，是居住地要有良好的人文环境。里仁之美，美在人文。人处其间一如种子之处土壤，温润肥沃，方能茁壮成长。通常情况下，比邻而居者可以处雅得雅、处仁得仁、处善得善。

一、以仁为美：儒家倡导的处世哲学

以仁为美是孔子处世学说的核心内容。他的哲学、政治、伦理、道德、文化、教育思想都以此为基础。孔子的“里仁”观念体现了儒家向往自由、向往和平的思想，这与《论语·先进》所载的“四子侍坐”相印证。子路、曾晳、冉有、公西华陪孔子读书，孔子要求他们各自谈谈人生志向。子路率先说：“千乘之国，摄乎大国之间，加之以师旅，因之以饥馑，由也为之，比及三年，可使有勇，且知方也。”冉有接着说：“方六七十，如五六十，求也为之，比及三年，可使足民。如其礼乐，以俟君子。”公西华谦虚地说：“宗庙之事，如会同，端章甫，愿为小相焉。”曾晳则最后低调地说：“莫（通‘暮’）春者，春服既成，冠者五六人，童子六七人，浴乎沂，风乎舞雩，咏而归。”

四子侍坐

四位弟子各自表达完志向之后，孔子喟然而叹，说："吾与点也。"为什么孔子选择与曾皙相似的志向呢？其实，这里反映出孔子内心深处简单而纯粹的生活方式。子路志向彰显的是以力达仁，用勇力换得社会的和平稳定；冉有的志向彰显的是以利致仁，以满足社会对物质富足的追求；公西华的志向彰显的是以礼通仁，侧重仪节典章，以教化所接触的事与物。应该说，公西华的追求近似于孔子所强调的克己复礼。可惜所关注的只是庙堂之礼，并非通往仁者境界的最佳途径。子路、冉有的志向同样无法达到孔子心中仁者的境界。曾皙简单的生活所寻求的却是人格和人生的自由，这正是孔子所向往的。这与孔子毕生所追求的立身处世的最高境界是和谐统一的，所以他最后选择了赞成曾皙。正因如此，孔子里仁为美的思想贯穿他整个诗教、乐教和礼教的全过程，并成为此后几千年处理邻里关系的基本准则。

在某种程度上来说，儒家文化就是礼乐文化，追求的是社会的井然有序。然而，孔子生活的时代却是一个"君不君，臣不臣，父不父，子不子"（《史记·孔子世家》）的乱世，僭越的现象时有发生。"八佾舞于庭，是可忍也，孰不可忍也"（《论语·八佾》）正是孔子对"礼坏乐崩"现象的痛斥。在这样一个旧的秩序已被打破，新的秩序尚未建立的时代，孔子经过深思熟虑，提出了他的救世良策。

孔子自许能言说夏、殷二代之礼：“夏礼，吾能言之，杞不足征也；殷礼，吾能言之，宋不足征也。文献不足故也，足，则吾能征之矣。”（《论语·八佾》）尽管如此，好古的孔子却独爱周代的礼乐文化。他说：“周监于二代，郁郁乎文哉！吾从周。”（《论语·八佾》）周代礼、乐兼备，文献丰富，所以孔子才会对它赞美有加。在诸多的先圣、先王中，孔子尤为尊崇周公，选择周公所创立的礼乐制度，并希望通过克己复礼来实现重整社会秩序的目的。孔子看重的是周礼中仁的基础地位。他说：“人而不仁，如礼何？”意思是说，人若不仁，礼则无可用。通常情况下，礼借助器具与动作，展现特定的身份地位，而仁则蕴含在人的内心深处。假如内心无仁，礼自然就失去了意义。孔子儒学承自周公之礼，透过周礼而明仁。表面是言礼，实际却重在说仁。以祭礼为例，孔子重视祭礼，但更重视的是祭祀时的虔诚恭敬之心。他说：“祭如在，祭神如神在。”又说：“吾不与祭，如不祭。”（《论语·八佾》）意思是说，倘若不能做到，干脆就不祭。这应该是孔子对时人祭祀时装腔作势，却忽略礼制规范内在意蕴者的强烈批判。

《礼记·乐记》中说：“乐者，天地之和也。礼者，天地之序也。和，故百物皆化；序，故群物皆别。”针对此语，钱穆先生曾进行了诠释，说：“孔子言礼必兼言乐，礼主敬，乐主和。礼不兼乐，偏近于拘束。乐不兼礼，偏近于流放。二者兼容，乃可表达人心到一恰好处。”（《论语新解》）孔子极其重视古典音乐的教化功能，试图给予人们修身养性的道德力量。其实，乐和礼相似，都是周礼的外在表现形式，其基础和本质都是孔子所说的“仁”。正如孔子所说：“人而不仁，如乐何？”当然，与时乐相比，古典先王之乐的教化作用更大。“子谓《韶》：‘尽美矣，又尽善也。’谓《武》：‘尽美矣，未尽善也。’”（《论语·八佾》）孔子此处言及《韶》乐和《武》乐的区别，其中包括内容与形式、善与美等诸多方面。应该说，美是形式，善是内容，追求形式与内容的统一，就是要尽善尽美。善是仁的重要内容，仁是更广层次的善。《韶》和《武》虽然表面看起来不同，但二者本质是一样的，所追求的都是仁。总的来说，在孔子的乐教思想中，仁的基础地位是不可动摇的。

此外，诗教也是孔子学说的重要内容。“诗教”一词见于《礼记·经解》。孔子说：“入其国，其教可知也。其为人也，温柔敦厚，《诗》教也。”这里的“温柔敦厚”应该包括两个层面：一是内容，一是形式。在内容上，孔子强调诗歌具有特定的社会价值与道德价值。他说：“《诗》三百，一言以蔽之，曰：‘思无邪’。”（《论语·为政》）孔子论诗、论学、论政，其最终目的都是强调为政者要具备高尚的德行修养。孔子此处所表明的是《诗经》思想纯正，没有邪念，有益于国家的治理。在形式上，孔子认为，《诗经》的表达符合“允执厥中”的原则。他说：“《关雎》乐而不淫，哀而不伤。”（《论语·八佾》）孔子是欲用《诗经·关雎》来指点人心哀乐之正。乐易逾量，转成苦恼；哀易抑郁，则成伤损。可见，孔子对《关雎》的高度赞扬，则是看中了它既无过，又无不及的中道。当然，哀、乐是可以相互转化、相通合一的。假如人在现实生活中总没有哀、乐的变化，其人生就不能称为真正的人生。孔子将哀、乐并举，使人体悟到乐发乎情、止乎礼的作用。应该说，孔子将人的理智与情感、道德与艺术、人生与文学统一于《诗经》中，从而赋予了《诗经》崭新的生命。

在教育弟子的过程中，孔子常将诗、礼并言，将礼、乐并称，而言礼、乐又结合仁。比如常为后世所赞颂的“兴于《诗》，立于礼，成于乐”（《论语·泰伯》）就是最好的证明。在孔子看来，唯有经过诗、礼、乐的熏陶与教化，人们才有可能成为儒家心目中的仁人。学诗、知礼、明乐也就成为教化

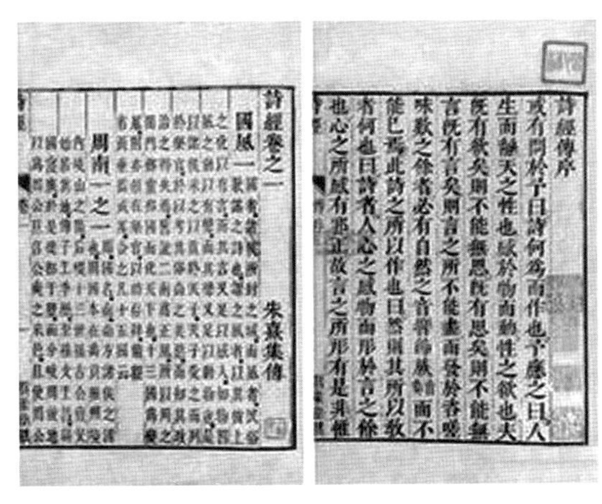

《诗经》书影

百姓、治世安邦的有效途径。这种唯美的居住环境，正是孔子所倡导、追求、向往的。

二、里仁为美：儒家倡导的居住方式

孔子所说的“里仁”之“里”应为街坊邻里。古代以五家为邻，五邻为里，意为街巷、里弄。孔子认为，仁者选择居住的场所，首要标准是环境要有仁德之风。人们认为，有仁德的邻居会促进自身的进德修身，反之则不利于自己的进德修身。这也是孔子说“德不孤，必有邻”（《论语·里仁》）的原因。对此，儒家的相关言论有很多。有仁德者常常会选择里仁之处作为自身的居所，这样会有助于防止邪僻，有助于接近中正，并使里仁成为传统社会居住场所的首选。

孔子心目中的古代明王都是将社会治理成里仁的典范。他说：“昔者明王之治民也法，必裂地以封之，分属以理之，然后贤民无所隐，暴民无所伏。使有司日省而时考之，进用贤良，退贬不肖，则贤者悦而不肖者惧。哀鳏寡，养孤独，恤贫穷，诱孝悌，选才能。此七者修，则四海之内无刑民矣。”（《孔子家语·王言解》）这也是孔子推崇三代明王的重要原因。从个人角度说，能选择居住里仁者，其内心深处是存在是非、善恶标准的；从群体角度说，多数人是遇善则为善，遇恶则为恶，居住于里仁之地，有助于个人的德行修养和社会整体素质的提高。由于人己之间、邻里之间的关系和顺是儒家治理社会的基本要求，所以孔子极力提倡居住环境的风俗仁厚。

《孔子家语通解》书影

当然，在孔子看来，仁人的标

准很高，普通人很难达到。这也是他很少以仁者许人的重要原因，即便是那些备受人们推崇的贤者也不例外。与仁者为邻，与仁者为伴，常常是可遇而不可求的事情。从这个角度说，能选择仁者的居住环境，要看自身的外在条件与机会。实际上，仁者在《论语》中只是里仁的一种方式，“三达德”中的智、勇也都有其里仁的不同方式。换句话说，里仁的居住方式并不只是向少数人、难得一见的仁者开放，而是向所有个人，且以不同的方式开放。从此种意义上讲，里仁承担着政治管理、社会教化的功能，具有普遍性的意义，并非仁者专享的特权。里仁是向所有的君子开放的。

在孔子看来，普通人养成仁者的品格并不容易，所以儒家常常耗费更多的精力，把人引向谦谦的君子。然而，一个人能否成为君子，决定条件植根于个人的生命自身，决定着一个人能否成为被别人认知的人，即孔子说的“不患人之不己知，患不知人也”（《论语·学而》）。如有人解释说：“君子求在我者，故不患人之不己知。不知人，则是非邪正或不能辨，故以为患也。”孔子儒家无论是教学活动，还是社会治理活动，其实质大体上都是使人们通达共同生活、共同居住的道理。从仁的字义上看，无论是古文中的“从身从心”，还是“人二”，都表明里仁的生活并非从群体中逃逸，并非单个人的内在生活，而是在人与人之间、身与心之间展开内外交流，形成与他人一道仁爱的生活氛围。

《礼记·中庸》中说：“仁者，人也，亲亲为大。”《孟子·尽心下》中也说：“仁也者，人也。合而言之，道也。”这两句话的意思是说，仁乃人之为人的精神实质，而这一实质是以人与人之间的“相与为人”为基础的，体现了里仁风气中给予邻里特有的尊敬与关切。在这种尊敬与关切中，不仅使被关切者感受到位格上获得提升，而且使关切者本人通过关切与尊重他人，自身也获得位格的提升。在这种相互的关切与尊重中，人人都体会到为人的乐敬之情，从而推动人作为社会主体，形成热爱生活、热爱人生的情感。正如《春初·元命苞》中所说：“仁者，情志好生爱人，故立字二人为仁。”此处所说的“爱人”应源于孔子所说的“君子学道则爱人”（《论语·阳货》）。这也意味着人与人之间感情的培育，会落实到对自己、对他人、对自然界万事万物的敬畏与关切中。

在传世文献中，对仁的解释有多种。将仁释为友与孔子的里仁思想相契合。如：“仁者，右也。”（《礼记·表记》）“仁，有也。”（《广雅·释话一》）如此等等。无论是“右”还是“有”，都是友的意思，强调的是以人为友，体现了情感上的亲密，体现了人与人之间的仁爱关系。儒家的仁爱思想并不限于具有血缘关系的亲情，而是通过推恩的方式扩展到所能接触到的人与物，自然就包括相邻而居的朋友。这种推恩的方式是儒家所极力推崇的。如孟子说：“推恩足以保四海，不推恩无以保妻子。古之人所以大过人者，无他焉，善推其所为而已矣。”（《孟子·梁惠王上》）其实，儒家“推恩”的方式是实现“老吾老，以及人之老；幼吾幼，以及人之幼”社会理想的重要保障。长期被此种生活环境所熏陶的人，自然会逐渐达到里仁状态。

仁　爱

孟子说：“君子之于物也，爱之而弗仁；于民也，仁之而弗亲。亲亲而仁民，仁民而爱物。”（《孟子·尽心下》）这与孔子儒家一贯提倡的仁民爱物思想是一致的，具体落实到“时”的思想中。如孔子在选择食物时，那些不合时宜的东西不吃，提出“使民以时”（《论语·学而》）、“道虽贵，必有时而后重，有势而后行”，以及“春秋致其时而万物皆及”（《孔子家语·致思》）等主张；如孟子在论证“王道”时，提出“不违农时”“斧斤以时入山林”“百亩之田，勿夺其时”（《孟子·梁惠王上》）等思想。宋代大儒张载提出“民，吾同胞；物，吾与也”的主张，认为天下之人都是我们的同胞兄弟，天下万物都是我们的同类，我们对待他人和自然界万事万物都应该一视同仁。张载的这一思想应是对孔子、孟子等早期儒家仁学思想的继承与发展。

孔孟儒家的仁爱理念应是受到先王的影响。如《史记·殷本纪》中记载了商汤“网开一面”的故事，说：“汤出，见野张网四面，祝曰：‘自天下四方皆入吾网。’汤曰：‘嘻，尽之矣！’乃去其三面，祝曰：‘欲左，左。欲右，右。不用命，乃入吾网。’诸侯闻之，曰：‘汤德至矣！及禽兽。’”正因为商汤的仁爱思想感动了诸侯，最后获得了天下。这些说法都是将人的关爱推向了自然万物，推向了人类的生活环境。虽然孔子儒家对自然界万物的关爱有别，有着特定的边界，但是这种主张本身就彰显了儒家对其他生命的敬畏之情。这种敬畏之情，首先会使得居住的环境得到根本的改善。这种被居住于此地者保护，甚至改善后的生活环境，自然属于里仁为美的重要组成部分。

当然，平时居住的生活环境固然重要，但更重要的，是生活在其中的邻居具有亲民爱物的仁爱品德，这应是组成里仁为美根本的因素。当提到选择里仁为美的成长生活环境时，人们总会想起“孟母三迁”的故事，并成为历代幼儿家庭教育的典范。其实，在先秦时期，还有一位伟大的母亲值得人们敬重，即孔子的母亲颜征在。孔子的父亲去世后，母亲颜征在带着幼小的孔子来到曲阜城的阙里居住下来。作为鲁国的都城，曲阜的礼乐文化底蕴深厚，岁时都有礼乐祭祀的活动。这里的礼乐文化给幼小的孔子带来深刻的影响。如《史记·孔子世家》中说：“孔子为儿嬉戏，常陈俎豆，设礼容。”应该说，孔子成长的经历与母亲颜征在有关，也与当时里仁为美的生活环境有关。这种唯美的邻里环境为后世儒家所倡导，并成为传统社会的居住方式。

三、以仁修性：儒家倡导的里仁生活

人们生活的里仁环境至少包含两个方面的内容：一方面，是指唯美的自然环境；另一方面，是指唯美的人文环境。与前者相比，儒家通常认为后者更加重要一些。如孔子说："不仁者，不可以久处约，不可以长处乐。仁者安仁，知者利仁。"（《论语·里仁》）意思是说，不具备仁德的人，如果长期处于困顿中，大多会有不善之行；长期处于安乐中，又大多会有骄逸之行。然而，具有仁德的人则不会如此。如孟子说："君子所性，虽大行不加焉，虽穷居不损焉，分定故也。君子所性，仁义礼智根于心。"（《孟子·尽心上》）在早期儒家看来，人的仁德根性源自人心，源自自己的天性。有仁德的人，以行仁为安；有智慧的人，以行仁为利。这也决定了人们要生活于里仁的环境中，就要以仁德修养自己的本性，以符合里仁为美、以邻为伴的要求。

邻里和谐

一个人居住的场所是否能形成里仁的环境，邻居的德行修养非常重要，这也是传统社会中的文人墨客常常把要移居的环境看得非常重的原因所在。如东晋末期至南宋初年的大诗人、辞赋家陶渊明，为了给自己找一个合适的环境，先后考察过很多地方，最后觉得南村这个地方不错。如他在《移居二首》中这样描述："昔欲居南村，非为卜其宅。闻多素心人，乐与数晨夕。怀此颇有年，今日从兹役。敝庐何必广，取足蔽床席。邻曲时时来，抗言谈在昔。奇文共欣赏，疑义相与析。"从这首田园诗中可以看出，陶渊明之所以选择此处居住，并非通过占卜获得吉宅，并非为了升官发财，只是因为此地居住着许多心地善良、民风淳朴的邻居，每个人都能无拘无束、自由自在地生活，从朝夕的相处中获得快乐。其实，陶渊明所感受的恬静生活，有的来自农村的天然环境，有的来自淳朴的人文环境。这应是孔子儒家所倡导的里仁生活的重要内容。

生活的环境是否质朴，邻居是否具有仁德，这些都会对生活于其间的百姓产生重要的影响。但在孔子儒家那里，更看重的是君子自身的仁德修养，认为这才是人们拥有里仁生活的决定性因素。如《论语·子罕》中有孔子“欲居九夷”的记载。这里的“九夷”有不同的说法，一是指东方夷族的九个部落：畎夷、于夷、方夷、黄夷、白夷、赤夷、玄夷、风夷、阳夷；二是指殷商后期的仁者箕子所居住的君子之国。人们普遍认为，“九夷”是个比较陋俗的地方。时人对孔子的选择非常不解，说那里太简陋了，不适合您居住，就不要去了吧。孔子却回答说：“君子居之，何陋之有？”虽然孔子最终并未成行，但他本人却有足够的信心去改变当地的人文环境。即便条件差一些也不要紧，只要有仁德的君子汇聚在一起居住，就能带动周围的邻里加强德行修养，最终就会将那里变成适合人们居住的里仁。

然而，因为孔子把仁视为普通人很难企及的德行，所以他很少具体阐述仁的本质内涵；所常谈及的，只是仁者的几种外在的特征。他说：“夫仁者，己欲立而立人，己欲达而达人。能近取譬，可谓仁之方也已。”（《论语·雍也》）这里是指仁者具有忠恕的特点。又说：“仁者先难而后获，可谓仁矣。”（《论语·雍也》）这里是指仁者具有困难时冲锋陷阵，收获时站在后面的特点。在儒家看来，修行仁德或许不难，难的是守仁。孔子极为看重的颜回或许能做到“其心三月不违仁”（《论语·雍也》），但是其他弟子只能在短时间内维持仁的状态。正如钱穆先生所说：“颜回已能以仁为安宅，余人则欲仁而屡至。日月至，谓一日来至，一月来至。所异在尚不能安。”由此可见，在早期儒家看来，以仁修性，以仁修德，进而能以此来影响生活于周围的百姓，最后形成里仁的生活环境，是极为可贵的品德。

孟子继承和发展了孔子的仁学思想，其基础是“人皆有不忍之心”，从而推演出人皆有仁、义、礼、智“四端”。孟子说：“恻隐之心，仁之端也；羞恶之心，义之端也；辞让之心，礼之端也；是非之心，智之端也。人之有是四端也，犹其有四体也。有是四端而自谓不能者，自贼者也；谓其君不能者，贼其君者也。”（《孟子·公孙丑上》）换句话说，恻隐之心是仁德的发端，羞恶之心是义德的发端，辞让之心是礼德的发端，是非之心是智德的发端。孟子认为，这些伦理规范都是人先天具有的，后天要做的就是通过修养自己的德行，使这些天性得以萌生、成长。那些拥有“四端”却认为不能实行的，是自暴自弃的人；认为国君不能实行的，是残害国君的人。从这个意义上说，没有仁德、义德、礼德、智德的人，就不能被称之为“人”。

在现实生活中，处理邻里之间的关系时，通常不需要像孔子儒家那样从哲理的高度去解读，需要做的，只是邻里之间的相互关爱、解困。早期儒家为后世树立了典范。如孔门弟子原思曾做孔子的家宰，老师给他小米九百斗作为俸禄。原思觉得实在太多，推辞不受。孔子说：“毋！以与尔邻里乡党乎！”（《论语·雍也》）朱熹注解此句时说：“五家为邻，二十五家为里，万二千五百家为乡，五百家为党。言常禄不当辞，有余自可推之以周贫乏，盖邻、里、乡、党有相周之义。”这里涵盖了两层含义：一是体现了孔子的理财观，按照规矩办事；二是体现了传统社会中，邻里相互接济、相互帮助的习俗与保障传统。在邻里的相互救助过程中，社会大众的仁德修养就会逐渐地培育出来，进而影响更大的范围。

虽然传统社会有类似的习俗与保障体系，但是邻里如果没有良好的仁爱精神，习俗也无法传承，保障也无法维护。如孔子曾说：“不仁者不可以久处约，不可以长处乐。仁者安仁，知者利仁。”（《论语·里仁》）朱熹注解说：“不仁之人，失其本心，久约必滥，久乐必淫。惟仁者则安其仁而无适不然，知者则利于仁而不易所守，盖虽深浅之不同，然皆非外物所能夺矣。”正是由于不仁者不能恒德、不能恒久，所以他居住的方式通常会漂流、浮荡、迁移和改易。即便定居下来，也不会给当地的里仁环境带来正能量。与此相反，那些仁者和智者通常会安居、定所，即便当地的环境并不怎么好，他们也会以自身具有的仁德感化邻居，使当地的环境形成里仁的氛围；周围的百姓也会向这里聚集，成为后世称颂的“义庄”或者“邬堡”。传统社会的这些组织，在危难时刻，通常会起到保护邻里生命财产安全的重要作用。

当然，以仁修德并非单纯地强调对邻里的仁爱，同时还应具备好恶能力。孔子说：“乡愿，德之贼也。”（《论语·阳货》）有些人为了获得好的名声而不去明辨是非，处处讨好，成为混淆是非的老好人。如果居住环境中弥漫着这种风气、习惯、伦理，那么人之好恶情感将会被淹没，好不容易形成的里仁环境将会被破坏。因此，孔子儒家将培养人的好恶作为重要的目标。孔子说：“好仁者，无以尚之；恶不仁者，其为仁矣，不使不仁者加乎其身。有能一日用其力于仁矣乎？我未见力不足者。”（《论语·里仁》）在孔子看来，虽然爱好仁德的人很难见到，但培养厌恶不仁的情感却是可行的。这样的人不让不仁的事物靠近自身。随着这种人的增多，居住的环境将会增加向仁之心，减少不仁之心。随着风清气正，里仁的要素会逐渐增强，最终成为以仁为美的枢纽性要素。

古为今用

在观察、体验、研究与总结邻里生活方式时，孔子儒家形成了一套处理社会关系的道德规范体系。在儒家思想体系中，仁处于最核心的位置。孔子对仁看得非常重，强调“君子无终食之间违仁”，也就是君子要无时无刻都不应该违背以仁为核心的伦理道德，时时刻刻都应该遵循爱人这一基本原则。当然，孔子的“爱人”与墨家的“兼爱”有着本质的区别，有一个从亲亲之爱逐步向外扩展的过程，涉及邻里、乡党、国人、天下人，直至仁爱天地间存在的万事万物，即孔子说的“泛爱众而亲仁”。因此，此处“泛爱众”的对象，既包括人类本身，也包括天地间存在的万事万物，即《礼记·中庸》说的“天地位焉，万物育焉”。孔子的仁爱思想，对当前处理人与人、人与社会、人与自然的关系给予了重要启示和借鉴。

随着社会的巨大变革，传统社会中亲族聚居、熟人相随的现象逐渐消亡，代之以新型农村、新型城镇、新型社区；过去亲近而熟悉的邻里，被冷漠而疏远的陌生人所替代，甚至门对门、户对户住了很久，彼此都不熟悉。正因如此，孔子儒家所倡导的择邻而居的传统受到前所未有的冲击。尽管如此，传统社会中强调的以仁修德思想，仍然具有穿越时空的价值。在现在的新型社区中，为了增加邻里关系的和谐与和睦，“邻里节”“说说你的好邻居”等活动遍及长城内外、大江南北；为表扬有仁爱精神的邻居，人们常常通过电话、微信、微博等形式，将真正的“好邻居，好家庭”推选出来，激励农村、社区、城镇的居民，以自觉增强仁爱意识，自觉维护邻里关系，儒家的里仁为美传统借此得以延续。

当然，要处理好邻里之间的关系，重要的还是要将儒家以仁修德思想落实到实处。首先，增强自身的仁爱修养，纯化内心世界，净化心灵，用一颗爱心去体味世界，做到心性和谐。其次，以爱心对待世界、对待众人、对待万物，做到心物和谐，营造一个良好的自我环境。再次，落实儒家里仁为美的思想，选择、创造良好的生活环境。这样的生活环境可以改善人的心境，提升人的品位，提高人的生活质量。社区建设的目的，就是为人们提供一个美好的居住环境。这个美好的居住环境要符合人民的根本利益，要实现人们的普遍愿望，那就必然是一个有着人文素养的、仁义有序的和谐环境，这是社区建设的道德总原则。

韩国有句“邻居好比堂兄弟”的谚语，意思是说，邻居关系很重要。其实，儒家里仁为美、以邻为伴的思想，同样可以用于处理当下“地球村”环境下的国际关系。事实证明，一个国家没有好的“邻居”环境，是很难做到领土安全、政治稳定、社会和谐的。这就需要不同民族、不同国家之间，也能以仁爱的心态处理相互之间的关系，通过互帮互助、相互关爱，以积极协商的心态化解邻国间的误解甚至是矛盾，这应该是儒家里仁为美思想在当前国际关系中的运用。

一、孟母择邻

孟子（约前372—约前289），名轲，邹（今山东省邹城市）人。他年幼的时候，父亲就去世了。为了给父亲守墓，孟子和母亲住在了墓地旁边。孩子的模仿能力特别强。时间久了，孟子就和邻居家的孩子一起学着大人跪拜、痛哭的样子，玩起办理丧事的游戏。孟母看到了，心想：这个地方不适合孩子居住。于是，孟母带着孟子搬到集市旁居住。过了一段时间，孟子又和邻居家的孩子学起商人做生意的样子，模仿商人进行商品买卖，对学习逐渐失去了兴趣。孟母看到这种情况，觉得这个地方也不适合孩子居住。于是，他们又搬家至屠场附近。这次，孟子又学起屠夫宰杀猪羊。孟母看到了，叹息说："这个地方也不适合孩子居住。"他们又搬家了。

这一次，他们搬到了文庙附近。每月初一的时候，官员到文庙，行礼叩拜，互相以礼相待。孟子看到之后，牢记在心。孟母满意地说："这才是我儿子应该住的地方呀！"从此，孟母和孟子在这个地方长期居住下来。孟子受到周围环境的影响，学习更加努力，后来师从孔门，终于学业有成，成为儒家学说的主要代表人物，被后人尊称为"亚圣"。

这便是历史上有名的孟母三次择邻的故事。这个故事告诉我们，良好的人文环境对人的成长及品格的养成至关重要。孔子说："里仁为美。择不处仁，焉得知？"人要处在充满仁德的环境中，才是最美好的。如果人不能择仁而处，又怎么能谈得上是有智慧呢？人的成长受环境的影响。这里的环境，一是指自然环境，二是指社会环境。在不同的环境下，人会形成不同的思想观念和行为习惯。人是社会的人，人的本质属性是他的社会性，人与社会是不能分割的。选择什么样的环境，对人的成长至关重要。

二、杨翥卖驴

杨翥（1369—1453），字仲举，明朝南直隶苏州府（今江苏省苏州市）人，官至礼部尚书。杨翥居住在京城。他很喜欢驴子，平日总是骑驴上朝或外出。每天下朝回家，他都要亲自为驴子喂料。经过杨翥的悉心照料，驴子长得非常健硕，皮毛光滑发亮，让他更加喜爱。杨翥的邻居有一位老人家，快六十岁的时候生了个儿子。老来得子，老两口自然非常高兴。可能由于这个孩子太小，一听到杨翥家的驴子叫，就哭个不停，弄得全家人都不得安宁。可是，杨翥是朝廷大官，老两口一开始也不敢开口向杨翥说这件事。时间长了，那孩子一听到驴子叫就哭，饭食也明显减少，眼看着孩子瘦了下来。老两口最后忍不住，把这件事和杨翥说了，希望他能想想办法，尽量减少对孩子的影响。杨翥听后二话没说，随即把心爱的驴子卖了。从此，他外出或上朝都靠步行。老两口甚是感动，对杨翥更加敬仰，邻里之间的关系更加和睦了。

古语说："里仁为美。""睦乃四邻。""与人相交一言一事，皆须有益于人，便是善人。"人们做事要以道义为衡量标准：宽以待人，有仁爱之心，同情、关爱和帮助他人，能设身处地替别人着想。这不仅是个人德行修养的体现，而且也能使人与人之间拥有和谐、融洽的人际关系。宽容大度是一种胸怀，与邻为善是一种美德。"宽容"二字说起来简单，做起来却不易。任何宽容都是要付出代价的。试想，如果杨翥舍不得自己心爱的驴子，一怒之下，以权压人，与邻争斗，不把驴子卖掉，结果只能是激化彼此之间的矛盾，甚至会反目成仇。然而，杨翥没有斤斤计较，而是与人为善，表现出超凡的宽容，结果换来的当然是和谐的邻里关系。再看当今社会，邻里之间因为噪音影响休息、停车堵路、乱丢垃圾等小事，互不相让，以致矛盾重重，争执不断，甚至大打出手酿成悲剧的事情也时有发生。如果大家本着"与邻为伴，与邻为善"的原则，相互体谅、谦让、忍让，从而建立和睦、和谐的邻里关系，生活岂不更加美好？

三、百万买宅　千万买邻

南朝梁武帝时，有个叫吕僧珍（453—511）的人，是一位饱学之士，待人忠实厚道，人品很好，备受人们尊敬。据说吕僧珍在任南兖州刺史时，他的一个卖葱的侄子找到他，想在州里谋个差事。吕僧珍当即拒绝说："我蒙受国家的重恩，日夜都想着效力报答。你没有为国家出过一份力，怎么可以提出非分的要求？还是回去卖你的葱吧。"吕僧珍的家教极严，对每一个晚辈都耐心教导、严格要求。家庭中的每一个成员都品行端正、待人和气、与人为善，因而吕僧珍家的好名声远近闻名。

时任南康郡守的季雅为官清正耿直，秉公执法，从来不愿屈服于达官贵人的威胁利诱，为此他得罪了不少人。后来，季雅被一些官员诬告陷害，革职罢官后，从南康回到京城。他不愿随便找个地方住下，费了一番心思，四处打听，看哪里的住所最符合自己的心意。不久，他从别人口中得知吕僧珍家是一个君子之家，家风极好，不禁大喜。

季雅来到吕家附近，发现吕家子弟个个温文尔雅，知书达礼，为人谦和，果然名不虚传。恰巧吕家隔壁邻居要搬到别的地方去，打算把房子卖掉。于是季雅找到那家主人，愿意出一千一百万钱的高价买房。那家主人看到房子能卖个高价，爽快地答应了。买完房子后，季雅将家眷接来，就在这里居住下来。后来，吕僧珍过来拜访新邻居。两人寒暄一番后，吕僧珍问季雅："先生买这幢宅院，花了多少钱呢？"季雅据实回答。吕僧珍吃惊地说："据我所知，这处宅院已不算新了，也不很大，怎么价钱如此之高呢？"季雅笑了，回答说："我这钱里面，一百万钱是用来买宅院的，一千万钱是用来买您这位道德高尚、治家严谨的好邻居的啊！"

古人买房注重人居环境，讲究以邻为伴。这正是孔子所说的"里仁为美"的具体表现。今天，人们在选择住房、选择居住环境的时候，往往关注的是不是有山、有水以及交通是否便利等一些外部环境的匹配问题。当然，这也是确实应该注意的问题，否则会给生活带来诸多不便，可是却很少关注居住区的人文素养问题。为此，我们不妨多向古人学习，更多地关注人文环境的影响。

四、六尺巷

安徽桐城人称"礼让之都""和谐之城"。在城内西南有一个长百米、宽两米的小巷子，人称“六尺巷”。关于六尺巷的来历，还有一个非常经典的故事。清康熙年间，文华殿大学士兼礼部尚书张英（1637—1708）的老家人与邻居吴家在宅基地问题上发生了争执。家人非常气愤，堂堂一朝宰相，家里的宅基地岂能让邻居“占去”！于是飞书京城，让张英出面施压“摆平”吴家。张英收到家书之后，沉思了片刻，回了一封信，信中写道：“一纸书来只为墙，让他三尺又何妨。长城万里今犹在，不见当年秦始皇。”家人看信之后，深受启发和教育，于是主动将院墙向后移了三尺。邻居吴氏见状，深受感动，随之将院墙向后移了三尺。两家分别建宅置院。经过两家的相互谦让，两家的院墙之间便空出了一条宽六尺的巷子，后人称之为“六尺巷”。

张英身为朝廷大臣，可谓位高权重，莫说三尺土地，即便是让邻居家搬走，也能轻易做到。但张英不仗势欺人，不以权压人，而是主动说服家人先行退让，以宽大的胸怀对待邻里之间的矛盾争执。失三尺地，换来了邻居的尊敬与退让，换来了和睦的邻里关系。六尺巷虽然只有百米，但其文化内涵却非这百米的距离所能承载的。张英的谦逊礼让不仅成为邻里之间和睦相处的典范，更是中华民族里仁为美、与邻为伴的充分体现。

据《桐城县志》记载：张英次子张廷玉为清朝进士，居官五十多年，历康熙、雍正、乾隆三朝，官至保和殿大学士兼礼部尚书、军机大臣。张廷玉的几个儿子亦官至内阁学士、兵部尚书等，家学渊源，善益子孙。应该说，这都得益于张英的为人谦逊、以身作则、言传身教。这也正是传统儒家里仁为美思想的现实体现。

六尺巷的故事至今仍为国人传颂。毛泽东同志在新中国成立后，会见苏联驻华大使尤金时，就讲到这个故事，说起这四句诗，表达了两国之间应该谦让平等的外交政策。

五、陶渊明移居

陶渊明（365—427），字元亮，又名潜，东晋大诗人。他曾任江州祭酒、建威参军、镇军参军、彭泽县令等职。陶渊明虽出身于破落官僚地主家庭，但从小就受到儒家思想的熏陶，对生活充满梦想，希望通过仕途实现自己“大济苍生”的宏愿。步入仕途后，他不满当时黑暗的现实，在任彭泽县令时，不愿为五斗米而折腰，仅八十多天就辞官回家，从此“躬耕自资”，开始了他的田园生活。

陶渊明从园田居迁居至南村，不久后创作了《移居二首》：

其一：昔欲居南村，非为卜其宅。
闻多素心人，乐与数晨夕。
怀此颇有年，今日从兹役。
敝庐何必广，取足蔽床席。
邻曲时时来，抗言谈在昔。
奇文共欣赏，疑义相与析。
其二：春秋多佳日，登高赋新诗。
过门更相呼，有酒斟酌之。
农务各自归，闲暇辄相思。
相思则披衣，言笑无厌时。
此理将不胜？无为忽去兹。
衣食当须纪，力耕不吾欺。

全诗一开始就向我们说明，陶渊明移居南村，不是为了要挑什么好宅院，而是因为听说这里住着许多质地淳朴、心地善良的人。他愿意同他们在一起，度过每一个早晚。随后，诗人向我们展现了一个生活场面：朋友相互串门，互打招呼。大家聚在一起，如果有酒、有菜，大家就一起自得其乐。农忙的时候，他们各自回家做自己的事。闲暇的时候，他们又披衣相访，大家聚在一起，有说有笑，其乐融融，永远都不会感到厌烦。这是一幅多么美好的田园生活的真实画卷啊！

陶渊明的《移居》虽然写的是乡邻之间的日常生活，但是从相呼、斟酌、披衣、言笑等词语的描写来看，很显然，他更多想要表达的是人与人之间那种相互关爱、相互理解、相互尊重的和谐美好的人际关系。全诗尽情展现了诗人与邻里之间那种无拘无束和自由自在的相呼、相饮、相言、相笑等诸多情景，令人向往。陶渊明所向往的自然生活，不仅在于融入农村的自然环境，而且在于建立了真诚的人际关系。这体现了陶渊明追求儒家里仁为美、择邻而居的生活方式，以及以邻为伴、与邻为善的思想境界。

经典名句

1. 里仁为美，择不处仁，焉得知？

——《论语·里仁》

【译文】居住在有仁德的地方才是好的。选择住处而不居住在有仁德的地方，那怎么能说是聪明智慧呢？

2. 德不孤，必有邻。

——《论语·里仁》

【译文】有道德的人不会孤单，一定会有志同道合者和他做伴。

3. 父母在，不远游，游必有方。

——《论语·里仁》

【译文】父母在世，不出远门。如果要出远门，必须有一定的去处，不让父母担心。

4. 四海之内，皆兄弟也。

——《论语·颜渊》

【译文】天下的人都是自己的兄弟。

5. 退一步海阔天空，让三分心平气和。

——《增广贤文》

【译文】退让一步，就会给自己留下很大的余地，不会走上绝境；忍让一下，就会使自己心平气和，不至于暴怒而做出过激的行为。

6. 见善如不及，见不善如探汤。

——《论语·季氏》

【译文】见到善良的行为，努力去追求，唯恐赶不上；见到邪恶的行为，尽力避开，就像怕将手伸进开水里似的。

7. 与朋友交，言而有信。

——《论语·学而》

【译文】同朋友交往，说话要诚实，恪守信用。

8. 天时不如地利，地利不如人和。

——《孟子·公孙丑下》

【译文】有利的时机和气候不如有利的地势，有利的地势不如人心所向，上下团结。

9. 人无礼则不生，事无礼则不成，国家无礼则不宁。

——《荀子·修身》

【译文】做人不讲礼仪，就不能生存；做事不讲礼仪，就不能成功；国家不讲礼仪，就没有安宁的日子。

10. 近者说，远者来。

——《论语·子路》

【译文】邻近的人因为受到好处而都喜悦，远方的人也都闻风而前来归附。

后记

本套读本即将付梓之际，编撰过程中的酸甜苦辣渐次远去，留下的或许是收获前的期盼、喜悦和兴奋。但最令人感动和难以释怀的，是各方对编写、出版本套读本给予的默默关心与鼎力相助。特别是中共济宁市委书记、市人大常委会主任马平昌同志，不仅在百忙之中对本套读本给予多次关注，而且还为其作序，予以充分肯定。

本套读本之所以能顺利地编写完成，主要得益于孔子研究院党委的高度信任和大力支持。为做好儒家文化的“双创”工作，结合济宁市“儒学普及六进工程”的要求，孔子研究院党委决定编写一套适宜大众阅读的儒学普及读本，将象牙塔里的学问转变成易于人们理解并可接受的思想观念，发挥儒学的现代价值与作用，更好地服务社会主义核心价值观建设。一年多的编写过程中，李大友书记经常垂询编写情况，亲自协调解决编写中的有关问题。杨朝明院长对本书的编写提出了许多宝贵意见和建议，多次询问编写的进展情况。

本套读本由孔祥安同志协同各分册编者共同讨论了每章节提纲、编写体例，统筹安排编写工作。最后由其统稿、定稿。其中，《儒家文化与公务员修养》读本，宋冬梅撰写一、二、三、六、七、九、十等七章，周建撰写四、五、八等三章；《儒家文化与青少年成长》读本，孔丽撰写三、四、五、六、七、九等六章，刘文剑撰写一、二、八、十等四章；《儒家文化与企业管理》读本，刘晓霞撰写一、二、三、四、五、六等六章，宋振中撰写七、八、九、十等四章；《儒家文化与社区（乡村）文明》读本，武宁撰写一、二、三、四、五、六、九等七章，李翠撰写七、八、十等三章。在前期的编写过程中，刘晓霞同志做了大量的联络工作。

中国孔子基金会对本套读本的出版给予了大力支持。王大千理事长多次安排出版事宜，多次询问书稿编写、编辑进度情况；牛廷涛、刘廷善二位副理事长提出了一些具体的编写要求，不时了解书稿的编写进度；彭彦华部长提出了一些指导性意见。

青岛出版社对本套读本的价值给予充分肯定，对出版予以很大支持。责任编辑吴清波、张吉路，编校中认真负责、兢兢业业、精益求精，令我们十分感动。在此，对以上所有给予本套读本编写、出版关心与支持的领导、老师、同人致以最衷心的感谢！

此外，本书参阅了前贤时修的一些研究成果，限于本书体例，未能详细标注文献出处，谨在此深表谢忱！

编　者

2016 年 10 月